古代東国の考古学4

古代の坂と堺

市澤英利
荒井秀規 編

高志書院刊

はじめに

平成二十六年(二〇一四)十一月十五日・十六日、長野県下伊那郡阿智村で、東国古代遺跡研究会第五回研究大会「長野県神坂峠遺跡とその周辺」が開催された。一日目は東山道最大の難所とされた神坂峠に立って、西方の美濃国、東方の信濃国を望みながら、東山道の道筋や神坂峠を越え東国・西国に赴いた古代人に想いを馳せようと現地踏査を企画し、二日目は阿智村中央公民館で神坂峠や東西麓の遺跡から出土した考古資料をもとに「神坂峠一帯の古代の動き」、「神坂峠一帯の古代と東国とのつながり」を考えようと、四本の研究発表と大会参加者を交えた意見交換会が行われた。

ただ、この年は例年と異なっていた。二日前、人里のみんなが予期せぬ寒さに震えた。ひょっとしたら峠一帯は降雪、そして道路が凍結してしまったのではないかと頭をよぎった。そして、この不安は当たった。冬用タイヤに履き替えていないマイクロバスは、美濃国側の強清水までが限度で、ここで仕方なく引き返すことになった。峠に立って美濃国と信濃国の景観を望み、古代人に想いを馳せることはできなかったが、峠を越えることが想像以上に難所であったことを参加者一同痛感した。

大会は、東国への出入り口に当たる神坂峠の東西麓という小地域の古代史について考古資料を通して追究してみようという研究会であった。自然のはたらきによって形成された地形変換点である峠は、現在も県境であったり、文化圏や流通圏などの境界であったりすることが多い。古代においても同様、堺であった。須田勉前東国古代遺跡研究会代表から、堺には交通や産業、軍事や行政、ヒトとモノの交流、峠や堺への信仰などのさまざまな問題が内在し、ヒトとの関係はきわめて多様な空間である。しかし、これらの問題に対して共通理解を深めてこなかった現状があるのではないかとの指摘がなされ、堺としての峠の理解という側面が浮上した。

古代においては、峠、河川、山稜、丘陵、湖、海といった自然のはたらきによって形成された地形環境が、国境になっている事例は多い。その一方で、国郡里制の施行、国府・郡衙などの官衙の設置、社寺などの宗教施設の造営といった政治上、行政上、宗教上などから堺が設定された。設定された堺には、自然的な面に起因したり、人為的な影響が強く働いたりする場合が考えられるのである。そこで、両者を含めて考えようと、東国古代遺跡研究会第六回研究大会は、テーマ「古代の峠・関そして境界」を掲げ、平成二十八年(二〇一六)二月六日・七日、国士舘大学世田谷キャンパスで開催された。大会では、上原眞人氏(京都大学名誉教授)による特別講演と考古資料のあり方からうかがえる〝坂〟や〝堺〟についての研究成果が一一本発表された。

本書は、第五回・第六回研究大会での研究成果のまとめである。加えて、和田明美氏(愛知大学教授)には古典文学の立場から、鈴木景二氏(富山大学教授)には古代交通・交通路の立場から玉稿を寄稿いただいた。〇〇地域または〇〇地方と呼称されるのは堺があって画されているからである。そこには独自の歴史的背景があって、それぞれにそうした背景を背負って今に至っている。堺を考えることは、その地域や地方の過去・未来を考えることにつながるのだと思う。そうした視点からも本書に接していただければ幸いである。

二〇一七年四月

市澤 英利

目　次

目　次

第1部　坂と堺の視点

古代の国境・境界の分析視角
——石清水八幡宮前身寺院と山崎橋をめぐって——

上原　眞人

はじめに——石清水八幡宮創始——

平成二十四年一月の官報告示で、京都府八幡市男山にある石清水八幡宮境内が新たに国史跡に加わった。「我が国の歴史の正しい理解のために欠くことができず、且つ、その遺跡の規模、遺構、出土遺物等において学術上価値のあるもの」という基準による「3 社寺など祭祀信仰に関する遺跡」として評価されたのである。さらに平成二十八年二月には、石清水八幡宮本社を構成する一〇棟の建造物が国宝となり、国宝建物群の周囲を国史跡の境内地が囲む石清水八幡宮の新たな姿が確立した(第1図)。

日本中いたる所にある八幡さんの本家は宇佐神宮だが、八幡神の流布には、石清水八幡宮のほうが貢献している。とくに武士の台頭にともない、軍神として源氏に篤く信仰されたことは八幡宮が全国区となった最大の理由である。石清水八幡宮は、貞観元年(八五九)、大安寺僧・行教が九州の豊後国宇佐八幡宮から八幡大菩薩を勧請し建立したことに始まるという(『石清水八幡宮護国寺略記』)。正史でも、貞観十八年(八七六)、石清水八幡護国寺の主張を認め、宇佐八幡宮と同様に神主を永置することを許可する(『日本三代実録』八月十三日条)。同年、石清水八幡宮護国寺に毎年米四十二斛を充てることを永例にするよう山城国に命じているので(『同』五月二十八日条)、石清水八幡宮の存在は、

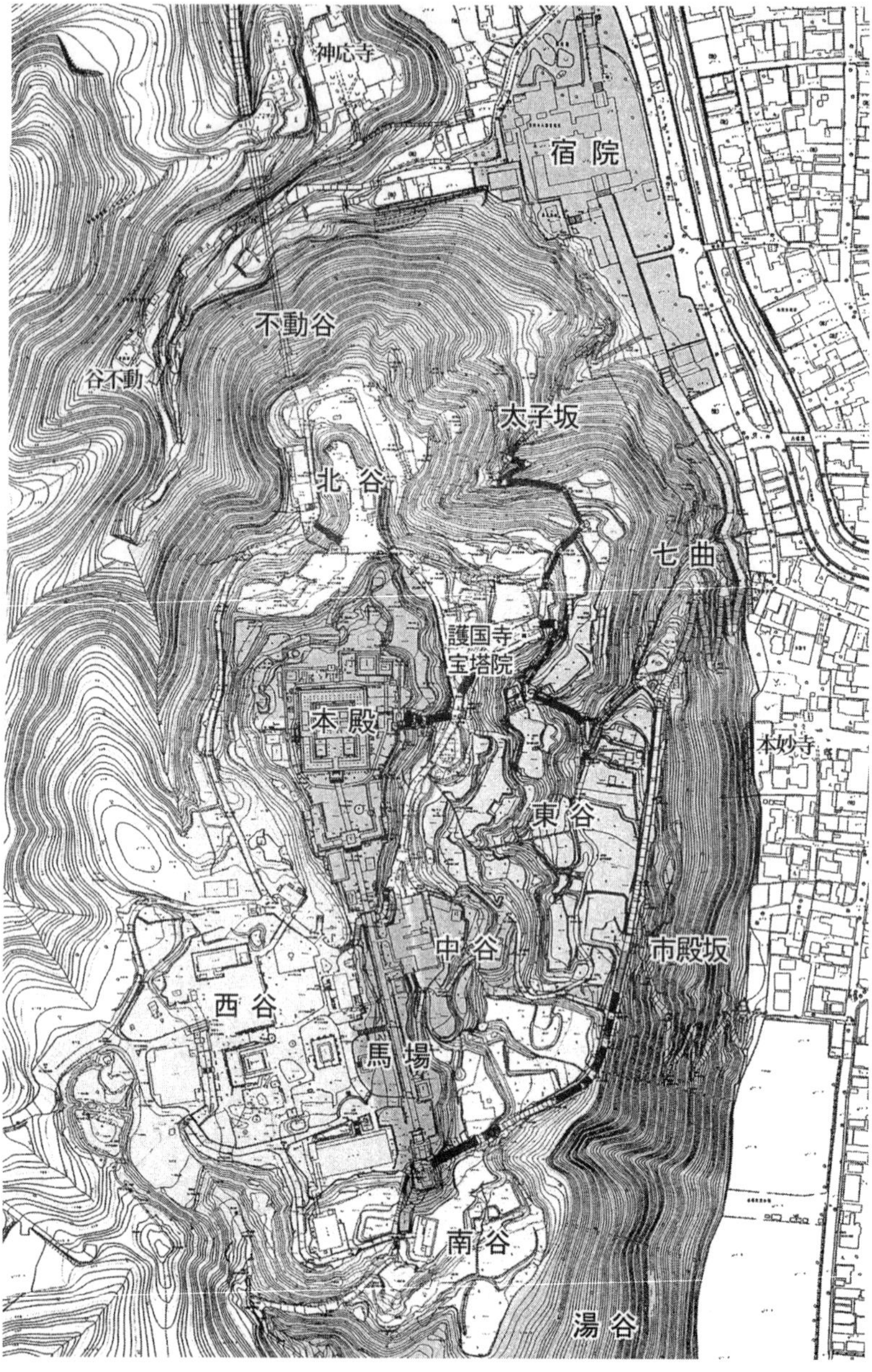

第１図　石清水八幡宮境内の地形と分布調査時の地区設定
［八幡市教委 2011 －図 12　縮尺 5000 分の 1］

貞観十八年には公認されていたと見てよい。

ただし、行教の勧請から公認に至るまでの経緯には、やや不透明な点もある。すなわち、大宰府が報告した新羅賊舟対策として、貞観十一年に中臣朝臣国雄を使者として奉幣・祈願したのは「石清水神社」で、その神は「石清水乃皇大神」と呼ばれ(『同』十二月二十九日条)、行教が勧請した八幡大菩薩と名が違う。八幡宮の主神が応神天皇ならば「皇大神」と呼んでも不思議ではなく、神功皇后を合祀する八幡宮は新羅に対する軍事祈願にふさわしいが、「石清水神社」という社名は在地神を思わせる。貞観初年頃は日本各地の神々に、位階を授与する記事が頻出し、そのなかには山城国の祝園神・許波多神・鴨川合神・与度神・久我神・水度神・伊勢田神など、現地名や現存の神社にも残る在地神の名が見える(『同』貞観元年正月二十七日条)。しかし、そこに石清水神の名はない。

一方、貞観三年五月十五日、「奉幣祈雨」のため「近京名神七社」に使者を遣わした時の宣命の実例は「八幡大菩薩」を対象とする告文となっている(『同』)。近京名神七社の実体は不明だが、代表として八幡大菩薩を祀った神社への宣命告文を掲載したわけだ。東大寺大仏造営に八幡大神が助力したのに始まり、東寺などでも平安前期から八幡神を祀る。つまり、八幡神勧請は行教のオリジナルではない。しかし、八幡大菩薩を祀る九世紀後半の近京名神七社の一つとして、石清水八幡宮以外の神社は想起しにくい。いずれにしても、行教の勧請伝承(貞観元年)から石清水八幡宮が公認される貞観十八年までに、若干の紆余曲折があったと想像できるが、真実は藪の中である。

祈雨の対象は在地神で納得できるが、「境内」すなわち日本国境を侵犯する新羅賊船対策を、石清水神社に祈願する背景には、八幡神という神格以外に、男山という石清水社の立地が大きな意味を持つと思う。石清水八幡宮は平安京の西南にあり、東北(鬼門)に立地する比叡山延暦寺に対して、裏鬼門を守護するといわれる。しかし、大阪から京都に至る道は汎歴史的なメイン・ストリートだから、石清水八幡宮は平安京の表玄関でもある。つまり、石清水八幡宮の歴史的重要性は、山崎津や淀津という淀川舟運の要衝を目前にし、西は難波津、東は平安京に至る水上交通の拠点という地理的立地に深く根ざす。陸上交通においても、南から男山、北から天王山が迫る八幡市・大山崎町は、平安京に至る官道(山陽道)の首根っこを押さえている。しかも、そこには国境がある。

石清水八幡宮が鎮座する男山丘陵は、京都府南部すなわち旧山背(城)国と、大阪府東部すなわち旧河内国・摂津国との国境近くを占拠する。国境に立地することは、古代から近代に至る平安京・京都に対する石清水八幡宮の意味を理解する上で重要である。時代は降るが、幕末、男山丘陵西側の淀川左岸に設けた楠葉台場は、大坂湾から淀川を上ってくる異国船を想定して築かれた[枚方市教委 二〇一〇]。また、毎年一月十八日、山下の頓宮で行う石清水八幡宮青山祭(道饗祭)は、疫病を祓う境界祭祀である。軍事的にも宗教的にも、男山は平安京や京都の防衛線であった。石清水八幡宮が公認される以前から、男山の地に境界を意識した前身施設があっても不思議ではない。

1　国境の山寺――石清水寺存否――

石清水八幡宮境内の国史跡化に向け、市教育委員会は詳細な地形図を作成し、発掘も含めた境内全域の考古学的調査を行い報告書を刊行した[八幡市教委 二〇一二]。境内で古代瓦が出土することは、古くから知られていた[天沼 一九二六]。「神社で古代瓦」に驚く人もいるが、石清水に勧請された神は八幡大菩薩で、当初から仏教的衣裳をまとう。鎌倉鶴岡八幡宮も同様だが、史料には「宮寺」という呼称も頻出する。幕末・明治の廃仏毀釈で、堂塔などの仏寺建築は姿を消すが、石清水八幡宮の文化財には神仏習合色が強い。山上にある本社本殿や楼門は檜皮葺だが、本殿を囲む回廊は本瓦葺である。出土瓦を見る限り、本瓦葺回廊は創建までさかのぼるとみてよい[向井 二〇〇五]。

ところが報告書には、石清水八幡宮が成立した九世紀後半より百年以上さかのぼる瓦が複数個体掲載されている(第2図1〜5など)。主体をなす複弁八葉蓮華文軒丸瓦は二重突線で囲む中房に一＋八の蓮子を置き、外区に突線鋸

第２図　野口廃寺式軒丸瓦と石清水八幡宮出土の播磨産瓦［上原 2016］
1 ～ 5 石清水八幡宮境内［八幡市教委 2011］　6 ～ 8 加古川市野口廃寺［井内古文化研究室 1990、播磨考古学研究集会 2002］　9 たつの市小神廃寺［井内古文化研究室 1990］　10 小野市広渡廃寺［井内古文化研究室 1990］　11 加古川市石守廃寺［播磨考古学研究集会 2002］　縮尺 6 分の 1

歯文がめぐる（第2図1・2）。報告書刊行以前には紹介されたことがなく、男山が立地する山城国や隣接の河内国では見たこともない瓦だ。同笵の軒丸瓦は遠く離れた播磨国西部、現在の加古川市野口町にある野口廃寺跡で出土している（第2図6～8）［井内 一九七五、井内古文化研究室 一九九〇］。

石清水八幡宮で以前から知られていた播磨系軒瓦は、平安時代後期（十一～十二世紀）に属するものだった［上原 一九七八、星野・宇佐 二〇〇四、向井 二〇〇五］。同種の瓦は平安京内外でも出土し、おもに摂関・院政時代における瓦の生産と流通を示す［上原 一九七八・二〇一四a］。しかし、第2図1・2の瓦は、それよりも格段に古い。似た文様の瓦は、たつの市小神廃寺（第2図9）や小野市広渡廃寺（第2図10）で出土し、同じ文様系譜下の軒丸瓦は加古川市石守廃寺でも出土する（第2図11）。播磨瓦の研究者は、これを「野口式軒瓦」と呼び［井内古文化研究室 一九九〇］、西播磨で七世紀末～八世紀前葉に独自の展開をとげた瓦と捉える。基本的に賛成である。

それでは、どうしてそのように古い瓦が石清水八幡宮境内で出土しているのか？　残念ながら採集資料なので、石清水八幡宮境内のどこで使用した瓦かわからない。しかし、同じ軒丸瓦が複数個体採集され、別に採集された平瓦に、野口廃寺と同じ叩目をもつ例（第2図5）もあるので、七世紀末～八世紀前葉に西播磨の瓦が石清水の地にもたらされたと理解して間違いない。第2図5の平瓦凹面にある凹凸は、桶型に巻いた粘土を四分割して平瓦を作った「平瓦桶巻き作り」の証拠で、当該瓦が七世紀末～八世紀前葉の製品であることを示す。

七世紀末～八世紀前葉は神仏習合が明確化する以前なので、瓦が出土すれば古代寺院を想定するのが自然である。鎌倉初期の別当田中道清が始めた石清水八幡宮文書・記録集『宮寺縁事抄』には「石清水はもと山寺の名なり。権現、男山に移坐ののち、東面堂を改めて南面となす。薬師堂これなり」とあり、石清水八幡宮に先だって「石清水寺」という山寺があったと伝える。第2図1～5は、中世の伝承を裏付ける物証である。以下、石清水寺があった可能性を追究するため、石清水八幡宮が山城国と河内国の国境近くに立地するという事実から問題を解きほぐす。

2　古代国境の管理と機能――封鎖と交流――

人間が集団で生活すれば、おのずと政治領域、経済領域、生活圏、流通圏、交易圏などの領域や圏域が形成される。河川や丘陵などの自然境界物が領域や圏域の境界となるのは、ごく普通のことである。山城国と河内国の境界＝男山丘陵も、両国が行政的に確立する以前から、この地域に居住していた人間集団の領域や圏域を規定したことは容易に想像できる。しかし、律令国家の成立は、境界の見方や組織にも影響を及ぼす。七世紀中頃～八世紀初頭にかけて、日本列島の北端と南端を除く地域が、六〇あまりの国とその管下にある郡（評）―里（五十戸）という行政区に分かれ、土地と人民とを統一的に支配する体制が整う。律令体制である。

律令制確立の端緒となる「改新之詔」其二は、「初めて京師をおさめ、畿内・国司・郡司・関塞・斥候・防人・駅馬・伝馬を置き、鈴契を造り、山河を定めよ」と命じる（『日本書紀』孝徳天皇 大化二年〔六四六〕春正月甲子朔条）。行政区の長、境界の警備組織、行政区間の交通手段についての規定で、このなかで、関塞＝関所を置くことを明言している。岩波日本古典文学大系本のように、「畿内」「国司」間の中黒を省くと、関塞を含めた郡司以下の機関は畿内のみに置いたようにも読み取れるが、少なくとも八世紀の関所は、律令制下のすべての国に設置されていた。

天平五年（七三三）に成立した『出雲国風土記』によれば、意宇郡には伯耆国に通じる手間の剗＝関所があり、神門郡では石見国安濃郡に通じる多伎伎山に関所を常設した。一方、石見国安濃郡川相郷に通じる径は、有事の時に関所を設けた。また、飯石郡では備後国恵宗郡堺に通じる荒鹿坂と三次郡に通じる三坂に関所を常設し、有事の時に関所を仮設する波多径・須佐径・志都美径もすべて備後国に通じた。さらに、仁多郡では伯耆国日野郡に通じる阿志毘縁山に関所を常設し、備後国恵宗郡の堺に通じる遊記山、有事の時に関所を設けた比市山も仁多郡にあった。つまり、八世紀前半の出雲国では、隣国へ通じる本道の国境近くに関所があり、間道でも有事の時には関所を設けた。重要なのは、伯耆→出雲→石見を貫く山陰道だけでなく、山陽道の備後国に通じる関所も扱いが同じだった点である。律令制下の関所は五畿七道単位ではなく、隣接する国々すべてに設置したのである。また、『出雲国風土記』は、同じ国内の隣郡に通じる交通路も明記するが、そこに剗の記載はなく、国境のみに関所を置いたことも間違いない。

律令制下の関所が実際に機能したことは、出土した過所木簡からわかる［永田 二〇〇五］。関所や東西市の管理運営、度量衡器について定めた「関市令」によれば、関所を通過するには、本部（＝居住地の郡や国）あるいは本司（＝所属する役所）に過所（＝通行手形）を申請する必要があった。令には実効のない規定もあるが、木簡で過書が出土しているので、「関市令」の規定が空文でなかったことも確実である。とすれば、山背・河内国境の男山丘陵、淀川北岸の山背・摂津国境の大山崎町と島本町の間には、関所があったことになる。後者に関しては、嵯峨天皇（七八六～八四二年）が山崎離宮（河陽宮）の景色を詠んだ「河陽十詠」と、それに和した廷臣の漢詩に「故関柳」「故関聴鶏」「過古関」と題した一首があり（『文華秀麗集』）、かつて山崎の地に関所があったとわかる。

一方、男山丘陵における関所の存在を示す史料はないが、境界施設として烽火があった（『日本後紀』延暦十五年九月一日条）。すなわち、平安京遷都以来三年を経過し、牡山（＝男山）の烽火は非常の備えとして不可欠なので、山城・河内両国による共同管理を命じている。石清水八幡宮が鎮座する以前、男山には烽火台があり、西から侵入者があれば都に通知できるようになっていたのだ。また、そうした国境施設を、両方の国が維持管理する体制があったこともわかる。境界施設を、接した両国で管理する体制は、男山対岸の山崎とを結ぶ山崎橋も同様だった。

すなわち、天安元年（八五七）四月十一日の太政官符「応差置橋守並令橋辺有勢人加検校事」（『類聚三代格』巻十六「道橋事」）では、造山埼橋使の解にもとづき、以下の対策を講じる。造橋工事を終えたが、橋には糞土が積もりやすく、すみやかに掃除をしないと朽損の原因になる。さらに河上にある蔵屋の舟船が、洪水時に引っ掛かって橋梁を破損することがある。そこで、山城・河内両国に命じて、橋南北両辺に橋守を置き、かつ橋辺に居住する有勢人も加わって橋を管理させる。洪水時には、橋東にある舟船を橋西に追い下し、材木が流れ散らばらないよう繋留するというものだ。つまり、古代山崎橋は、山城・河内両国が官民一体で管理したのである。

山崎橋は関所ではないが重要な軍事境界で、天皇崩御や内乱時に軍を出動し封鎖した。たとえば、弘仁元年(八一〇)九月十一日の「薬子の変」では、宇治山埼両橋と与渡市津に兵を駐屯させ(『日本後紀』)、承和九年(八四二)七月十七日の「承和の変(橘逸勢の乱)」では、宇治橋・大原道・大枝道・山埼橋・淀渡の「山城国五道」を封鎖した(『続日本後紀』)。また、天安二年(八五八)八月二十七日の文徳天皇崩御時には三関を封鎖し、宇治・与度・山崎等道を「東南西三方通路之衝要也」という理由で山城国司に警護させた(『日本三代実録』)。

男山の烽火と同様、山崎橋の維持管理を山城・河内両国が負担した事実は、嵯峨天皇が「河陽十詠」を詠んだ山崎離宮礎石建物跡[大山崎町教委二〇〇〇]が、奈良時代の河内国府系瓦(青谷式軒瓦)を多数ともなった事実(第3図)に一つの解釈をもたらす。山崎離宮は山陽道駅館の山崎駅に起源し、嵯峨天皇は水生野遊猟や交野遊猟などの遊猟・行幸に際し、たびたび宿舎に利用した。すでに指摘されているように、既存の公的施設が行宮・離宮に変身する過程が読み取れる[高橋一九九五]。一方、山崎駅の起源は明らかではないが、山崎橋の存在を抜きに山崎駅は語れない。

山崎橋はかつて道昭が架した橋脚を見た行基が再興を志し、橋のたもとに山崎院を造立して維持管理をはかったと伝える(『行基年譜』)。山崎院(山崎廃寺)は七世紀中葉に創建され、道昭架橋を証拠立てる飛鳥寺東南禅院との同笵瓦(七世紀後葉)、行基の再架橋に対応する八世紀前半の瓦、および十世紀以降の瓦が出土している(第4図)[大山崎町教委二〇〇三]。しかし、八世紀後半~九世紀の瓦を欠く。この時期に山崎橋の維持管理は行基集団の手を離れて官営化し、とくに長岡京・平安京造営期には、京に直結する交通路としての重要性が著しく高まったと考えられている。

八世紀後半、山崎院による山崎橋の維持管理体制が弱体化し、山崎駅がその役割の一端を担ったとすれば、河内国

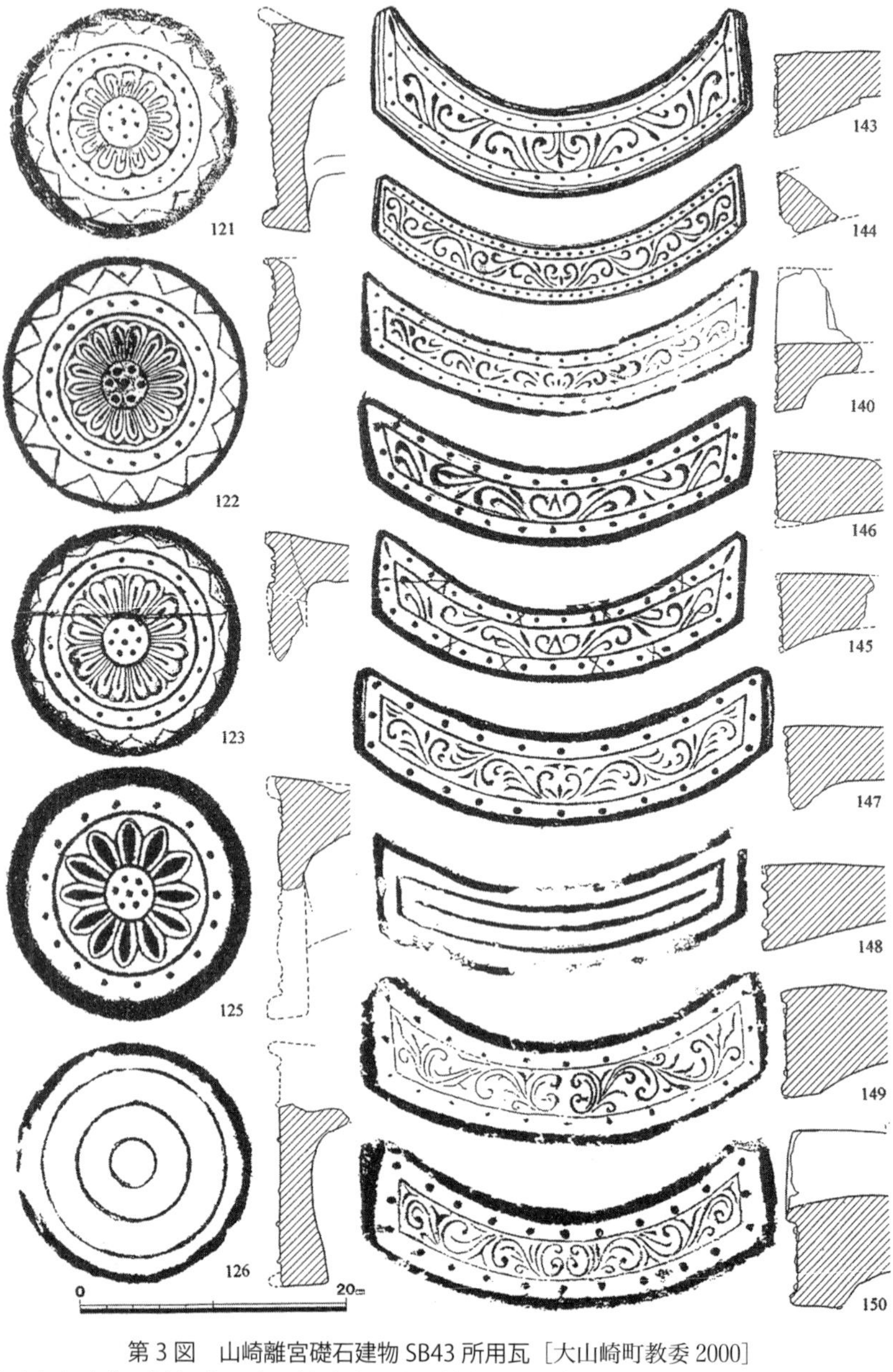

第3図　山崎離宮礎石建物SB43所用瓦［大山崎町教委2000］
出土した古代の軒丸瓦18点、軒平瓦51点の約半数が河内国府系軒瓦（121・140）で、他の藤原宮・難波宮・平城宮・平安宮式軒瓦は各1、2点にすぎない。

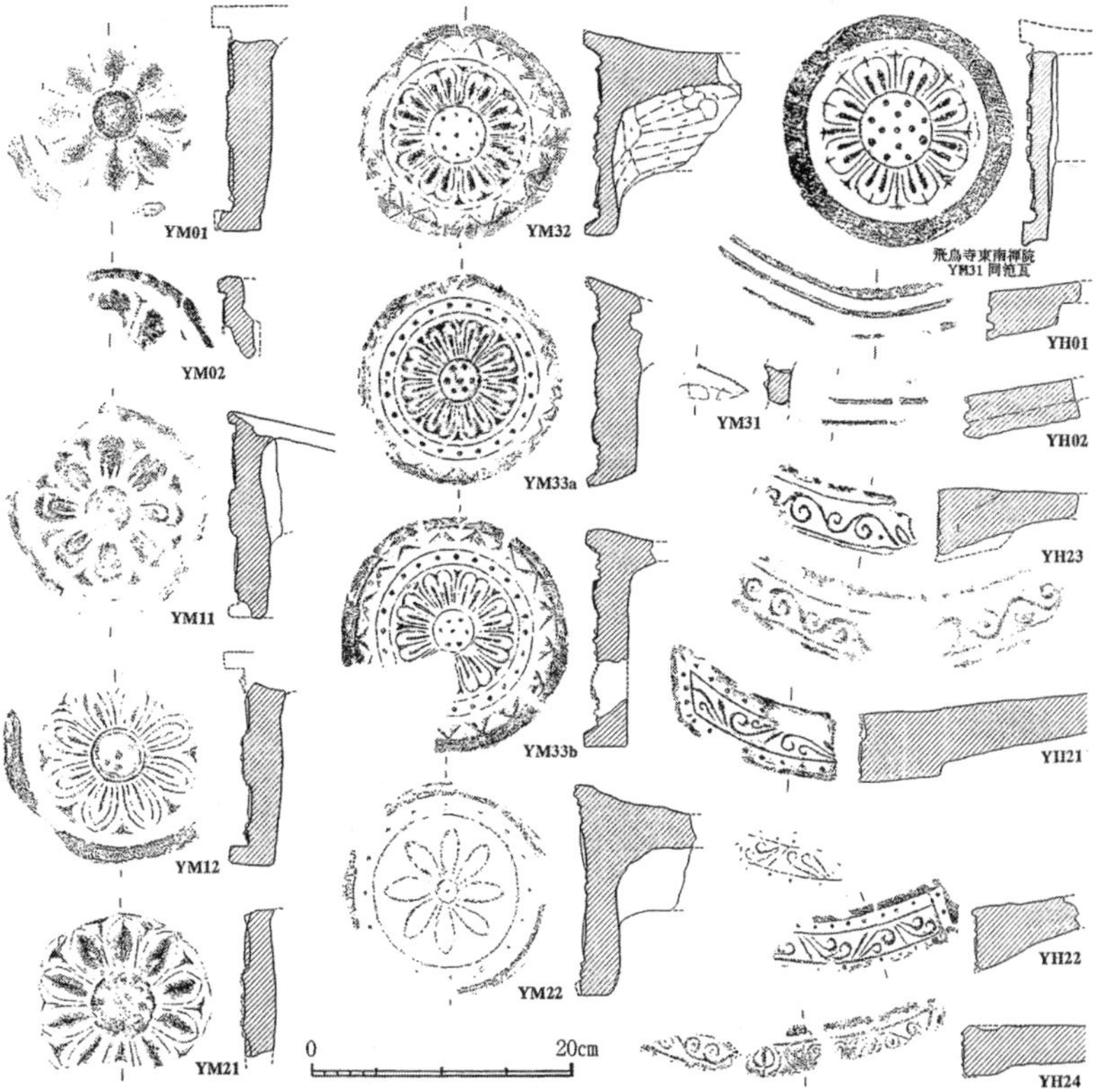

第４図　山崎院（山崎廃寺）出土軒瓦［大山崎町教委 2003］

創建瓦は YM01・YM02・YM11・YM12・YM21 などの素弁・単弁蓮華文軒丸瓦で、YM12 は河内鳥坂寺（高井田廃寺）と同笵。山城樫原廃寺創建瓦と鳥坂寺を結ぶ資料となる。YM11 は摂津梶原寺出土瓦に同文例がある。小片であるが YM31 は飛鳥寺東南禅院所用瓦と同笵で、YH01・YH02 と組み合い、道昭による山崎橋架橋を裏づける。橋のたもとの寺が橋を管理する行基方式は、道昭に学んだことになる。行基の山崎院に対応するのは YM33a・YM33b と YH21・YH22 の組合せで、和泉大野寺土塔と同様、人名篦書文字瓦（知識瓦）をともなう。YM32・YM22・YH24 は平安宮で同笵瓦が確認でき、10 世紀以降の年代が考えられる。YM22 は讃岐系瓦屋、YH24 は備前・備中系瓦屋の製品である。YH23 は摂津芥川廃寺と同笵で、10 世紀以降の年代が考えられる。

府系瓦(青谷式軒瓦)が山崎離宮跡で多数出土した背景が氷解する。つまり、山崎橋と同様、山城・河内両国が山崎駅の維持管理に関与したことを反映しているわけだ[上原 二〇〇七]。ただし、一方で、難波宮所用瓦を長岡宮→平安宮に搬入、再利用したのと同様、山崎駅を山崎離宮として整備した時、青谷遺跡すなわち聖武天皇の竹原井離宮の所用瓦を搬入し再利用したとする説もある[古閑 二〇〇二]。遺構の規模や構造においては、青谷遺跡[柏原市教委 一九八五]から山崎離宮跡への移転は確認し難いが、今後の検討課題と考える。

山崎駅は山城国に所在するので、維持管理責任はもともと山城国司に帰属した。行幸先として利用しなくなった山崎離宮の維持管理や修理は、延喜八年(九〇八)十一月十一日の太政官符により、全面的に山城国司に移管される(『朝野群載』巻四、朝儀)。つまり、関所をはじめとする境界施設は、接するいずれか一方の機関に帰属するのが自然であり、男山の烽火や山崎橋のように境界施設を両国が共同管理するのは、むしろ稀な例かもしれない。少なくとも、隣り合う両国が、関所を共同管理した明確な例を史料では確認できない。

中央で異変があると、東国へ通じる三関すなわち鈴鹿・不破・愛発関を塞いだ。固関である。しかし、固関は三関停廃後も実施されており、平安時代には儀式化していた。延暦八年(七八九)七月十四日、防禦に用いることもなく、通利之便や公私往来の妨げになるという理由で三関を停廃する。この時、三関が所有する兵器や糧備は伊勢・美濃・越前国府に運び込まれ、館舎(＝建物施設)は所在する鈴鹿・不破・敦賀郡衙に移建している(『続日本紀』)。

固関対象となる不破関や鈴鹿関は、美濃国・伊勢国側にあり、畿内に近い近江国は関与せず、美濃国・伊勢国がそれぞれ管理したらしい。それは、三関が軍事的には地方から中央に向かう人よりも、中央から地方へ下る人を警戒したという指摘[岸 一九六六]にも整合する。東国に落ち延びて政権を奪取したのは天武天皇だが、そうした先例が、三関の軍事機能を際立たせたことになる。ただし、隣り合う国で宮都からより離れた国に、関所の管理責任があったわけではない。摂津・播磨国間の関所は、『枕草子』が挙げ、小倉百人一首でも詠われた「須磨の関」「須磨の関守」で、摂津国側(現在の神戸市須磨区関守稲荷神社付近)にあった。また、山城・摂津間の関所も、山崎離宮から見た景色を詠っている以上、山城国側にあった可能性が強い。つまり、固関対象となった三関における関所のあり方は、一般化できない。さらに、『出雲国風土記』に見るように、主要官道筋以外の隣国間にも関所があった以上、より宮都から離れた国側に関所を置くという原則が貫徹できないのは明らかである。『出雲国風土記』で関所の固有名を明記するのは「手間剗」だけなので、他の剗は出雲国の管轄外にあった可能性もある。

つまり、関所をはじめとする国境施設の管理運営について、両国が協力する場合、一方の国が負担する場合があり、後者の場合の負担原則はきまっていない。当然、地方官として国司を任命するだけでは、国境の管理運営責任は不明瞭なままで、実体に即して調整する必要があったはずだ。後述のように、按察使がその調整官であった可能性がある。いずれにしても国境施設の管理運営は、国すなわち現代風に言えば都道府県が担当したことになる。しかし、その実体は史料では明確ではない。関所をはじめとする境界施設の実体解明は、考古学的研究が鍵を握っている。

関所の軍事機能を強調すると、国境は排他的・封鎖的である。しかし、国境は別世界へ通じる扉である。国境近くの住民は、常に隣国を意識する。かっこよく言えば、国境近くで日常を過ごすとグローバルな感覚が身につく。これを痛感したのは、半世紀ほど昔、博多に出張したときだ。博多の町には至る所にハングル表示の案内があった。京都に住んで一〇年以上経過していたが、観光都市を標榜する京都には、当時、外国語表示の案内はほとんどなかった。博多に来た韓国人は自力で切符を買えるが、京都では無理だと思った。最近は、京都でも英語・中国語・ハングルの三ヶ国語表示が増えた。しかし、東京ディズニーランドほどは徹底していない。博多が国際都市なのに、京都の国際感覚が鈍いことは平安時代も同じだった。平安貴族の日記を見ると、大宰府から緊迫する外交事案が届いても、お公家さんは先例を調べ、陣定の席でゆったりまったり議論する。そこに真剣に外国と向き合う気概は見えない。

古代史料は制度に関わる記載が多いので、国境のもつ交流機能、すなわち国境付近で物流・交易、あるいは人の流れが顕著である事実を必ずしも記録しない。しかし、十一世紀に成立した『新猿楽記』は「七の御許は（中略）、馬借・車借の妻と為らむと願ふ。件の夫は、字は越方部津五郎、名は津守持行と云々。東は大津・三津を馳せ、西は淀の渡り、山崎を走る。牛の頸は爛るといへども、一日も休むることなし。馬の背は穿つといへども、片時も活へず。常に駄賃の多少なることを論じて、鎮に車力の足らざることを争ふ。等閑にして腰を屈めず、蔑如にして紐を斂めず。足は藁履を脱ぐ時なく、手には楉鞭を捨つるの日なし。（以下略）」と記す。物流の中枢を担う馬借・車借などの輸送業者は、東は大津・三津（坂本）、西は淀渡・山崎、すなわち京都をはさんだ東と西の国境付近を活動拠点として、多忙な日々を送っていたのである。この場合の東西国境を規定したのは、琵琶湖舟運と淀川舟運である。国境は、軍事的な封鎖機能と物流の結節点という交流機能の、一見すると矛盾する二つの機能を兼ね備えているのだ。

3　国境に立地する宗教施設——奈良時代にさかのぼる山寺——

石清水八幡宮（石清水寺）のような宗教施設が、国境近くに立地する意味は何か。古代にさかのぼる各地の山寺には、県境すなわちかつての国境近くに立地するものが多い。石清水八幡宮以外にも、比叡山延暦寺をはじめとする東山連峰の寺々（近江・山城国境）、信貴山寺（大和・河内国境）、笠置寺（山城・大和国境）、毛原廃寺（奈良県山添村、伊賀・大和国境）、大知波峠廃寺跡（静岡県湖西市、遠江・三河国境）、普門寺（愛知県豊橋市、遠江・三河国境）、中寺廃寺跡（香川県まんのう町、讃岐・阿波国境）など、かつての国境近くに立地する山寺は少なくない。

教科書的知識では、古代日本の山寺は真言宗や天台宗など、平安仏教のもとで成立したと理解する。しかし、古代山寺の考古学的な調査が進むと、すでに奈良時代に仏教施設が存在したり、少なくとも山林修行者が入り込んでいた事実が各地で確認されつつある。石清水八幡宮で採集された七世紀末～八世紀前葉の播磨の瓦も、その一例となる。

「僧尼令」禅行条によれば、禅行修道の目的で山居服餌を願う僧尼は、所属する寺院の三綱を通じ、在京者は僧綱・玄蕃寮、在外者は国郡の認可を得る必要があった。しかも、地方で山林修行を認可した国郡は、山に籠もった僧尼を把握し、勝手に他所に移動しないよう監視せねばならなかった。

仏教行事を司る僧尼が必要な法力をつけるには、山林修行は必須であった。しかし、律令制下の僧尼は国家公務員である[松尾 一九九八]。近年は国際化も相まって状況は変わったが、私が国家公務員になった頃は、海外に行く時は旅程を申告し、帰国後、届出内容を厳守したか旅券をチェックされた。古代でも国家公務員の僧尼が勝手に山に籠もり、行方しれずになることは言語道断だった。しかし、山は異界で、籠もった僧尼の監視は難しい。山林修業の場として国境近くの山が選ばれたのは、国境が国司が直接管理する場所であったからだろう。延暦十八年(七九九)六月十二日の勅では、本寺を離れて山林に隠れ住む沙門の違反行為を取り締まるため、諸国司に部内を巡検し、所有する山林精舎と居住する比丘優婆塞をつぶさに記録し、疎漏なく言上することを命じている(『日本後紀』)。禅行修道僧の居所を国司が把握する「僧尼令」の規定は、少なくとも八世紀末までは実効があったことになる。

この勅が出された八世紀末において、山林精舎の実態を国を単位として把握する背景には、各国の国分寺ネットワークあった[上原 二〇〇二・二〇一一]。比叡山延暦寺は最澄が開いたことになっている。しかし、比叡山に籠もった時、最澄は近江国分寺僧であった。「僧尼令」に従えば、最澄は近江国府の許可を得て比叡山に分け入ったことになる。近江国司は、少なくとも当初は、最澄が籠もった場所を把握していたはずである。事実、最澄以前から、近江国司は比叡山を山林修行の場=禅処と位置づけていた。『懐風藻』には、藤江守すなわち近江守であった藤原仲麻呂が詠んだ「神叡山(=比叡山)の先考ゆかりの禅処にある柳樹」の作に、外従五位下石見守麻田連陽春が唱和した漢詩が収録されている。そこでは、先考が神山である神叡に登り、禅処を設けたことを詠う。

先考(=藤原武智麻呂)は、正史(『続日本紀』)ではパッとしない。しかし、仲麻呂がまとめた『家伝』下巻は、地方で善政を敷き、中央政治に安寧をもたらし、建設事業で能力を発揮し、神仏を敬い宗教体制の確立に尽力した姿を描く。なかに、和銅五年(七一二)六月に近江守となり、和銅八年正月に比叡山に登って柳樹一株を植えた記事がある。息子の仲麻呂が近江守だったのは天平十七年(七四五)～天平勝宝元年(七四九)で、この時、父の業績を顕彰したのだろう。八世紀初めに、比叡山は禅処の場として、近江守藤原武智麻呂により開発されたのである。

最澄が計画した日本国六所宝塔の「安中 山城宝塔院」に該当する延暦寺西塔地区宝幢院跡では、後期難波宮所用瓦に似た重圏文軒丸瓦が採集されている［服部 一九六八］。後期難波宮の造営工事は、神亀三年(七二六)十月二十六日、武智麻呂の弟、藤原宇合を知造難波宮事に任じて本格化した(『続日本紀』)。難波宮所用瓦は長岡宮を経て平安宮でも再利用したが、比叡山まで再利用範囲がおよぶ可能性は少ない。年代的にみて、西塔の重圏文軒丸瓦は最澄の宝塔院所用瓦ではなく、武智麻呂が設置した比叡山禅処にかかわる可能性がある。

奈良時代の創建から若干のヒアタスを経て著名僧侶の活動が確認できる例に、播磨国圓教寺がある。十世紀後半に山林修行僧・性空聖人が籠もった書写山圓教寺では、性空が創建したと伝え、根本堂とも称される薬師堂下層から奈良時代の土器がまとまって出土した［水口 一九八六］。播磨国府が所在する姫路市の北郊にある書写山は当然、播磨国分寺僧などの禅処として開発されたはずである。事実、播磨国府系「毘沙門式」軒平瓦も共伴しており、播磨国司の関与は動かしがたい。書写山圓教寺の立地は国境ではないが、播磨国府に近接することから、国司が直接管理しやすい場所として選択されたのだろう。

4　石清水寺の播磨産瓦——その史的背景に関する憶測——

石清水寺創建時の西播磨産瓦の年代は藤原武智麻呂の時代、あるいはそれに若干先行する。『家伝』下巻で武智麻呂の業績をなぞると、和銅八年、改元して霊亀元年(七一五)には、越前気比神宮寺造営など、積極的に地方仏教を興隆する。比叡山禅処にみる山寺振興と神宮寺造営は、神仏習合指向という点で共通性がある。翌年十月に式部大輔となり、養老二年(七一八)九月に式部卿、養老三年七月に皇太子だった聖武天皇の東宮傅を拝命。養老五年正月に中納言、同年九月に造宮卿を兼務する。神亀元年(七二四)二月に知造宮事、神亀五年七月に播磨守兼按察使、翌年に大納言となり、天平三年(七三一)九月に筑紫大宰帥を兼任、天平六年に右大臣となるが、天平九年七月に病没する。

近江守以後は中央の要職を歴任したが、その間に播磨守兼按察使や筑紫大宰帥などの地方行政にも関与する。ここに播磨国が登場する。按察使の職掌は管下の治安維持と理解されているが、養老三年七月十三日、伊勢国守である門部王に伊賀・志摩二国を管轄させたのをはじめ、十一名の按察使に某国守と隣接する数ヶ国を管轄させた(『続日本紀』)のが、古代按察使のはじまりである。畿内諸国を管下に置く例は確認できず、七道の同じ官道に所属する国を管轄するとは限らない。治安維持なら国ごとに実施すればすむので、隣接数ヶ国を管轄する意味は、国という行政区が円滑に動いていない時、隣国間の分担を明確にし、地方行政を包括的かつ強力に運営する点にあったと考えられる。

関塞の設置は「改新之詔」が規定するが、伊勢王以下の重臣が四等官や工匠を率いて天下を巡行し、諸国之境堺を限分したのは、天武天皇十二年(六八三)十二月甲寅のことである。この年では限分作業は終わらず、翌年および翌々年の十月にも、伊勢王等を派遣して諸国堺を定めた記事、伊勢王等が東国に向かった記事がある(『日本書紀』)。つまり、ようやく七世紀末に至って国境の輪郭が決まったのであり、関所の設置や交通路の整備をはじめとする隣国間の調整は、以後に持ち越されたと想定できる。そうした調整を按察使が担当した可能性を考えたい。

律令行政区としての国を越えた包括的な施策と言えば、まっさきに交通政策が思い浮かぶ。外交使節が往来する最も重要な官道である山陽道駅家の瓦葺屋根を維持管理したのは各国司であるが[今里 一九八〇・一九九五、高橋 一九九五]、端緒となる瓦屋根や朱塗・白壁で「京邑及び諸駅家を営飾」することを許したのは武智麻呂であると『家伝』下巻は主張する。造宮卿として活躍した時も、厳麗な宮室に改作して天皇の尊厳を人々に知らしめたと評価されているので、施設の外観を整えるのに指導力を発揮したのが、造営担当官としての武智麻呂の真骨頂であった。

国境が果たす交流機能、国境管理主体である国司、仏教政策の推進、国内山寺禅処の創始、神仏習合の基盤作り、播磨守兼按察使、駅家瓦葺の端緒と連想の輪を広げると、七世紀末～八世紀前葉に西播磨産の瓦を山城・河内国境の山寺に供給する機会は、この時にあったように思われる。石清水八幡宮の前身寺院である石清水寺が、西播磨産の瓦で創建されたのは、按察使の制度と藤原武智麻呂の存在が背景にあったと考えるわけだ。ただし、武智麻呂が比叡山に禅処を設けた史料はあっても、武智麻呂と男山の石清水寺との関係を示す史料はない。

石清水寺で西播磨産瓦を使った史的背景として、もう一つの可能性がある。石清水八幡宮で出土する播磨の軒瓦には、十一・十二世紀に下る東播磨産のもの以外に、播磨国府系「国分寺式」軒平瓦もある（第2図3・4）［向井 二〇〇五］。播磨国府系「国分寺式」軒瓦は一般に奈良時代の瓦と理解するが［今里 一九八〇・一九九五］、「国分寺式」軒平瓦の中でも後出的なので、向井さんは石清水八幡宮造営時の瓦と考える［向井 二〇〇五］。

しかし、播磨国府系「国分寺式」軒瓦は野口（廃寺）式軒瓦と同様、西播磨を中心に展開するので、八幡宮造営に先立つ石清水寺所用瓦と考えることもできる。野口式軒丸瓦（七世紀末～八世紀前葉）と播磨国府系「国分寺式」軒平瓦（八世紀中葉）が組み合ったと考えることもできるが、後者が「国分寺式」軒平瓦の中でも後出的である以上、両者は時期を隔てて石清水寺に供給された蓋然性が高い。とすると、西播磨地域と石清水寺の間にみる瓦の需給関係は一時的なものではなかったことになる。一地域が一定期間、特定寺院に瓦を貢納する体制として、寺領庄園が想定できる。具体的には、天平十九年（七四七）の『大安寺縁起并流記資財帳』に記載された山背国相楽郡所在の大安寺庄＝棚倉瓦屋（石橋瓦窯）から、大安寺創建瓦を大安寺へ供給した実例がある［井手町教委 二〇一一、上原 二〇一四b］。棚倉瓦屋の操業は一時的だったが、天平十九年時点では瓦生産・供給のための恒久的な庄と位置づけられていた。

残念ながら、石清水寺の寺領庄園史料はない。しかし、石清水八幡宮が石清水寺の庄園を継承したとすれば、保元二年(一一五七)十二月三日の左弁官が石清水八幡宮并宿院極楽寺に下した「官宣旨」(『平安遺文』二九五九号文書)には「宮寺領」として播磨国継庄・船曳庄・魚吹別宮、「極楽寺領」として播磨国蟾原庄・松原庄・赤穂庄の名がある。ただし、列記された庄園所在国は、山城・河内・摂津を中心に、東は相模、北は佐渡、西は周防・土佐・伊予、南は紀伊に及び、西播磨がとくに顕著というわけではない。

加えて、八~十世紀の寺領庄園は、大安寺のような官営大寺院や皇族発願寺院は寺の所在地・所在国を越えて広範に分布するが、在地性が強い氏寺や山寺などは寺の所在地周辺に集中する[上原 二〇一四b・二〇一五]。ちっぽけな山寺である石清水寺の庄園が西播磨にあったと主張するのは、躊躇せざるを得ない。

以上、石清水八幡宮の前身寺院=石清水寺に西播磨産瓦がもたらされた史的背景に関する憶測の二つを披露した。いずれも決定的な証拠を欠くが、現時点では播磨守兼按察使の活動結果とする憶測の蓋然性が高いと考えている。八世紀中葉の国府系・国分寺式瓦の分布が原則として一国内で完結するのに対して、七世紀末~八世紀前葉の瓦には国境を越えて分布する例が少なくない。その背景にも按察使の存在を想定しつつ、今後さらに検討を深めていきたい。

参考文献

天沼俊一　一九二六年『続家蔵瓦図録』田中平安堂
井内　潔　一九七五年『播磨の古瓦資料Ⅲ　加古川市野口町野口廃寺』井内古文化研究室報一三
井内古文化研究室　一九九〇年『東播磨古代瓦聚成』真陽社
井手町教育委員会　二〇一一年『石橋瓦窯跡発掘調査報告書―第一~八次調査―』京都府井手町文化財調査報告第一三集
今里幾次　一九八〇年『播磨考古学研究』今里幾次論文集刊行会
今里幾次　一九九五年『播磨古瓦の研究』真陽社
上原真人　一九七八年「古代末期における瓦生産体制の変革」『古代研究』一三・一四号、㈶元興寺文化財研究所

上原真人　二〇〇二年「古代の平地寺院と山林寺院」『佛教藝術』二六五号（特集・山岳寺院の考古学的調査 西日本編）毎日新聞社
上原真人　二〇〇七年「平安時代前期における離宮造営」『考古学論究―小笠原好彦先生退任記念論集』同刊行会編
上原真人　二〇一一年「国分寺と山林寺院」須田勉・佐藤信編『国分寺の創建（思想・制度編）』吉川弘文館
上原真人　二〇一四年a「古代の終焉と播磨の瓦生産」『明石の古代Ⅱ』発掘された明石の歴史展実行委員会・明石市
上原真人　二〇一四年b『古代寺院の資産と経営―寺院資財帳の考古学―』すいれん舎
上原真人　二〇一五年「寺院資財帳から国分寺を考える」『瓦・木器・寺院―ここまでの研究 これからの考古学―』すいれん舎
上原真人　二〇一六年「国境の山寺―石清水八幡宮前身寺院に関する憶測―」『京都府埋蔵文化財論集』第七集（創立三五周年記念誌）、（公財）京都府埋蔵文化財調査研究センター
大山崎町教育委員会　二〇〇〇年『山城国府跡第四九次調査（7YYMS'NT-5 地区）発掘調査報告』大山崎町埋文調査報告書第二〇集
大山崎町教育委員会　二〇〇三年『山城国府第五四次（7XYS'UD-4 地区）発掘調査報告』大山崎町埋蔵文化財調査報告書第二五集
岸　俊男　一九六六年「元明太上天皇の崩御」『日本古代政治史研究』塙書房
古閑正浩　二〇〇一年「畿内における青谷廃寺式軒瓦の生産と再利用」『考古学雑誌』第八六巻第四号　日本考古学会
高橋美久二　一九九五年『古代交通の考古地理』大明堂
柏原市教育委員会　一九八五年「青谷廃寺」『柏原市埋蔵文化財発掘調査概報一九八四年度』柏原市文化財概報一九八四―Ⅰ
永田英明　二〇〇五年「通行証」『文字と古代国家三　流通と文字』吉川弘文館
服部清道　一九六八年「西塔宝幢院阯と遺瓦―比叡山考古ノ四―」『史迹と美術』三九〇号　史迹美術同攷会
播磨考古学研究集会　二〇〇二年『古代寺院から見た播磨』第三回播磨考古学研究集会資料集
枚方市教育委員会　二〇一〇年『楠葉台場跡―楠葉中之芝土地区画整理事業に伴う楠葉台場跡発掘調査報告書―』枚方市文化財調査報告第六〇集　㈶枚方市文化財研究調査会・枚方市中央図書館市史資料室
星野猷二・宇佐晋一　二〇〇四年『器瓦録想』伏見城研究会
松尾剛次　一九九八年『新版　鎌倉新仏教の成立―入門儀礼と祖師神話―』吉川弘文館
水口富夫　一九八六年「薬師堂出土遺物について」『千年の歴史を秘める 書写山圓教寺』兵庫県立歴史博物館開館三周年記念特別展
向井佑介　二〇〇五年「石清水八幡宮の瓦」『古代摂河泉寺院論攷集』第二集　摂河泉古代寺院研究会・摂河泉文庫
八幡市教育委員会　二〇一一年『石清水八幡宮境内調査報告書』八幡市埋蔵文化財発掘調査報告書第五六集

堺としての坂と手向け～足柄坂を中心に～

荒井 秀規

はじめに

ヤマトタケルが相摸の足柄坂で、海神への生贄として走水海《はしりみずのうみ》にその身を投じた愛妻オトタチバナヒメを偲んで「我妻はや」と嘆いたのが、「東国」をアヅマと呼ぶ始まりであるという『古事記』景行天皇段の説話はあまりにも有名である。嘆きの場が足柄坂であるのは、足柄坂がヤマトから見れば「東国」への入口であり、また同時に「東国」からの出口であったからである。足柄～箱根山系は堺(境)として、相摸国の西と東(アヅマ)とを隔絶する。異郷の地を後にするヤマトタケルがアヅマに残した愛妻と惜別する場は、足柄坂のほかにない[川島 一九八八、鳥養 二〇〇五]。本稿では、その足柄坂を中心に、堺としての坂で行われる祭祀の「手向け」や、その対象である坂の神(堺の神)について取りあげる。万葉歌を多く紹介するが、原文及び読み下しは、西本願寺本を底本とする最新のテキストである岩波文庫本『原文 万葉集』(二〇一五～一六)及び『万葉集』(二〇一三～一五)によった。

1　足柄坂と碓日坂

細かく言うとヤマトから見た東国の範囲には、次の①〜③の深度があるが、本稿での「東国」はヤマトからもっとも離れた③坂東アヅマを指す。

①東方国　—東にある国。東海道伊勢鈴鹿関、東山道美濃不破関、北陸道越前愛発関〈後に近江逢坂関〉の三関より東の国。関東。

②東　国　—東海道遠江以東、東山道信濃以東。『万葉集』東歌の採録地、防人の徴発地。

③坂東アヅマ—坂東八国。東海道足柄坂以東の相摸・安房・上総・下総・常陸国、東山道碓日坂以東の上野・武蔵・下野国。はじめ陸奥までを指すが後に外れ、安房国が上総国から分離して加わる。また武蔵国は宝亀二年(七七一)以前は東山道諸国に属した。

『常陸国風土記』総記に「古は、相摸国の足柄岳の坂より東の諸の県は、惣べて我姫の国と称ひき」とあるように、足柄坂以東が「東国」(③坂東アヅマ)であり[荒井 一九九四・二〇一二]、やがては昌泰二年(八九九)に足柄関と碓氷関が置かれることで、関東は①の三関より東から、足柄・碓氷の二関より東となって、③の「東国」と合致するようになった[荒井 二〇一七]。

足柄(〜箱根山系)が大きな堺であったことは、「東国」からみても同じである。九州への船に乗るため難波津に集まる武蔵国の防人は、途次の足柄坂で故郷を振り返り、アヅマに別れを告げたことが『万葉集』に載る埼玉郡の防人夫婦の歌から知られる。

足柄の御坂に立して袖振らば　家なる妹はさやに見もかも(巻二十・四四二三番)　夫

色深く背なが衣は染めましを　御坂賜らばまさやかに見む（同四四二四番）　妻

常陸国の防人が「足柄の御坂賜はり　顧みず　我は越え行く」（同四三七二番長歌冒頭）と詠ったように、「東国」人からみて足柄坂を越えることは、故郷を離れ、異郷に踏み入ることを意味した。それは何も防人に限られるものではない。次の『万葉集』東歌では、「背」（夫）は平城京へ税物を運んでいったのであろうか。

わが背子を大和へ遣りてまつしだす　足柄山の杉の木《こ》の間か（巻十四・三三六三番）

また、上総国朝集使の大掾大原真人今城が上京する際の餞別の宴で、郡司の妻女は、

足柄の八重山越えていましなば　誰をか君と見つつ偲《しの》はむ（巻二十・四四四〇番）

と詠った。

その一方、「東国」に派遣された都人は、逆に足柄の向こうのヤマトに帰京の思いを馳せた。詠人知らずであるが、次の歌がある。

足柄の箱根飛び越え行く鶴の　ともしき見れば大和し思ほゆ（巻七・一一七五番）

もっとも、ヤマトタケルの嘆きの場は、『日本書紀』景行天皇紀では、上野の碓日坂となっている。これは東海道の足柄坂を東山道の碓日坂に置き換えたもので、公式令朝集使条でも東海道は「相摸国以東」（足柄坂以東）、東山道は「上野国以東」（碓日坂以東）の国の朝集使に上京時の駅馬利用を認めている。すなわち、東山道ルートでは碓日坂が「東国」への入口であった。したがって、上野国の防人歌や東歌で碓日坂を詠うのは足柄坂と同工異曲のものがある［菊地一九九八］。

ひなくもり碓氷の坂を越えしだに　妹が恋ひしく忘らえぬかも（巻二十・四四〇七番）

日の暮に碓氷の山を越ゆる日は　背なのが袖もさやに振らしつ（巻十四・三四〇二番）

なお、延暦二十一年（八〇二）に噴火した富士山の噴石で足柄道が塞がれ、東海道の駅路は筥荷道に転じたが、翌

年には旧に戻されている。『十六夜日記』に「あしがら山は、道遠しとて、箱根路にかかるなりけり」とあるように、中世以降は箱根越えが主となるが、古代ではあくまでも足柄坂越えが主とされたのは、甲斐国への連絡の利便さのほか、ヤマトからみた「東国」の入口たる足柄坂の伝統的観念によるのであろう〔荒井 二〇一三〕。

2　手向けの祭祀

(1)　坂(堺)から峠へ

「足柄坂」は、今日では「足柄峠」と呼ぶのがむしろ普通であるが、「峠」の字は漢字ならぬ国字であるから、「足柄峠」や「碓日峠」は古くに遡らない。

坂(堺)で行われる神への奉献祭祀の「手向け」が、その場そのものも示し、「タムケ⇒タウケ⇒トウゲ」と転じた。場を指すタムケは、『万葉集』巻十五の天平十二年(七四〇)の中臣宅守の歌に、

恐《かしこ》みと告らずありしをみ越路の　「多武気」に立ちて妹が名告りつ(巻十五・三七三〇番)

の例がある(以下、タムケは西本願寺本『万葉集』より万葉仮名で原文を示す)。そして、「タウケ」は、十二世紀初頭に堀河天皇に奏覧された「堀河院御時百首和歌」(堀河百首)に載る前斎宮河内の歌、

足柄の山のたうけに今日来てぞ　富士の高嶺の程は知らるる

が早い例で、ここでも足柄が詠われている。

坂で「手向け」の祭祀が行われるのは、「坂」が堺(境界)であるからで、坂(峠)には神がいた。交通の要所である坂を支配する神、すなわち「坂の神」＝「堺の神」に捧げ物を手向けてその心を和ませ、旅の前途安全を保証してもらうという信仰があった〔中村 一九七七、石井 一九八四、山近 二〇一六〕。

『万葉集』巻六の天平十一年(七三九)、久米若売との密通により土左国へ流される石上乙麻呂が詠った長歌一〇二二番の一部に

(都へ)参上る　八十氏人の　「手向」する　恐の坂に　幣奉り　我はぞ追へる　遠き土左道を

とあり、南海道から平城京へ向かう行旅の者が大和・紀伊国境の真土山の坂で手向けしたことがわかる。

また、『万葉集』巻三に「長屋王が馬を寧楽山に駐めて作りし歌」、

佐保過ぎて奈良の「手祭《たむけ》」に置く幣《ぬさ》は　妹を目離《めか》れず相見《あいみ》しめとそ(巻三・三〇〇番)

がある。この「手祭」をめぐっては、①寧楽山の神への手向け、②寧楽山の峠、の二つの解釈がある。タムケからタウケへの展開が読み取れるが、さらに、③寧楽山の神、とする理解もある。

そして、『万葉集』巻十七の大伴池主が大伴家持に贈った歌に、

砺波山「多牟気」の神に幣《ぬさ》奉り　我が乞ひ祈《の》まく(巻十七・四〇〇八番長歌の一部)

玉桙の道の神たち賄《まひ》はせむ　我が思ふ君をなつかしみせよ(同四〇〇九番)

とある。この神は、越中・越前(加賀)国境の、後代に木曽義仲が火牛の計をもって平維盛の軍を破ったことで有名な、砺波山(倶利伽羅峠)のタムケの神で、『日本三代実録』元慶二年(八七八)五月八日条に正六位上から従五位下に進んだ「越中国手向神」(式外)にあたる。ここでは「タムケの神＝道の神」であり、そのことは『和名類聚抄』にも

道神　唐韻云禓〈音觴　和名太無介乃加美〉道上祭　一云道神也　(二十巻本)

道神　唐韻云禓〈音楊　漢語抄云太无介乃賀美〉道上祭　一曰道神也　(十巻本)

とある。

以上のように、タムケは、手向け祭祀であると同時に、手向けの場である「坂(堺)＝峠」、そしてそこに坐す「坂の神＝峠の神」をも指すことがあった。足柄坂に関するならば、治承二年(一一七八)成立の藤原俊成の家集『長秋詠

藻』の、

足柄の山のたむけに祈れども　ぬさとちりかふ花さくら哉

のタムケは足柄坂の神を指している。

「ぬさ」(幣)とあるように、手向けには幣が用いられた。タムケについて『万葉集』には「多牟気・多武気・手向・手祭・供養・幣嚮」に作るが、とくに柿本人麻呂の

いかにあらむ名に負ふ神に「幣嚮」せば　我が思ふ妹を夢にだに見む(巻十一・二四一八番)

の「幣嚮」が、神に奉幣し供物を供えるタムケをよく示している[居駒二〇一三]。

幣は、もともとは布や衣であったが、旅に出る際は木綿・麻布・帛や紙を細く切ったものを幣袋にいれて帯同し、要所々々での手向けに用いられた。「百人一首」のひとつ、菅原道真の著名な一首(古今和歌集)

このたびは幣も取りあへず手向山　紅葉の錦神のまにまに

は、急ぎの旅立ちで幣の準備が出来なかったことを詠っている。万葉防人歌でも信濃国埴科郡の防人神人部子忍男が、

ちはやふる神のみ坂に幣奉《ぬさまつ》り　斎《いは》ふ命は母父《おもちち》がため(巻二十・四四〇二番)

として、留守中の母父の安穏を祈願している。「神のみ坂」は言うまでもなく信濃・美濃国境の神坂峠である。

道真が詠った手向山は所在が不明であるが、万葉歌にはすでに見た砺波山・寧楽山のほか各地の山・坂での手向けが詠われている。そのうちその場がわかるのは次の歌である。

周防にある磐国山を越えむ日は　「手向」けよくせよ荒しその道(巻四・五六七番)　a

木綿畳《ゆうたたみ》「手向」の山を今日越えて　いづれの野辺に廬《いほ》りせむ我(巻六・一〇一七番)　b

aは、天平二年(七三〇)に筑前国夷守駅家で開かれた大宰帥大伴旅人を見舞って都に戻る旅人の庶弟と姪《おい》の送別の宴で、大宰少典山口若麻呂が贈った歌。周防国の磐国山は山陽道きっての難所であった。bは、天平九年(七三七)に

大伴坂上郎女が相坂山(逢坂山)を越えて近江海(琵琶湖)を望んだ旅からの帰京後に詠ったもので、相坂山での手向けは、巻十三の養老六年(七二二)に佐渡へ流される穂積老の三二四〇番長歌にも「近江路の　逢坂山に　「手向」けして　我が越え行けば　楽浪の　志賀の唐崎」とあるほか、三二三七番長歌にも「逢坂山に　「手向」けくさ　幣取り置きて」とある。

また、先にみた中臣宅守の歌は、蔵部《くらべ》の女嬬狭野茅上娘子《さののちがみのをとめ》と婚姻したことにより越前国に流されるときの歌で、そのタムケは近江・越前国境の愛発山と推測される。思わず妻の名を口に出してしまったという内容であるが、古代に名前は人の命そのものであったから、「坂(堺)の神」に知られると妻の命を奪われてしまうことにもなりかねない。それほど峠越えがつらかったということであり、『万葉集』巻十四の東歌、

足柄の御坂かしこみ曇り夜の　我が下延《したば》へを言出《こちで》つるかも(巻十四・三三七一番)

と通じるものがある。

足柄坂への畏怖は、田辺福麻呂の挽歌「足柄の坂を過ぎしときに、死人《しにひと》を見て作りし歌」(巻九・一八〇〇番)にも

小垣内《をかきつ》の　麻を引き干し　妹なねが　作り着せけむ　白たへの　紐をも解かず　一重結《ひとえゆ》ふ　帯を三重結ひ　苦しきに　仕へ奉《まつ》りて　今だにも　国に罷《まか》りて　父母も　妻をも見むと　思ひつつ　行きけむ君は　鶏が鳴く　東《あづま》の国の　恐《かしこ》きや　神のみ坂に　和《にき》たへの　衣寒らに　ぬばたまの　髪は乱れて　国問へど　国をも告《の》らず　家問へど　家をも言はずますらをの　行きのまにまに　ここに臥《こ》やせる

とある。

福麻呂は、実際に足柄坂を越えて「東国」に下向したことがあったと考えられている。その難所を身を以て体験し、都からの帰郷を前に足柄坂に倒れた死者を悼んだ。

なお、「坂」は堺であるから、なにも山道だけにサカがあるのではない。たとえば、海界《うなさか》は海の彼方にあるワタツ

ミの国との堺、黄泉平坂《よもつひらさか》はこの世とヨミの国との堺である。坂は異郷と堺であった〔三浦 一九九六〕。そして、磐坂《いわさか》が石で囲んだ聖域を指すように、堺は点ではなく領域を持っていた。海路での手向けには、『万葉集』では、次の歌がある。

ありねよし対馬の渡り海中《わたなか》に　幣取り向けてはや帰り来ね（巻一・六二番）　c

我妹子を夢に見え来と大和道の　渡り瀬ごとに「手向」けそ我がする（巻十二・三一二八番）d

cは、題詞と生駒山出土の墓誌によるに、大宝元年（七〇一）に遣唐使となった美努岡麻呂の旅立ちを春日老が詠ったものである。海路でも潮の変わり目など坂（堺）があった。後のものとなるが、『土佐日記』承平五年（九三五）一月二十六日条には土佐から帰京の海路の「途《みち》に、手向けするところあり。梶取《かじとり》して、幣奉《たいまつ》らする」とある。また、瀬戸内航路では、明石海峡が畿内と畿外との堺であった。柿本人麻呂は「天離る鄙《ひな》の長道ゆ恋ひ来れば　明石の門《と》より大和島見ゆ」（巻三・二五五番）と詠っている。また、dは、海ではなく川であるが、その渡りも堺であり、タムケが行われている。

一方、ヨミの国への道では、刑部垂麻呂（不詳）が田口広麻呂（慶雲二年に従五位下『続日本紀』）の死を悼んだ

百足らず八十隈坂《やそくまさか》に「手向」せば　過ぎにし人にけだし逢はむかも（巻三・四二七番）

がある。

(2) タムケの幣

万葉歌にはタムケの品は「幣」とあるが、考古学的遺品はどうなのであろうか。

この点、碓氷峠（今日の入山峠）や神坂峠では、五世紀代以降の石製模造品（臼玉・剱形・円板）や土師器・須恵器などもっぱら古墳時代の遺品が比較的豊富にあるが〔大場 一九五二、椙山 一九七二〕、足柄峠では石製模造品や須恵器類が微

少に検出されているだけである［直良 一九六二］。

古墳時代には、『播磨国風土記』託賀郡・甕坂《みかさか》に、

甕坂は、讃伎日子、逃げ去る時、建石命《たけいわのみこと》、此の坂に逐《やら》ひて、「今より以後は、更《また》、此の界《さかひ》に入ること得じ」といひて、即ち、御冠《みかげ》を此の坂に置きき。一家《あるひと》、「昔、丹波と播磨と、国を堺《さか》ひし時、大甕を此の上に堀り埋めて、国の境《さかひ》と為しき」といへり。故、甕坂《みかさか》といふ。

とあるように、坂（堺）に土器を埋納することが行われた。このことは、紀元前二世紀から紀元後二世紀のインドの法典『マヌ法典』の第8章「訴訟の十八主題の第十境界紛争」（岩波文庫・田辺繁子『マヌの法典』）に、

石、骨、牛の毛、籾殻、灰、瀬戸片、乾燥せる牛糞、煉瓦、炭、小石、及び砂、又同様の種類の他のものにして、長期間を経るも土の腐蝕せざるものを、何にても境界の合する所に埋没せしむべし。

とあるもので、諸種の品を容器に容れて埋めていた［井本 一九八五、泉 二〇一三］。

『古事記』でも孝霊天皇記に、

大吉備津日子命《おほきびつひこのみこと》と若健吉備津日子命《わかたけきびつひのこみこと》とは、二柱相副《あいそ》ひて、針間の氷河の前《さき》に忌瓮《いわいべ》を居ゑて、針間を道の口として、吉備国を言向け和《やは》したまひき。

と、吉備・播磨国境に忌瓮を掘り据えているほか、崇神天皇記にはヤマトの「丸迩坂《わにさか》に忌瓮を居ゑ」たとあり、一方、『日本書紀』では崇神天皇十年九月壬子条に、「忌瓮を以て、和珥の武鐰坂《たけすきのさか》の上に鎮坐《す》う」とある。ともに、崇神朝の反乱鎮圧に関わる伝承である。

一方、平野部では、『常陸国風土記』行方郡にある、継体天皇の時代に箭括氏麻多智が谷戸を開墾する際に山の麓に杖を建てて夜刀神（蛇）の神地との堺とした伝承があるように、杖（樹木）を建てることが堺の験とされた［前田 一九九六、福田 二〇〇七］。

これらは、土地争いのもとになる堺の画定、安定を図ってその目印を坂に埋めるものであり、律令時代のタムケの祭祀とは異なる。

タムケの祭祀には、「手向け花」、「手向け水」の言葉があるように、幣以外の供物もあったのであろうが、主には幣であった。『万葉集』巻一の川島皇子の歌、

白浪の浜松が枝の「手向草」　幾代までにか年の経ぬらむ（巻一・三四番）

は、朱鳥四年（持統天皇四年・六九〇）に天皇の紀伊国行幸に従った皇子が、松の枝に幣を掛けようとして、昔年の幣を目にしたことを詠ったものである（巻九にもほとんど同じ歌あり、山上憶良のものとする）。それは、布・紙・花などいずれにせよ有機物であるから、数年は残ろうが、現代に遺物として伝わることはない。足柄峠にせよ碓氷峠にせよ、律令時代の遺物がほとんど検出されないのは、そこでの手向けの祭祀が幣を捧げたものであったからである。永久四年（一一一六）の「堀河院後度百首和歌」に源兼昌の歌、

生駒山手向はこれか木の本に　岩くらうちて榊たてたり

がある。榊や玉串に木綿や紙の紙垂《しで》（四手）を結んで、手向草（種《くさ》）としたのである。

直良信夫は、『峠路―その古えを尋ねて』（一九六一、校倉書房）で足柄峠頂上の祭祀遺物を集成図示するとともに、万葉歌に足柄坂での手向けの歌がないこと、神坂峠・碓氷峠（入山峠）には祭祀遺物が豊富なことに比べて、足柄峠ではそれが微々たるものであることから、現在の足柄峠が古代の足柄坂ではなかった可能性を指摘した。しかし、防人歌にみるように足柄坂が堺の場であったこと、そこでの手向けの祭祀が坂の神への奉幣であり、考古遺物が残らない内容であったことを考慮すれば、その心配は杞憂となる。

そもそも足柄坂の手向けの祭祀は、ヤマトの官人層やアヅマの農民が、政務や貢納あるいは防人役や衛士の勤めなどで足柄坂を越えるようになるとともに、相互にその生活空間の相違を認識して以降のものと考えねばならない。

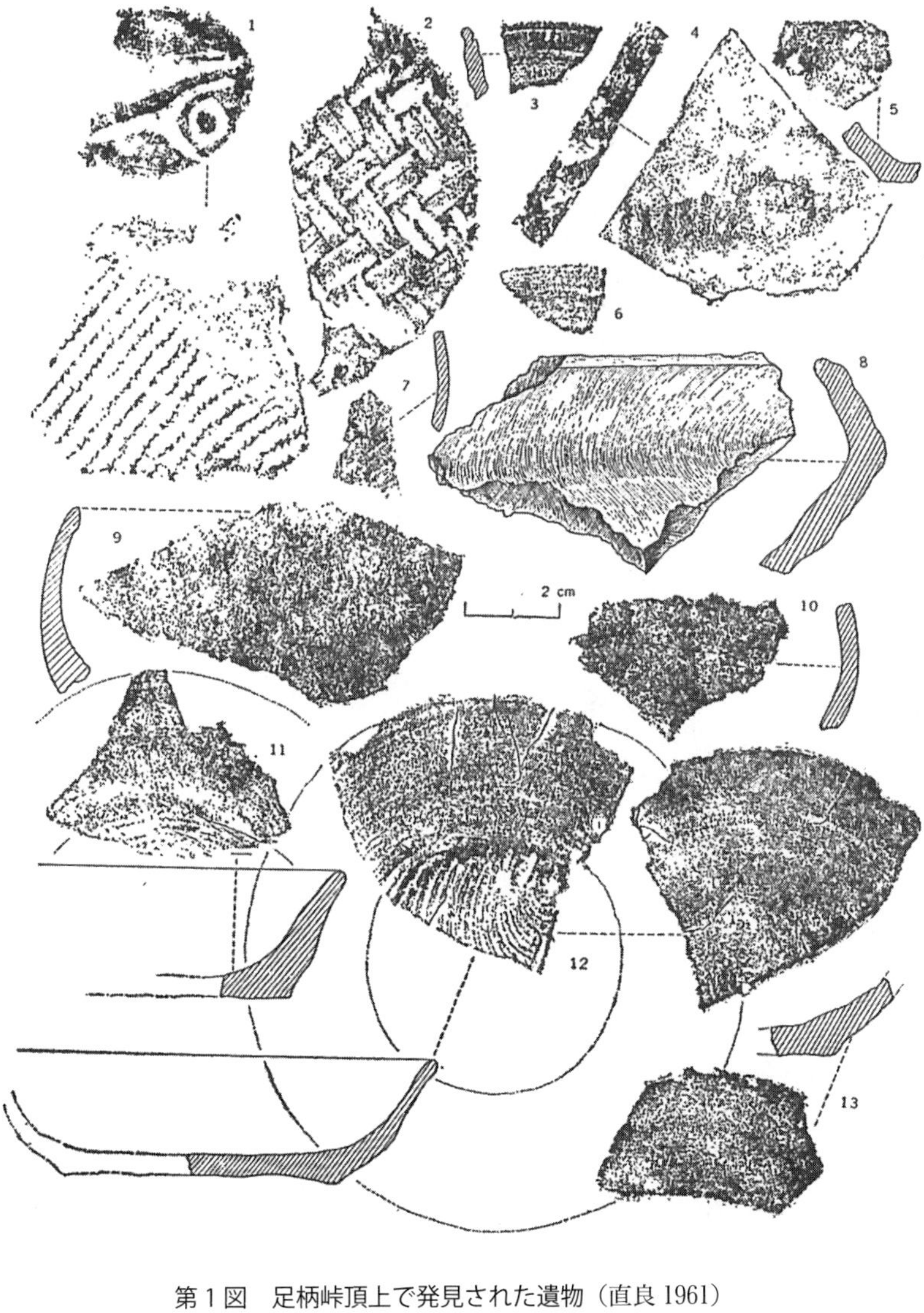

第１図　足柄峠頂上で発見された遺物（直良 1961）
1.2：縄文土器の破片　3.6~13：土師器破片　4：須恵器片

3　坂の神をめぐって

(1) 官社としての坂の神

六国史や『延喜式』にみる「坂」を名に持つ神(神社)は、付表のごとくである。

一見してわかるように、「東国」(坂東アヅマ)に「坂」の字を社名に持つ式内社や国史見在社は武蔵国の渡来系とされる青八坂系三社のみで、その「八坂」は「弥栄」の意味であり坂(堺)とは関係しない。足柄坂の足柄神社(神奈川県南足柄市苅野)も、その縁起に創建は天慶三年(九四〇)とされている。宮中の祈年祭に関わる官社すなわち式内社とは違って、ローカルな神として、足柄神社はそれ以前に遡ろう。

六国史の「坂の神」

神の名	所在	出典(初出)	備考
墨坂神	大和・伊勢堺	崇神紀・雄略紀	式外?
大坂神	大和・河内堺	崇神紀・雄略紀	式内社?
国坂神(訓坂神)	伯耆国久米郡	『続日本後紀』承和四年二月戊戌条	式内社
三坂神(御坂神)	周防国佐波郡	『続日本後紀』承和六年閏正月丁亥条	式内社
鵜坂神	越中国婦負郡	『続日本後紀』承和十二年九月乙巳条	式内社
坂神	近江国	『日本三代実録』貞観十七年十二月五日条	式外

「坂」の字を名にもつ式内社

国郡	社名	備考
大和国添上郡	和尓坐赤坂比古神社	大社
大和国葛下郡	大坂山口神社	大社　崇神紀・雄略紀?
大和国宇陀郡	味坂比売命神社	
大和国城上郡	忍坂坐生根神社	大社

そのようなローカルな「坂の神」について、注目すべきは、風土記の「坂の神」である[坂江 二〇一五]。『出雲国風土記』では仁多郡の御坂山について、「此の山に神の御門あり。故、御坂といふ。備後と出雲との堺なり」とあって坂の神が国堺にいた。ほかにも、神門郡で「飯石の郡の堺なる堀坂山」、飯石郡で神門郡との「境なる堀坂山」・備後国恵

大和国城上郡	忍坂山口坐神社	大社
大和国高市郡	鳥坂神社	
大和国十市郡	坂門神社	
河内国若江郡	坂合神社	
和泉国大鳥郡	坂上神社	
伊賀国山田郡	鳥坂神社	
伊賀国伊賀郡	坂戸神社	
伊勢国度会郡	坂手国生神社	
伊勢国飯高郡	堀坂神社	
伊勢国桑名郡	立坂神社	
尾張国中嶋郡	坂手神社	
尾張国山田郡	坂庭神社	
武蔵国賀美郡	今城青八坂稲実神社	※今城は今来で渡来系を、八坂は稲の稔りを言祝ぐ弥栄で堺とは関係しない(吉田東伍『大日本地名辞書』)
武蔵国賀美郡	今木青(八)坂稲実荒御魂神社	
武蔵国賀美郡	今城青(八)坂稲実池上神社	
近江国伊香郡	伊香具坂神社	
近江国高嶋郡	坂本神社	
美濃国賀茂郡	坂祝神社	
美濃国恵奈郡	坂本神社	
信濃国高井郡	墨坂神社	
信濃国高井郡	小坂神社	
信濃国埴科郡	坂城神社	
越前国敦賀郡	野坂神社	
越前国大野郡	坂門一事(主)神社	
越前国坂井郡	坂名井神社	
越前国坂井郡	味坂神社	
越中国婦負郡	鵜坂神社	『続日本後紀』承和十二年九月条
越後国魚沼郡	坂本神社	
但馬国養父郡	男坂神社	
但馬国出石郡	小坂神社	
但馬国城崎郡	深坂神社	

宗郡との「堺なる荒鹿坂」・三次郡との「堺なる三坂」、大原郡で意宇郡との「堺なる林垣の坂」などの坂に神がいたことは想像に難くない。

また、『播磨国風土記』美嚢郡志《し》深《じみ》里に「三坂に坐す神は、八《や》戸《と》挂須《かかす》御諸命《みもろのみこと》なり」とあるのが、付表に掲げた式内御坂神社の神にあたる。

(2) 荒ぶる神をめぐって

荒ぶる神は、『日本書紀』景行天皇二十七年十二月条に、九州巡行より帰途の景行が、

> 吉備に到りて穴海(広島県、芦田川河口)を渡る。其の処に悪ぶる神有り。則ち殺しつ。亦、難波に至る比に、柏済(淀川河口)の悪ぶる神を殺しつ。

とあるように、川の河口・渡河点と

但馬国七美郡	高坂神社	
因幡国法美郡	荒坂神社	
伯耆国久米郡	国坂神社	『続日本後紀』承和四年二月条
出雲国意宇郡	磐坂神社	風土記に石坂社、秋鹿郡恵曇郷の磐坂日子命
播磨国美嚢郡	御坂神社	風土記に志深里の八戸挂須御諸命
播磨国賀茂郡	坂合神社	
備中国英賀郡	比売坂鍾乳穴神社	
周防国佐波郡	御坂神社	『続日本後紀』承和六年閏正月条、周防国正税帳
伊予国越智郡	姫坂神社	
土佐国安芸郡	坂本神社	

いう交通の要衝にいて、景行の行く手を阻む存在であった。人々の往来を妨げる神であり、ヤマトタケル説話では、鹿となってそのヤマトへの帰還を妨害した足柄坂の神（『古事記』）、信濃山の神（御坂の神）（『日本書紀』）がヤマトタケルに討ち殺されている。

先にみた『出雲国風土記』飯石郡の荒鹿坂も、その名から察するに荒ぶる神がいたのであろう。現在の島根県飯南町と広島県庄原市高野町との堺の草峠（標高九四一メートル）のことである。「坂（堺）の神」は、荒ぶる神でもあった。『風土記』の荒ぶる神は付表のごとくである。

荒ぶる神の特色として、往来する者の半ばを殺すということがある。すなわち、荒ぶる神の居場所は交通上の要衝ゆえにそこを通らざるを得ないのであるが、難所でもあり、往来は危険をともなった。同様な表現は『八幡宇佐宮託宣集』にもあり、欽明天皇の時代に

筑紫豊前国宇佐郡の菱形池の辺の小倉山の麓に、鍛冶の翁有り。奇異の瑞を帯び、一つの身に八つの頭を現す。人これを聞き、実たるを見に行く時、五人行けば即ち三人死に、十人行けば即ち五人死ぬ。

とある［金井 一九六八］。半ばを殺すというのが、往来の難儀を示す共通表現として普遍化していた。

さて、『風土記』に戻れば、荒ぶる神が居た場所は、山や堺であることがわかる。山とあるのも、実質は後の峠に当たる坂であろう。坂（堺）には荒ぶる神がいた。旅人がその往来の無事を祈願して手向ける坂の神である。半ばを殺

すのであるから、半ばは安全に旅することができる。荒ぶる神に手向けして、和らぐことができれば無事通過することができるのであった。

ところで、『記・紀』と『風土記』では荒ぶる神への対処が大いに異なる。すなわち、『記・紀』では、景行やヤマトタケルは荒ぶる神を討ち殺してしまう。荒ぶる神は、ヤマトと地方の往来を妨げるものであって、ヤマトから見て

『風土記』の荒ぶる神

国	郡以下の所在・立地	表記	内容（△は古風土記とは認めがたい）
播磨	①賀古郡鴨波里神前村 賀古郡から明石郡への郡境	荒ぶる神	人の舟を半は留めき ↓舟が川を遡上して、船曳して、他の川へ移り、下って回避
	②揖保郡枚方里神尾山 （広山里意此川条）出雲への山道	出雲御蔭大神 （女神）	行く人を遮へ、半は死に、半は生きけり ↓ヤマトよりの使者（額田部氏）が祀り鎮める
	③揖保郡枚方里神尾山 （佐比岡条）出雲への山道	出雲大神 （女神）	（出雲国人を）十人の中五人を留め、五人の中三人を留めき ↓河内国茨田郡枚方里から移住した漢人が祀り鎮める
	④神前郡堲岡里生野（後に但馬国） 播磨・但馬国境の山間部	荒ぶる神	往来の人を半は殺しき ↓「死野」と呼ばれていたのを応神天皇が「生野」とする
肥前	⑤基肄郡姫社郷山道川 肥前・筑前国境付近の山より流れる	荒ぶる神 （女神）	路行く人多に殺害され、半は凌ぎ、半は殺にき ↓住民が宗像の珂是古をして祀り鎮める。姫社社《ひめこそしゃ》
	⑥神埼郡 後の西海道駅路が通過	荒ぶる神	往来の人多に殺害されき ↓景行天皇が鎮める
	⑦佐嘉郡佐嘉川の川上 佐嘉・小城郡境の川	荒ぶる神	往来の人、半を生かし、半を殺しき ↓県主の祖が人形・馬形で祀り鎮める
筑後	⑧逸・基肄山 筑前・筑後国境	麁猛	往来の人、半は生き、半は死にき ↓筑紫君の祖が甕依姫をして祀り鎮める。筑紫神社
摂津	⑨逸・下樋山	大神（天津鰐）	△十人往けば、五人は去かし、五人は留めき ↓久波乎（不詳）が祀り鎮める
伊勢	⑩逸・安佐賀山	荒ぶる神	△百の往人をば五十人亡し、四十の往人をば廿人亡しき ↓垂仁天皇が伊勢大若子命（伊勢氏の祖）をして祀り鎮める
駿河	⑪逸・岩木山	荒ぶる神	△道さまたぐる

そのローカルな存在は、和らげる(言向ける)神ではなく、武力鎮圧の対象であった。この意味で、諸説ある『万葉集』巻十三・三二二七番の長歌の冒頭「葦原の 瑞穂の国に 手向けすと 天降りましけむ 五百万《いほよろず》 千万神《ちよろずがみ》の」の「手向け」については、「手による鎮定」の義であるとする武田祐吉『万葉集全註釈』に従っておきたい。

これに対して、『風土記』に見る荒ぶる神の対処法は、祀(祭)り鎮めるもの、すなわち、荒ぶる神に供献祭祀としてのタムケをして和すものである。同じ荒ぶる神に対しても、討ち滅ぼすべきものとするヤマトからの目線と、祀り鎮めることで守護神に転化しようとする地元ならではの方針との相違がある。

「坂の神」は「堺の神」であり、往来を妨げる「荒ぶる神」でもあるが、在地レベルでは祀る(手向ける)ことで通行を可能にしてくれる善神でもあった。この守護神的な性格は、「坂(堺)の神」を、共同体の外から侵入してくる敵・邪・災いを禦ぐ道祖神(障の神・塞の神)へと転化させる。『源氏物語』蓬生の「玉かづら絶えてもやまじ行く道のたむけの神もかけて誓はむ」に関して、その注釈書の一つ『河海抄』が「たむけの神は道祖神の事也」、「(道祖神は)世俗にはさへの神とも又たむけの神とも号する也」としたり、『源平盛衰記』巻七が一条天皇の逆鱗に触れ陸奥守に左遷された藤原実方が、陸奥国名取郡笠島の道祖神を見下してその前を馬上のまま通り過ぎてその怒りにふれて殺されたとするのは、この点を示唆する[本位田 一九六九]。

説話のモチーフとしては、ヤマトタケルが討った足柄坂や信濃坂の神、景行が殺した吉備や難波の「悪ぶる神」はヤマト王権の進出を拒む地方勢力を象徴している。一方、『風土記』の「荒ぶる神」や万葉歌の「坂の神」は、抵抗勢力というよりも、嶮難な道のほか交通を遮断する自然現象(天候不良、崖崩れ、噴火、河川増水などの災害)、人的要因(盗賊、負傷・病気、衰弱、食糧難)、動植物(山犬・狼・蛇、蜂・毒虫、毒性植物)などを神格化したものである。

先にもふれた『常陸国風土記』行方郡の伝承では、六世紀前半の継体朝に地元豪族の箭括氏麻多智が開墾を妨げる夜《や》刀神《とがみ》の土地と人の土地とを杖でもって堺の標識として分離し、その子孫が『風土記』編纂の奈良時代になっても夜刀神も祀っているのに対して、七世紀半ばの孝徳朝に行方郡を建てた茨城国造の壬生連麻呂はヤマト王権の権威を背景にして夜刀神を打ち殺そうとしている〔赤坂 二〇〇〇〕。ここにも同じ夜刀神に対して、地域とヤマトとの論理には相違が見られる。

おわりに――坂と堺の多様性――

足柄坂がヤマトとアヅマとを隔てる大きな堺であることは、ここまで述べてきたとおりであるが、そこにも変遷や多様性がある。すなわち、『延喜式』民部省式では相摸国を含む「東国」(坂東アヅマ)は全て遠国であるが、『令集解』賦役令調庸物条古記説が引く和銅期の民部省式では、坂東八国中で相摸国だけは中国となっている。相摸国は延暦期以降に遠国に転じたようであるが、それ以前は諸国遠近制において東海道では足柄坂は堺となっていなかった〔荒井 二〇一二〕。

ヤマトタケル説話や『常陸国風土記』に見たように、足柄坂以東の相摸の地はもとよりアヅマであるが、その一方で、ヤマト王権の「東国」支配や対東北戦争の拠点として親ヤマト的に捉えられていたことが、相摸国を初め中国とした。そのことは、天平七年(七三五)「相摸国封戸租交易帳」ほかより確認される一国の約四割に及ぶ封戸占定率の高さや、陸奥鎮守府官人の公廨を陸奥国と相摸国で負担していること(『延喜式』主税式)、『古事記』のヤマトタケル東征説話の大半が相摸国を舞台にしていることなどに反映されている。

足柄坂といえども、その境の観念に多様性がある。自然(地勢)的な堺、交通上の堺、政治観念的堺は、自ずと相違すると言わねばならない。また、『播磨国風土記』託賀郡の甕坂の由来にも二重性があった。地元の堺の内を排他的に保全する伝承と、国家(ヤマト)による国境画定に伴う伝承とである。

さらに、東山道においては、『日本書紀』景行紀の信濃坂は御坂峠であるが、『延喜式』玄蕃寮沙弥沙弥尼条に下野国薬師寺で受戒が行われる「東海道足柄坂以東、東山道信濃坂以東」の国々が『三代格』嘉祥元年(八四八)十一月三日官符には陸奥・出羽二国を含めた「坂東十国」とあって信濃国を含まないように、その信濃坂は碓氷峠を指している。すなわち、信濃坂は、信濃国の両側にヤマトから見た信濃坂と、アヅマから見た信濃坂とがあったのである。

引用文献

赤坂憲雄　二〇〇〇年『境界の発生』講談社学術文庫
荒井秀規　一九九四年「「東国」とアヅマ」関和彦編『東国の民衆と社会』名著出版
荒井秀規　二〇一二年「公式令朝集使条と諸国遠近制」鈴木靖民編『日本古代の地域社会と周縁』吉川弘文館
荒井秀規　二〇一三年「東山道と甲斐の路」鈴木靖民・吉村武彦・加藤友康編『古代山国の交通と社会』八木書店
荒井秀規　二〇一七年『覚醒する〈関東〉』(古代の東国③)吉川弘文館
居駒永幸　二〇一三年「峠・坂と文学」『古代山国の交通と社会』八木書店(前出)
石井　進　一九八四年「坂と境」『漂泊と定着』(日本民俗文化大系六)小学館
泉滋三郎　二〇一三年「陶磁に見られる境界観念について」『神奈川歯科大学　基礎科学論集』三〇
井本英一　一九八五年『境界　祭祀空間』平河出版社
大場磐雄　一九五二年「万葉集にあらわれた祭祀―斎瓶・峠を中心として」『国学院雑誌』五三
金井清一　一九六八年「風土記の交通妨害説話について」『日本文学』三一　東京女子大学
川島茂裕　一九八八年「古代史上の足柄峠」『小山町の歴史』二　小山町
菊地喜裕　一九九八年「峠の信仰と防人歌」『悠久』七五
坂江　渉　二〇一五年「風土記の「荒ぶる神」の鎮祭伝承」『出雲古代史研究』二五　出雲古代史研究会
椙山林繼　一九七二年「神坂峠」『神道考古学講座』五　雄山閣
鳥養直樹　二〇〇五年『足柄の里と坂の古代的世界』夢工房
直良信夫　一九六一年「足柄峠(足柄坂)」『峠路―その古えを尋ねて』校倉書房
中村英重　一九七七年「古代の境界神」『仏教民俗研究』四　仏教民俗研究会

福田陽子　二〇〇七年「古代日本の地域社会と祭祀―樹木の信仰を中心にして」『国学院大学大学院紀要　文学研究科』三九
本位田重美　一九六九年「道祖神考」『人文論究』二〇　関西学院大学
前田晴人　一九九六年『日本古代の道と衢』吉川弘文館
三浦佑之　一九九六年「境界―〈坂〉をめぐって」上代文学会編『万葉の歌と環境』笠間書院
山近久美子　二〇一六年「交通に関わる祭祀」舘野和己・出田和久編『日本古代の交通・交流・情報』三（遺跡と技術）吉川弘文館
山田弘通　一九六二年「万葉集の足柄越えと爾閉の浦」『国語と国文学』東京大学国語国文学会

古代の国境論争

田中広明

はじめに

古代の国境は、天武朝の画定事業や奈良時代前半の分割・統合等を経て落ち着くが、平安時代に入り再び各地で国境をめぐる論争がおこる。また、人々の移動も国境を越えて活発化した。本稿では、この史料に登場する国境論争や国境をめぐる人々の活動について、考古学資料から検討を進める糸口を提供することを目的としたい。

ところで、古代の国境論争とは、国境の村や田畠の帰属、国境を越えた農民の移動、国府や国分寺などの国境付近における開発といった利権の異なる二国間、直接的には、隣り合った二郡間の問題である。平安時代には、班田制の崩壊、税制の転換、地域間の経済活動が活発化したことにより、奈良時代に国家が想定した秩序を遥かに超えて、山野河海の開発が積極的に進んだ。各国の国境付近、とくに山間地や空閑地の「野」は、管轄が曖昧であったことから大きく動揺し、積極的に開発の触手が伸びたのであった。

さて、本稿では、①信濃と美濃の国境、②相模と甲斐の国境、③上野と武蔵の国境、④常陸と下総の国境、⑤信濃と越後の国境、⑥上総と下総の国境の事例について検討をしたい。①と②は、帰属の曖昧な国境付近の山間地で開発が進んだことにより発生した論争、③と④は、河川の流路変動にともない発生した耕地と民衆の帰属にかかわる論争、

⑤は、国境を越えて流動する「田夫」が起こした論争、⑥は、上総国の森林資源の用益にかかわる課題をあつかいたい。

以下、先行研究の検討を通じて、課題を追求してみたい。

⑴ 信濃と美濃の国境——吉蘇村と小吉蘇村の帰属——

美濃国恵那郡絵上郷の吉蘇村と小吉蘇村について、信濃国と美濃国がその帰属をめぐり古来より争っていた。『日本三代実録』元慶三年(八七九)九月四日辛卯条(史料①)には、和銅六年(七一三)七月に笠朝臣麻呂以下の美濃国司が、信濃国との往還が困難なため「吉蘇路」を開いたことを根拠に両村を美濃国の帰属とし、「縣坂山岑」を国境と定めたとある。この縣坂山岑は、長野県塩尻市奈良井と木曽郡木祖村藪原の間にある鳥居峠とされる。

この国境論争について原明芳は、古代集落の存続期間や分布等から検討した〔原 二〇〇二〕。まとめると長野県木曽地方では、七世紀末から八世紀前半の集落は、吉蘇路の造成にかかわり展開した美濃国からの集落、九世紀中ごろ以降の集落は、信濃国の松本平から進出した集落とされた。しかも十世紀後半以降の集落は、美濃国との交流が著しくなるという。その論拠として集落で消費された焼物の組成(とくに須恵器や灰釉陶器)や器種の組成をあげた。

たしかに、九世紀後半以降、中山間地である木曽谷へ進出する集落は目覚ましい。十世紀後半になると、岐阜県東濃地方で生産された灰釉陶器の消費率が、極めて高くなる。そのなかで「大野保　政所」と書かれた灰釉陶器が、長野県木曽郡木曽町(旧日義村)のお玉の森遺跡から出土したことは象徴的である。この墨書土器は、美濃国が国衙領の占有や在家の支配を認めた「大野保」があり、その地域支配の政治的拠点として「政所」を置いたことを示す。荘園制への移行を象徴する画期的な資料である。

ところで、平安時代の木曽谷の遺跡分布は、圧倒的に筑摩郡に近い。これは、木曽谷の集落で生産された手工業製品が、筑摩郡(長野県松本市)にあった信濃国府、とくに国府市を目指していたからであろう。木曽谷の生活圏は、美濃国や恵那郡よりも信濃国や筑摩郡に依存していたことを物語っている。

(2) 相模と甲斐の国境――都留郡都留村の帰属――

延暦十六年(七九七)、相模国と甲斐国の間で国境の論争がおこる。『日本後紀』は、甲斐国都留郡都留村、現在の山梨県上野原市付近が、その所管国をめぐって争いとなったことを伝える。結論的には、「□(都)留村」の東辺、「砥沢」が両国の堺となった(史料②)。

甲斐国と相模国は、東海道に属し、駿河国から分かれた甲斐路と東海道本路が、それぞれの国府へ向かって延びていた。しかし、甲斐国と相模国は、古墳時代以来、相模川を遡るルートが、主要な交通路であった。とくに八世紀から九世紀にかけては、田尾誠敏が述べるように甲斐国で生産された甲斐型土器が、相模国や武蔵国南部へ広がることから、その活発な交流の痕跡を知ることができる〔田尾 一九九二〕。

それと同時に、甲斐国と相模国の国境付近の山間部には、豊富な森林資源の獲得と利用を求めた人々が、積極的に集落を営んだ。たとえば、木材や木製品、漆製品、紙、麻織物などの生産拡大は、山の囲い込みに向かったと考えられる。従来、帰属が曖昧だった国境の「黒山」なども生産活動の対象となったことが、問題に拍車をかけたのである。

ところで、この甲斐国都留村の山間部における生産活動をよく伝えるのが、山梨県上野原市の狐原遺跡である〔小西 二〇一五〕。狐原遺跡からは、「山」字の焼印が出土した。この焼印は、縦三・三㌢、横三・五㌢の印面であることから牛馬の焼印とは考え難く、轆轤挽き木製食器や農具などに使用したと考えられる。一文字の印文であるため過度の推定は危険だが、たとえば地名(山梨郡)、人名(山部)、役所(山作所)などが考えられる。ここに木地師の片鱗が確認できるのである。

九世紀後半以降、黒色土器の消費が高まる背景として、木製食器(漆器)の需要増加があげられる。狐原遺跡の木地師は、このような轆轤挽き食器を生産するため、その原料木を求めて都留郡の相模国境付近に分け入った。おそらく木地師ばかりではなく、杣人や鍛冶師、炭焼きたちも豊富な森林資源を求めて参入したことであろう。あるいは、甲斐国の山作所も置かれたかもしれない。彼らの活発な活動が、相模国と甲斐国の国境論争を惹起した可能性が高い。

(3) 上野と武蔵の国境――藤崎庄の四至――

平安時代後期、穀倉院の所領である武蔵国藤崎庄の庄域をめぐり、武蔵国と上野国の間で争論になった。長和四年(一〇一五)、藤崎庄の田畠の四至について武蔵国は、「糺定」(審理を究明し、物事の正邪を糺し定めること)を上野国へ要求した。しかし、上野国は調査の結果、藤崎庄の主張する土地は、上野国邑楽郡の管内(国衙領)であると回答した(『朝野群載』二十二　諸国雑事上「上野国移」〈史料③〉)。

徳川家康が関東に移って以降、幕府による利根川の東遷事業が進み、現在の流路に固定されたが、平安時代には、行田市と羽生市の堺を流れる「会の川」が本流、現利根川はその支流(谷田川)であった。とくに上野国邑楽郡(群馬県邑楽・館林地方)や武蔵国埼玉郡北部(埼玉県行田市、加須市)を流れた利根川は、大きく蛇行し流路も変動していたと考えられる。そのため、武蔵国の藤崎庄は、利根川の変動によって左岸(上野国)側に田畠を残すこととなった。藤崎庄にかかわる人々の集落も取り残されたかもしれない。

ところが近年、利根川堤防の強化事業に伴い、羽生市、加須市の利根川堤防付近の遺跡群が、(公財)埼玉県埋蔵文化財調査事業団によって発掘調査された。とくに羽生市屋敷裏遺跡や加須市長竹遺跡、宮西遺跡、宮東遺跡、飯積遺跡などでは、奈良時代から平安時代にかけての集落群が明らかになりつつある[埼玉県埋文 二〇一一～二〇一四]。「上野国移」に藤崎庄が、数代を経て営農されているとあり、十世紀から続く集落や田畠が対応することとなる。

加須市長竹遺跡や宮西遺跡、宮東遺跡などでは平安時代の集落等が発見されている。群馬県邑楽郡板倉町大高嶋の対岸に当たり、現在の県境である「合の川」をはさみ、加須市(旧北川辺町)飯積遺跡も近い。最も河道変遷が大きいこの付近が、藤崎庄か邑楽郡の国衙領か、曖昧となった可能性が高い。

ちなみに、屋敷裏遺跡の所在地は、羽生市大字名であり、同市大字三田ヶ谷も近い。「名」は、戦国時代には「明」(久喜市鷲宮神社棟札)と書かれ、「みょう」と呼称されていた。大字「名」には、永明寺や永明寺古墳があり、「ようみょうじ」という。「名」は、負名の「名」であり、荘園にかかわる名主、名田の「名」である。また、「三田ヶ谷」の三田は、庄園の庄田を「御田」と呼ぶこともあり、その可能性も高い。「三田ヶ谷」も江戸時代まで遡る地名である。

ところで、埼玉県東部の遺跡では、奈良時代まで武蔵国北部と共通した土器群が用いられていた。しかし、平安時代に入ると上野国東部や下野国南部、下総国北西部、常陸国西部の土器が積極的に消費された。これは、それらの地域の人々と積極的に交流した証であり、藤崎庄が、国堺の不確かな土地に触手を伸ばした背景と考えられる。

このような遺跡の分布や土器の流通などから、国境を行き来する人々の経済活動を積極的に評価したい。今後の発掘調査と報告書の進展を待ち、改めて検討したい課題である。

(4) 常陸国と下総国の国境――毛野川の河川改修――

神護景雲二年(七六八)、下総国と常陸国の国境を流れる「毛野川」(鬼怒川)の河川改修工事が着工された。毛野川は、たびたび氾濫を繰り返し、流域の耕地や村々を脅かしていたが、河川工事の沿線に民家や神社があり、協力がこれまで得にくかった。しかし、下流の口分田に二千余町の被害が発生し、ついに「一千丈」(約三キロ)の河川改修が始まったのである。

『続日本紀』の同年八月十九日条によると、この河川改修は、下総国結城郡小塩郷小嶋村から常陸国新治郡受津村に及んだという。下総国司から申請されたこの事業は、毛野川の新流路が常陸国司の管轄地を横切ることに問題がある。それは、新治郡の口分田や墾田が工事用地となることで、民家や口分田に影響が及び税収が下がること、また、民家や神社の移転補償の必要が発生すること、常陸国と下総国の間で調整が必要となることである。

ことに『続日本紀』の同条が記す「社」の移転は、重大な案件であった。社は、地域の紐帯に適った地形の場所が占定される。神が宿るにふさわしい場所でなければならなかった。また、民家の移転は、新治郡司と結城郡司にとっては、沽券にかかわる重大な問題であった。

さて、毛野川は、現在の茨城県結城郡八千代町大渡戸から同町川尻にかけて改修されたようで、旧流路の痕跡が、大渡戸、小屋、久下田、新井、八町、川尻に蛇行した河川跡として残る。『続日本紀』の同条が記すように国境は、旧流路のままとされたため、毛野川の西側に常陸国新治郡が存在することとなった。現在の八千代町川西地区である。なお、川西地区は、明治時代の町村合併まで真壁郡に属していた。流路変更後も国境は維持され、口分田や墾田は、常陸国の管轄が続いた可能性が高い。

ところで、この地域における遺跡の発掘調査事例は決して多くない。そのなかで、八千代町小次郎内遺跡は、九世紀から十世紀の竪穴住居跡群が検出された貴重な事例である。五軒の竪穴住居跡は、長方形の短辺にカマドを設け、壁面がカマドの左袖から張り出す特長がある。報告者の斎藤洋によると、同様の事例が八千代町一本松遺跡、結城市下り松・油内遺跡などでもみられるという。この張り出しは、九世紀後葉に「棚状施設」として出現し、変形しながら十世紀後葉まで続いたとされる［斎藤 二〇〇七］。

斎藤も指摘するが、竪穴形態の違い、とくにカマドの位置や張り出しなどは、壁体や上屋の構造、屋根の葺き方、素材などと深く関連し、異なる見かけ（外観）の建物が、地域の中に出現したこととなる。工房や作業小屋などならば別だが、家屋なら異なった集団の抽出につながる。つまり、下総国結城地域の人々が、常陸国に移り営んだ集落と考えられる。国境を越えた人々の移動が論証できるのである。

しかし、小次郎内遺跡の成立が、九世紀後葉に下ることを考えると、ここに進出した農民は、八世紀前半の班田農民とは明らかに異なっていた。このころ、関東地方の各地では、七世紀後半から八世紀前半にかけて成立した集落が解体し、人々は、未開の野や山間、山麓、丘陵へ果敢に進出した。小次郎内遺跡は、そのうねりの中で登場した集落の一つである。

なお、下総国小嶋村から常陸国受津村にあった社や民家は、国家補償のもと結城郡、新治郡を問わず、新たな田地を国家が保障し、あてがわれたと考えられる。神護景雲二年という段階を考慮するならば、『播磨国風土記』の屯倉設置譚が参考となる。国を越えた集団移転が考えられる。

(5) 信濃と越後の国境――石井庄の浪人の逃散――

越後国の石井庄は、天平勝宝五年(七五三)から頸城郡にみられる東大寺の庄園である。その庄所は、上越市岩ノ原遺跡と考えられる。「石井庄」や「石井」と記した墨書土器が出土したからである。ここで問題とするのは、立庄期のことではなく、永承七年(一〇五二)以降、東大寺の大法師である兼算が、庄司として下向してからのことである。

それは、庄司の兼算と田堵の古志得延や百姓等との間で起きた労働争議である。そもそも兼算は、石井庄の運営に当たり、信濃国から「浪人」を招き寄せ、地元の古志得延を田堵として耕作や墾田に当たらせた。しかし、得延と兼算は折り合いが悪くなり、地子を未納したまま得延は、百姓とともに信濃国へ逃げ去ってしまった。この件の後、兼算は庄司を解任され、越後国と東大寺との争論などの紆余曲折を経て、石井庄が「府辺」の要地ということで国衙領となる。

この一件は、越後国府の至近の要地であっても、信濃国から百姓(田夫)が呼び寄せられていたこと、信濃国に国境を越えて石井庄へ出向く田夫がいたことである。それは、農繁期にもかかわらず、信濃国の水田耕作に従事しない人々がいたこと、つまり、山間労働にかかわる人々が農繁期にいたことを意味している。

具体的には、信濃国水内郡、高井郡の中山間地域に居住した人々である。両郡は山がちな地形であり、水田耕作には不向きな土地が多い。国内有数の豪雪地帯だが、森林資源は豊富である。平安時代後期の人口も決して少なくない。『和名類聚抄』によると高井郡五郷、水内郡八郷があり、あわせて十三郷の人口を抱えていた。この山間人口は、木地師や漆師、麻布、紙、牛馬などの生産活動を行い、農繁期になると信濃国はもとより、越後国へ田夫として出向いていたと考えられる。

一定期間、越後国へ信濃国の人々が出向き、再び戻る。このサイクルが、長野県北部(北信地方)の遺跡や遺物の中に現れた。北陸系ロクロ甕の普遍的な使用である。また、越後国府や頸城郡から出土する灰釉陶器は、岐阜県の東濃地方で生産され、信濃国を経由してもたらされた。さらに、群馬県北部(北毛地域)の山間地域へも北陸系ロクロ甕はもたらされた。上野国の人々も国境の山を越え、信濃や越後へ田夫として出向いていたと考えられる。農繁期の労働が、国境を越え動員されていたことが、考古学資料を通じて明らかとなった。

(6) 上総国と下総国の国境 ――上総国山邊郡山口郷の開発――

上総国と下総国の国境は、千葉県を南北に分断する房総半島の分水嶺である。太平洋岸に注ぐ九十九里浜の河川と、利根川に注ぐ河川の分水が、上総国と下総国の国境である。この国境付近、房総半島が最もくびれるところに山邊郡山口郷がある。

その山口郷にかかわる遺跡は、天野努によると千葉県東金市の山田水呑遺跡、大網山田台遺跡群、小野山田台遺跡群、作畑遺跡などとされる〔天野 二〇〇二〕。また、須田勉は、千葉市緑区小食土町の南河原坂窯跡群や中原遺跡群を上総国市原郡山田郷の遺跡とし、上総国分寺の造営や維持管理に深くかかわった遺跡群とされた〔須田 二〇〇三〕。さらに天野努は、地名の墨書土器が出土した遺跡の分布から山邊郡山口郷や同郡草原《かやはら》郷の比定を試みられ、地名に続く「舘」「御立」「万所」などから上総国分寺が行った地域開発の拠点(施設)を明らかにした〔天野 二〇一六〕。

さて、上総国の市原郡と山邊郡は、下総国との国境の郡である。その山邊郡の山口郷と隣接する市原郡の山田郷は、豊富な森林資源に恵まれ、須恵器や薪炭、製鉄などの手工業生産が、七世紀後半から九世紀にかけて集中して営まれた地域である。

おそらく須恵器生産や製鉄、薪炭に留まらず、豊富な森林資源を活用した木材の供給基地、または木工集団の集住した場所と考えられる。「山邊」「山口」「山田」といった「山」つながりの地名が、山の職能集団である山部の存在を推定させるからである。天野が指摘した「山邊」「山口」「山田」の地名と施設(建物)名称や部門名称を複合した墨書銘の分析は有効である。

天野努によると、山邊郡または山邊にかかわる墨書土器は、「山邊家」(砂田中台遺跡)、「山邊御立」「山邊万所」「山邊田本」(小西平台遺跡)、「山邊大」(山田水呑遺跡)「山邊」(砂田中台遺跡・山田水呑遺跡)など、また山口郷にかかわる墨書土器は、「山口千万」(小西平台)、「山口万」(新林遺跡)、「山口館」(山田水呑)、「山口家」(作畑遺跡)など、さらに山邊郡草野郷にかかわる「草野」(南麦台遺跡)などがある。このほかにも山邊郡に隣接した市原郡山田郷にかかわる「山田」「山田人」(羽戸遺跡)も一連の墨書土器と考えられる。

これらの墨書土器は、①地名(郡名や郷名、あるいは拠点名称など)、②地名と役所や建物の施設名の複合語、③地名と集団を示す「人」の複合語に分けて考えることができる。ことに②は、「御立」「舘」「万所」「家」などと複合した言葉である。「御立」は、『今昔物語集』二十五巻十一話の「御館《みたち》に参りて申さん」などの「御館」と同一であり、館にいる貴人の尊称、またはその貴人が起居する建物の美称と考えられる。なお、「御館」と呼ばれた貴人は、奥州藤原氏の清衡であった。

そもそも「舘《たち》」は、「立ち寄る」の「たち」であり、「いらっしゃる」「おいでになる」といった尊敬語の古語「みたし」と同一である。貴人（客人〈まれひと〉）が、ふたたび都へ戻ることを前提に立ち寄ったのが、「舘」であり、貴人のおられる建物「屋（家〈や〉）の方（かた）」とは意味が異なっていた。

このことから「御立」や「舘」は、在地に根差した地域経営を行う郡司というよりも、都から遣わされた国司や東大寺の荘官、院宮王臣家の下司、あるいは国分寺の荘官や山作所の官人などにかかわる人物や建物がふさわしい。

しかも「山邊郡山口郷」という郡郷名や国郡名、または郷里名などは記載されず、山のほとりの「山邊」や山の上り口の「山口」、山を切り開いた墾田の「山田」という一般名称が使われている。「山」は、未開墾地、森林、そして共益地を指し、その開発拠点が、「御立」や「舘」であった。「万所」や「家」も国府または国司、あるいは国分寺などが、国内に置いた地域経営の拠点である。

とくに山邊郡は、山林資源の開発に大きな役割を果たした「山部」とのかかわりが指摘できるかもしれない。七世紀以降、古代寺院の建立や維持、評家建物の造営などで大量の木材が急速に必要となった。また、木材を加工し、建物に組み立てる木工技術者や運搬労働者も必要とされた。材木の供給地を維持管理していくシステムの構築が、各国で喫緊の課題となったに違いない。

そこで上総国では、在地豪族によって瓦や須恵器、製鉄、薪炭などの手工業生産を七世紀後半から展開していた市原郡山田郷の地域に的が絞られたのである。ここを森林資源の開発拠点として、市原郡（地域）で須恵器や瓦生産を担い、木材の伐採、運搬、加工を山邊郡（地域）が担ったと考えたい。おそらく「草野」の墨書土器も山邊郡の草野《かやの》郷とかかわり、屋根葺き材として使用された萱（茅）の伐採や運搬、葺き方などに携わった人々、または原材料である萱野の広がる地域と考えられる。

いっぽう、下総国の印旛郡にあたる成田市公津遺跡から出土した墨書土器「山口」も中世の波布《はぶ》荘山口郷、近世の山口村につながる地名とされる。これは、下総国側にも上総国との国境にむかう「山口」が、存在したことを示す。元来、山口は里と山の堺にあり、人の住む里から神の住む「黒山」に出入りする場であり、異界や国境への入り口として重要な場であった。

おそらく、藤原京や平城京の建設に対応し、近江国の田上山や高島山などでは、山作所が設けられたように、諸国の国府や国分寺は、急速な木材需要を支えるため国内に山作所を設置したと考えられる。それは、地域や在地首長によって守られてきた伝来の巨木や共益地である山川藪沢が、国家的開発の爪牙に曝されたことに相違ない。その経営拠点が、「山口館」であり、「山邊家」であったのではないだろうか。当然、そこには、木材の伐採や運搬、加工にかかわる人々が集住し、須恵器や瓦、製鉄などの手工業生産が活発に展開していたと考えられる。さらに宗教的施設としての寺院や神社も建てられた。また、山口は水源に近い。下流に広がる耕地や集落を掌握する宗教的・政治的な拠点でもあった。

なお、須恵器や瓦、製鉄などは、中山間地に営まれることが多い。木材需要の高まりとともに隣接する里山は、墾田化が進められ、「山田郡」や「山田郷」と呼称されたと考えられる。たとえば、上野国山田郡は、下野国との堺にあり、群馬県太田市菅ノ沢窯をかかえる。尾張国山田郡は、三河国との堺にあり愛知県名古屋市猿投窯をかかえるといった具合である。下総国との堺となる上総国山邊郡山口郷や同国市原郡山田郷も千葉県千葉市南河原坂窯をかかえ、その一つと考えたい。

また、古代王権の設置した屯倉には、山林地帯を含む場合があり、そこには山部が置かれたこともある。上野国片岡郡の山等(部)郷(のちに山名郷)は、「佐野三家(屯倉)」に設けられた山部にかかわる郷である。観音山丘陵の材木の伐採、運搬にかかわり、同郡には、瓦や須恵器を生産した群馬県高崎市乗附窯が設けられた。樹木の伐採、加工、須恵器や製鉄、薪炭など七世紀以降、山の新しい生産システムが、屯倉や国境を舞台として開始されたと理解したい。

まとめ

『常陸国風土記』は、山や岡（大山、波太岡、筑波岳、岳、高山）、川（毛野川）、内海や外洋（信太流海、榎浦流海、佐我流海、大海）、河口付近の湊（安是湖、阿多可奈湖）などを国の堺とした。常陸国に旅行者が入るときは、身を清め国の神に拝礼しなくてはならなかった。国の堺は、それだけで祭祀的空間だったのである。

さて、ここでは古代の国境をめぐり、六つの課題をあげ検討した。第一の課題は、信濃国と美濃国の堺、美濃国木曽郡の帰属である。平安時代に入り木曽地域は、信濃国筑摩郡と経済的に強く結びついていたが、行政的には美濃国に属していた。それは、美濃国司が木曽路を開いたことが法的根拠であった。

第二の課題は、甲斐国と相模国の堺、甲斐国都留郡都留村をめぐる争論である。都留村は、甲斐国と相模国を結ぶ交通路上、相模川の上流に位置する。「山」字の焼印が出土した上野原町狐原遺跡は、都留村の一部である。轆轤引きの木製食器や農具などを生産した木地師が、国の堺の山林地域で活動にかかわっていたことを示す。「山」字からは、甲斐国の山作所や山部が考えられ、国境を跨いだ活動が推定できる。

第三の課題は、上野国と武蔵国の国境が、河道の変化にともない曖昧になったことから発生した。穀倉院藤崎庄と上野国の国衙領との問題である。上野国東部の人々と武蔵国北東部の人々が、人的交流を行った表れである。その動きは、上野・下野・常陸・下総の土器が、平安時代後期になり活発に流通したことによって説明できる。

第四の課題は、常陸国と下総国の堺を流れる毛野川の河川改修にかかわる問題である。河道の変更によって毛野川右岸となった常陸国新治郡の飛び地は、行政的にはもとのままだが、経済的には下総国結城郡に組み込まれていく。平安時代に入るとその傾向はますます強くなり、国境を越えた人々の流動化が進んだ。

第五の課題は、越後国と信濃国の国境を往来する人々の問題である。越後国府近くの石井庄には、信濃国の人々が田夫として働いていた。しかし、東大寺から来た荘官と在地の田堵が摩擦を起こし、地子を弁済しないまま信濃へ帰った事件である。越後国頸城郡と信濃国北部地域の人々が、相互交流していたことは、北信地域に分布する北陸系ロクロ甕や、頸城地方に分布する東濃地方の灰釉陶器から裏付けられる。

第六の課題は、上総国と下総国の国境、山邊郡山口郷の山林開発にかかわる問題である。山邊郡山口郷は、八世紀後半から急速に成長した地域である。この地域の遺跡から出土する「舘」や「御立」「万所」「家」などの墨書土器は、山林地帯の開発に積極的にかかわる経営拠点(山作所)の存在を立証する。国府や上総国分寺の墾田経営、急増する森林需要などがその背景にあったと考えられる。

本稿以外にも、貞観元年(八五九)に河内国と和泉国の間で起こった須恵器の燃料伐採にかかわる山林用益の問題、貞観七年(八六五)に美濃国と尾張国の間で起こった広野川事件、さらに国の堺を越えて軍事行動を起こした平将門の乱(承平五年〈九三五〉から天慶二年〈九三九〉)などがある。

以上、国境をめぐる論争は、二国間、二郡間の曖昧な土地に発生し、両者の協議では解決できない問題だった。だから記録に残った。そこは、国府から遠く離れた山間地、河川改修による河道変化で生じた土地などであり、人々が往来する交流の場であった。考古学的には、土器の流通や建物の型式などから集団の交流が、確認できる場合がある。

古代の人々が、国境をどのように考えていたのか。考古学の資料を通じた検証を進めることで、さらに歴史の新たな解明が進むことを期待したい。

文献史料

史料①『日本三代実録』元慶三年（八七九）九月四日辛卯条

令美濃、信濃國、以縣坂山岑、在美濃國恵那郡与信濃國筑摩郡之間、両國古來相争境堺、未有所決、貞観中、勅遣左馬権少允従六位上藤原朝臣正範、刑部少録従七位上靫負直継雄等、与両国司、臨地相定、正範等検舊記云、吉蘇、小吉蘇両村、是恵那郡繪上郷之地也、和銅六年七月以美濃信濃両國之堺、經路検隘往還甚難、仍通吉蘇路、七年閏二月、賜美濃守従四位下笠朝臣麻呂封七十戸、田六町、少掾正七位下門部連御立、大目従八位上山口忌寸兄人、各進位階、以通吉蘇路也、今此地、去美濃國府、行程十餘日、於信濃國、最爲逼近、若爲信濃地者、何令美濃國司遠入開通彼路哉、由是従正範所定

史料②『日本後紀』延暦十六年（七九七）三月戊子条

先レ是、甲斐・相模二國相二争國堺一、遣レ使定二甲斐國都留郡□留村東辺砥沢一爲二両國堺一、以西爲二甲斐國地一、以東爲二相模國地一、

史料③『朝野群載』二十二諸国雑事上　移文　長和四年（一〇一五）

上野国移　武蔵国衙

來牒壹紙　被レ載下可レ糺二定穀倉院藤原（衍）崎庄所領田畠四至子細一事上

右、去二月十九日移、今月二日到來偁、云々者、依二來移旨一、検二舊例一、件田畠爲二管邑楽郡所領一、經二數代一矣、而今號二彼庄所領内一、可二糺定一之由、其理難レ決、仍移送如レ件、國邑察レ状、移到准レ状、以移、

長和四年三月四日

史料④『続日本紀』神護景雲二年（七六八）八月十九日条

下総国言。天平宝字二年、本道問民苦使正六位下藤原朝臣浄弁等具注一應レ掘二防毛野川之状上申レ官。聴許已訖。

其後已経二七年一。得二常陸国移一曰。今被二官符一。方欲レ掘レ川。尋二其水道一。當レ決二神社一。加以百姓宅所レ損不レ少。是以具レ状申レ官。宜レ莫レ掘者。此頻年洪水。損決日益。若不二早掘防一。恐渠川崩埋。一郡口分二千餘田。長為二荒廃一。於レ是仰二両国一掘。自二下総国結城郡小塩郷小嶋村一。達二于常陸国新治郡川曲郷受津村一。一千餘条。其両国郡堺。亦以二舊川一為レ定。不レ得二随レ水移改一。

史料⑤「越後国石井荘寄人荘司解」『平安遺文』三　八五三号　天喜五年(一〇五七)

申請　本家政所裁事　言上条々雑事

一、御下文内条

(前略)於兼算者亦御庄罷預之後、無仰以前従隣国浪人招寄候之処、(中略)

天喜五年二月廿一日

史料⑥「越後国石井庄前司解」『平安遺文』三　八七三号　天喜五年(一〇五七)

申請　本家政所裁事　言上条々雑事

一、請被裁免住人古志得延愁条

(前略)地子乍レ負差二信濃国一数多百姓諸共逃去者、(中略)

天喜五年十二月十九日

参考文献

青木幸一　二〇〇〇年『小野山田遺跡群—鉢ヶ谷遺跡—』一　山武郡市文化財センター
青木幸一　二〇〇一年『小野山田遺跡群—羽戸遺跡—』二　山武郡市文化財センター
天野　努　二〇〇一年「集落遺跡と墨書土器」『千葉県史』通史編　古代二(第二編第四章第四節)千葉県・千葉県史料研究財団
天野　努　二〇一六年「出土文字から探る上総国分寺の一様相—墨書土器などに記された郡郷名を中心にして—」『房総古代道研究』(一)

房総古代道研究会
糸川道行　一九九二年『東金市井戸ヶ谷遺跡―房総導水路建設事業に伴う埋蔵文化財調査報告書―』二　千葉県文化財センター
石本俊則　一九九七年『大網山田台遺跡群』四　山武郡市文化財センター
大隅清陽　二〇〇八年『山梨県史』通史編Ⅰ　山梨県
風間俊人　一九九八年『東金台遺跡』二　総南文化財センター
香取正彦　二〇〇二年『千葉東金道路(二期)埋蔵文化財調査報告書―東金市前畑遺跡・羽戸遺跡―』九　千葉県文化財センター
神村　透　二〇〇一年「木曽・お玉の森遺跡の墨書土器「大野保　政所」をめぐって」『信濃』第三次五三巻五号　信濃史学会
小西直樹　二〇一五年『狐原遺跡』上野原市教育委員会
小林清隆　一九九五年『大網山田台遺跡群』二　山武郡市文化財センター
埼玉県埋蔵文化財調査事業団　二〇一一～二〇一四年『年報』
斎藤　洋　二〇〇七年『小次郎内遺跡発掘調査報告書』地域文化財コンサルタント
椎名信也　一九九五年『油井古塚原遺跡群』山武郡市文化財センター
末木　健　二〇一一年「古代甲斐国都留郡再考」『甲斐』一二五号　山梨郷土研究会
杉本悠紀　二〇〇八年『古代の交易と道―研究報告―』山梨県立博物館
須田　勉　二〇〇三年「国分寺と山林寺院・村落寺院」『國士舘史学』十号　國士舘大学史学会
城田義友　一九九八年『東金市道庭遺跡―農業大学校バイテク棟埋蔵文化財調査報告書―』一　千葉県文化財センター
田尾誠敏　一九九二年「相模地方の甲斐型土器覚書」『山梨県考古学協会誌』五号　山梨県考古学協会
田口　修　一九九一年『五料山岸遺跡』松井田町教育委員会
中野修秀　二〇〇一年『上引切遺跡・金谷郷遺跡群五』山武郡市文化財センター
八巻與志夫　一九八六年「古代甲斐国の郷配置の基礎的操作」『山梨考古学論集Ⅰ』山梨県考古学協会
原　明芳　二〇〇二年「木曽谷の古代―どうして、〈信濃なる木曽路〉なのかを考える―」『信濃』第五十四巻第八号　信濃史学会
平田貴正　一九八六年『作畑遺跡発掘調査報告書』山武考古学研究会
平山誠一　一九九四年『町砂田中台遺跡』山武郡市文化財センター
松村恵司　一九七七年『山田水呑遺跡―上総国山辺郡山口郷推定遺跡の発掘調査報告書―』山田遺跡調査会
山口直人　一九九四年『南麦台遺跡』山武郡市文化財センター
渡辺修一　一九九六年『大網山田台遺跡群』三　山武郡市文化財センター

第2部　神坂と御坂

国境画定以前の神坂峠
――石製模造品とそのあり方を手掛かりに――

市澤　英利

はじめに

古代における令制国と七道は、天武十二年(六八三)から同十四年の国境画定事業によって確立されたと考えられている[鐘江　一九九三]。この時期、神坂峠の東は科野国、西は三野国であったことが、藤原京出土の「科野国伊奈評□(鹿カ)大贄」や飛鳥池遺跡出土の「(表)丁丑年十二月三野国刀支評次米(裏)恵奈五十戸造阿利麻春人服部枚布五斗俵」、「(表)丁丑年十二月次米三野国加尓評久々利五十戸人　物部古麻里」の荷札木簡から知れる。

峠は自然が形成した地形変換点で、このことによって現代でも行政や文化圏の堺になっていることが多い。古代において神坂峠が堺であったことは、次の古文献から知れる。『叡山大師伝』の信濃国側に廣拯院、美濃国側に廣済院を建立した記録。『今昔物語集』の信濃国守の坂迎えの説話「寸白任信濃守解失語」。この説話には場所は記されていないが、神坂峠一帯であったとしたら、峠が信濃国と美濃国の国境になっていたといえよう。また、間接的ではあるが、埴科郡神人部子忍男が詠んだ「ちはやぶる　神の御坂に幣奉り　斎ふ命は母父がため」の万葉歌には、信濃国を後にする防人が故郷を離れて西国へ向かう感情が伝わってくる。峠が信濃国の出口であり、さらには東国からの出口でもあったと意識されていたことが伺える。

とはいえ、七世紀後半の国境画定事業で、神坂峠が科野国と三野国の国境と位置付けられたとしても、そのことを考古資料から実証することは簡単ではない。本稿では国境画定事業以前において人々が神坂峠を堺としてどのように意識していたのか神坂峠遺跡の代名詞ともいえる石製模造品とそのあり方を手掛かりに考えてみたい。対象は、古墳時代中期後半（五世紀後半）から終末期（七世紀前半）のおよそ二〇〇年間である。

１　神坂峠越えと石製模造品

⑴　神坂峠越え

神坂峠は本州中央部に位置する。中央アルプス南端の恵那山塊にあって、木曽川水系の美濃国と天龍川水系の信濃国を隔てる標高一五七六㍍の峠である。一帯はやせ尾根で、美濃国側の冷川、信濃国側の園原川の源流部となっている。

信濃国の人里から峠へは、河川を遡る道筋と尾根道がある。一帯の地質は崩壊しやすく、河川道を遡るにしても尾根道を使うにしても恒常的に安定した道筋とは言えない。古代においても、天延三年（九七五）「東国の民風のため多く損ず、信濃の御坂の路壊る」（『日本紀略』）、康平元年（一〇五八）「信濃国神御坂霖雨の間　頽れ壊るる事を言上す」（『扶桑略記』）とある。

峠越えは標高差一〇〇〇㍍に及ぶ登り降りで、急坂歩き・沢越え・尾根歩きがあって変化に富む。また、一年を通して峠付近は雲に覆われることが多く、夏場には雷雨が多発し、晩秋の十一月から春先の四月にかけては凍結と降雪に頻繁に襲われる。こうした事情が、峠や峠越えを「東山道最大の難所」と言わしめた要因といえよう。その難所ぶりは『日本書紀』の「ヤマトタケルの峠越え」、『続日本紀』の「吉蘇路」の開鑿、『凌雲集』の坂上忌寸今継の漢詩

「渉信濃坂」、『叡山大師伝』の「廣拯院」と「廣済院」の建立、『類聚三代格』の「坂本駅子の逃亡」、『今昔物語集』の「受領藤原陳忠の説話」などから十分伺える。

さらに、峠越えが難所とされた理由として考えられるのが景観である。美濃国の人里からは、恵那山から続く尾根が屛風のように立ちはだかる中に峠は眺められるものの、その先は隠されていて未知の世界としか感じられない。信濃国の人里からは、限られた場所で遠くに峠や恵那山が眺められるものの見えないに等しい。峠越えは、目指す地は見えてもその先の未知の世界への足の踏み入れであり、目指す地も見えない未知の世界への足の踏み入れであった。そこには無事で安全に峠越えをしたいとの思いが高まったはずで、その心情の表れが峠に遺された石製模造品と考える。

(2) 神坂峠遺跡出土の石製模造品

石製模造品(以下模造品と記述)が峠から出土することは広く知られていて、地元民・登山者・研究者等によって採集されたりしてきた。しかし、一括して保管する環境が整っていなかったために散逸してしまった模造品が相当数あることは確かである。

そうした中、昭和四十三年(一九六八)大場磐雄が調査団長になって本格的な発掘調査が実施され、多種多量の模造品が出土した[大場他 一九六九]。この成果で神坂峠遺跡の重要性が改めて確認され、昭和五十六年(一九八一)には、峠の祭祀遺跡として国史跡に指定された。

出土した模造品には、刀子形・鎌形・斧形・鏡形・馬形の模造品や勾玉・管玉・棗玉の玉類のほかに、出土数全体の九五%弱を占める剣形模造品(以下剣形と記述)、有孔円板(以下円板と記述)、臼玉がある。このことは、峠に遺された模造品は基本的に「剣形」、「円板」、「臼玉」の三種であったと言っても差し支えなかろう。

模造品は、縄文時代から中世にかけての遺物群と混在して出土した。それは峠一帯が堆積環境ではないことによる。そのため模造品が遺された時期の絞り込みは難しいが、共伴遺物や他の事例から五世紀後半以降、七世紀前半までの約二〇〇年間に峠越えをした人々によって遺されたものが大半と考えられる。そして、盛行期は五世紀後半から六世紀前半と考えている。

2　剣形・円板・臼玉の出土状況

峠出土で出土数全体の九五％を占める剣形、円板、臼玉の出土状況について、全国、長野県内、峠の東西麓の順にみてみる。

(1) 本州・四国・九州（第1図）

第1図は、『古墳時代の祭祀』（東日本埋蔵文化財研究会、一九九三年）に出土数が示されている剣形、円板、臼玉の都府県ごとの総計である。数が不明の場合は除外しているが、都府県ごとの出土数の傾向は反映しているとできよう。三種の模造品がほとんど出土していないのは、北東北の三県、中南部九州の五県で、山陰の二県も同様の傾向が伺える。一方、三種が大量に出土しているのが東北の宮城県・福島県、関東の千葉県・茨城県・栃木県・埼玉県・群馬県、中部の長野県で、千葉県と茨城県以外は後に東山道に行政区分されることになる。また、隣接する山形県・東京都・神奈川県・静岡県・愛知県・岐阜県でもそれなりの数が出土している。

種類別にみると、剣形は前述の東北二県、関東五県、中部一県の出土数が極端に多く、他県では極端に少ない。剣形はこの八県を中心に展開した模造品といえよう。円板も同様の傾向ではあるが、滋賀県・京都府では比較的多くの

第１図　都府県別剣形・円板・臼玉の出土数

出土が見られる。また、剣形が出土していなくても円板は出土している県は点々とあり、分布、展開範囲は剣形より広い。剣形と円板ではそれぞれに対する意識や出自に違いがあることが推察される。臼玉は前述の八県以外に一〇〇〇点以上出土している府県があり、さらに前二者とも異なる分布、展開をしている。小さな臼玉は調査の精粗によって出土数が大きく異なってくるが、基本的には全国に普遍的に普及、展開しており、剣形や円板とは異なる背景がありそうである。

(2) 長野県内(第2図)

長野県は三種の模造品の大量出土県のひとつである。県内の出土状況について、発掘調査で三種の模造品が多数出土している遺跡を取り上げた(第2図)。

峠の遺跡　群馬と長野の県境の入山峠[椙山他 一九八三]、諏訪と佐久を分ける雨境峠[小林他 一九九五]、そして神坂峠である。雨境峠では過去には模造品が多量に採集されたが散逸してしまったといい、示した数は平成五・六年の範囲確認調査時に確認されたものである。三種の模造品の出土数比率をみると、臼玉が入山峠四九・九%、雨境峠八〇・八%、神坂峠六七・五%といずれも最多であるが、剣形と円板の出土数も多く、両者を合わせて入山峠二九・二%、雨境峠五〇・一%、神坂峠三二・五%と後述する祭祀跡や集落跡でのあり方とは大きく異なっている。

祭祀跡の遺跡　千曲川水系の長野市駒沢新町遺跡[笹沢 一九八二]、坂城町青木下遺跡[助川他 二〇〇七]、犀川水系の松本市高宮遺跡[高桑他 一九九四]を取り上げた。三遺跡では土器が多量に集積し、三種の模造品を伴う祭祀遺構が複数発見されている。三遺跡の臼玉出土数比率は駒沢新町で九八・六%、青木下遺跡で九八・〇%、高宮遺跡で九九・七%と圧倒的に多く、剣形や円板の出土数は極端に少ない。駒沢新町では水と農耕に関わる祭祀、青木下では交通、農耕、水害防止に関わる祭祀、高宮では洪水、農耕に関わる祭祀が想定されていて、日常生活に深く関わる祭祀の遺構といえる。時期は駒沢新町と高宮が五世紀後半、青木下が六世紀初から七世紀前半とされている。

集落跡の遺跡　千曲川水系の佐久市下聖端遺跡[桜井 一九九三]と天龍川水系の飯田市恒川遺跡群[小林他 一九八六]を取り上げた。下聖端は弥生時代~平安時代の集落跡で、模造品は古墳時代中期から後期の住居址から出土している。中心は臼玉で比率は九八・八%である。恒川は縄文時代~平安時代の集落跡で、奈良時代には伊那郡衙が設置された。模造品は主に古墳時代中期後半から後期の住居址から出土し、臼玉が中心でその比率は九七・二%である。二遺跡の集落跡での三種の模造品のあり方は祭祀跡の遺跡と同様で、祭祀の対象も共通していたと考えられる。

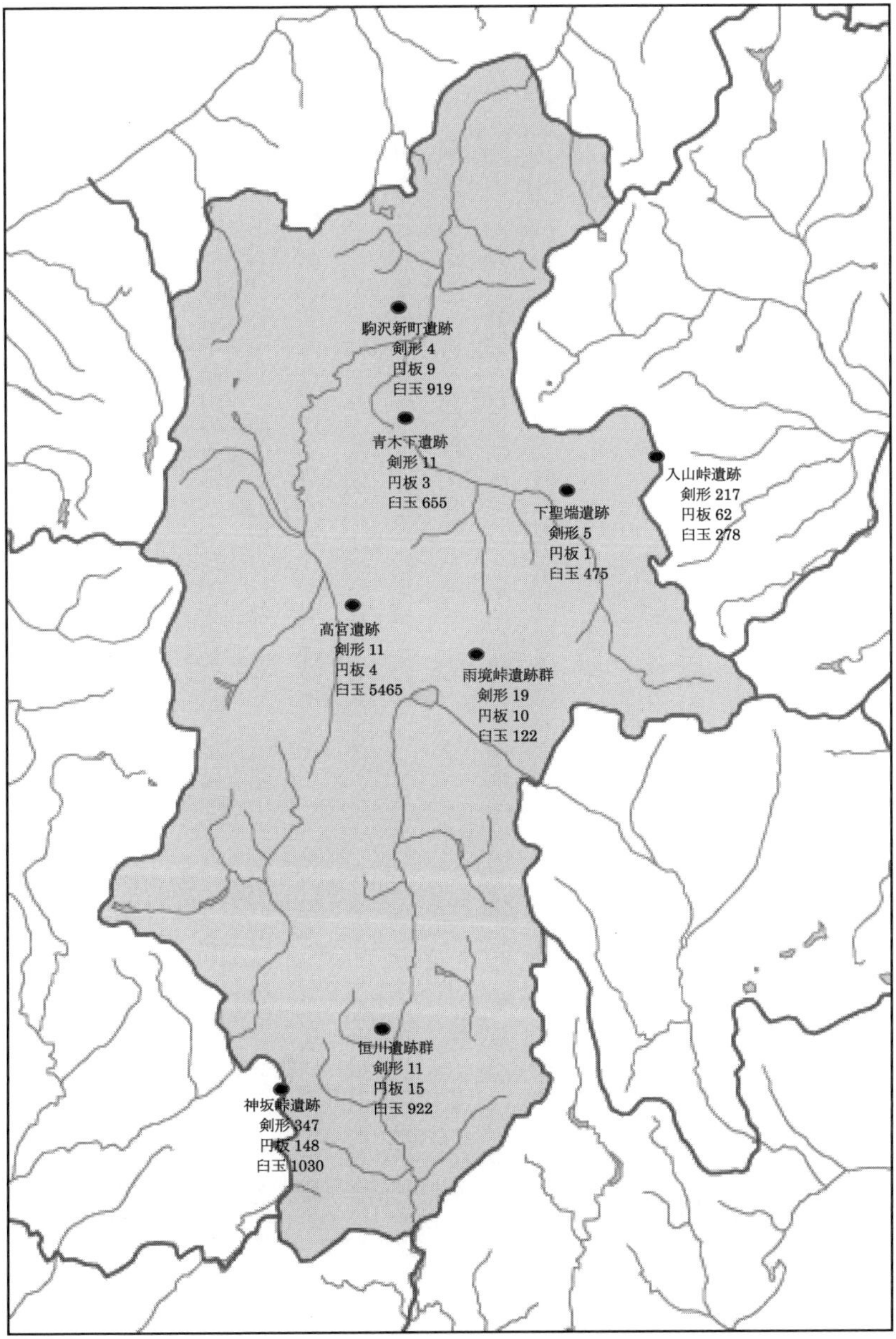

第２図　長野県内の剣形・円板・臼玉出土主要遺跡分布図

(3) 神坂峠の東西麓（第3図）

第3図は一部表面採集資料を含んでいるが、主に発掘調査で出土した三種の模造品の総数を旧町村単位で示してある。

東麓の天龍川流域では、水晶山の西側と東側で顕著な違いが見られる。水晶山は標高七九八㍍と高くはないが、三穂地区と会地地区を分ける南北に伸びる山塊の一部である。天龍川流域から山塊を望むと壁のように見える。

水晶山の東側は古墳群築造地帯であり、居住や生産地域である。三種の模造品は古墳時代中期後半から後期にかけての住居址等から出土しているが、その出土数は極めて少ない。そのような中で鼎天伯B遺跡では五世紀後半から六世紀にかけての住居址群の空閑地で、土器の集積と円板一、臼玉一七八個を伴う祭祀遺構が発見されていて［今村他一九七五］、祭祀跡の遺跡と同様の状況がみられる。

一方、水晶山の西側の会地・智里地区では、東側に比べて模造品の出土数が多いことがわかる。この数には表面採集資料も含まれている。おそらく、大形の剣形や円板は採集され、小さな臼玉は採集されていない可能性が高く、絶対数は水晶山東側に比べると極端に多いと言える。さらに、剣形と円板の出土数を見ると峠の遺跡と同じ傾向が認められる。

西麓の中津川市では、湯舟沢川沿いの五遺跡で模造品の出土が報告されているが、種類や数の詳細は不明である。発掘調査で三種の模造品の出土数が明確な山畑遺跡［山畑遺跡発掘調査団　一九六八］を取り上げてみると、剣形と円板の出土数が多く前述の会地、智里地区と同じ出土状況である。模造品は峠を東遠方正面に望む巨石の周辺から出土していることから、峠を意識した祭祀遺構といえる。

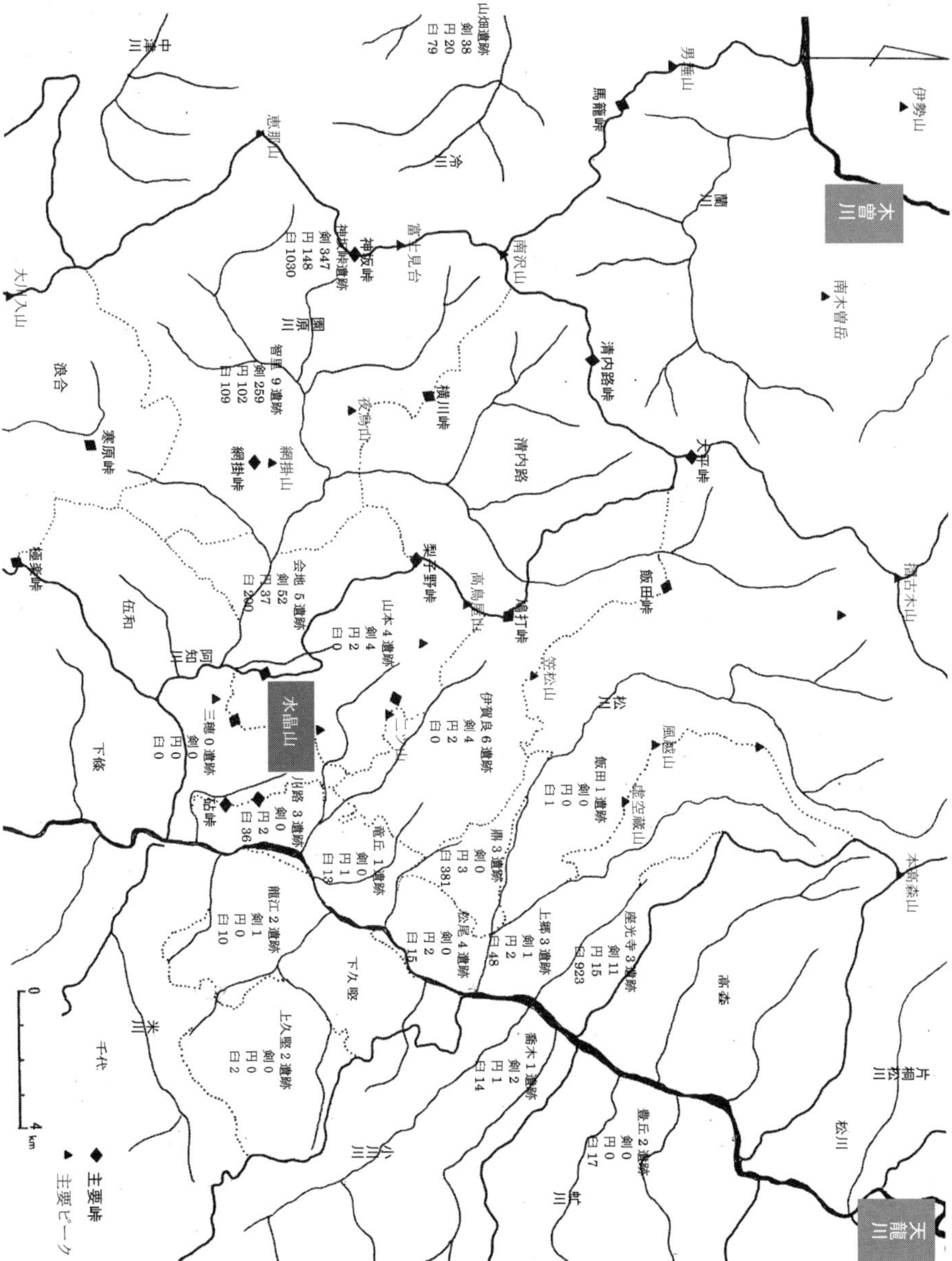

第3図　神坂峠東西麓の剣形・円板・臼玉の出土状況

3　神坂峠遺跡の模造品製作地と人の動き

神坂峠遺跡の発掘調査報告書では峠出土の剣形は、鎬の有無でA～C類に分類されている。そのうちA類の剣形二四点が化学成分分析され、石材は緑色片岩・結晶片岩とされた〔松本 二〇一五〕。両片岩は、峠の近辺では直線で約四〇キロ東の中央構造線沿いに分布する三波川変成帯で産出し、支流によって運ばれた転石が天龍川で採取できる。そこで、天龍川で採取した緑色片岩で模造した剣形について同様の成分分析を行った。その結果、峠出土の剣形はカンラン岩、玄武岩を原岩とする片岩で、天龍川採取の緑色片岩製剣形は泥岩、チャートを原岩とする片岩であるとされた。天龍川採取の緑色片岩での模造は、整形や研磨までは少し硬いとは感じるものの大きな障害はなく製作できたが、穿孔の段になってその硬さに大変苦労した。この体験結果も加味すると、峠出土のA類二四点の剣形は天龍川で採取できる片岩製ではないといえる。

第４図　中央構造線と三波川変成帯分布図

　では、どこで製作されたのか。三種が大量に出土している千葉、茨城、栃木、群馬、埼玉県では、複数の模造品製作工房跡が発見されている。その分布をみると利根川や荒川流域で、一帯は片岩を産出する三波川変成帯地域である（第４図〔小嶋他二〇〇一〕）。模造品生産地は石材産出地と河川による石材輸送が基軸となり、石材産出地を後背とする鏑川・神流川流域の上野生産地や「香取之海」沿岸の下総生産地、西仁連川上流域の下野生産地が主要三大地域とされ、そこから流通し、消費地が拡大したと考えられている［篠原 二〇〇六］。

峠周辺では模造品の製作に適した石材の入手が困難な上、工房跡も発見されていない現状からすれば、峠の剣形は前述の生産地で製作され、生産地周辺の人々によって持ち運ばれてきた可能性と、多数出土している円板・臼玉も同様であった可能性が考えられる。とすれば、模造品を携えた東国の人々が入山峠、雨境峠で模造品を用いた祭祀を行いながら峠を越え、神坂峠に至った動きが浮かび上がってくる。そして、最後の峠越えとなった神坂峠では持っていた模造品のほとんどを遺したことから、神坂峠からは数多くの模造品が出土すると考えられないだろうか。

4　長野県内出土の模造品と祭祀

長野県は三種の模造品の大量出土県である。前述したように出土している三種の模造品が関東地方で製作され持ち運ばれてきた場合、関東地方に通じる祭祀が展開した可能性が高い。

生産地の群馬県にある宮田諏訪原遺跡の祭祀跡からは、三種の模造品と日常什器の土師器、手捏土器や須恵器高坏、鉄製の武器・農工具などが出土している。この遺構は榛名山の火山活動が活発化した時期に集中的に行われた祭祀跡と性格付けられている［小林 二〇〇九］。総計で剣形が一〇八個、円板が一三個出土しており、臼玉と共に剣形や円板が多用されている。この事例は、火山活動の活発化という突然の出来事に対する祭祀とされていて、この事例だけで結論付けられないが、危機的状況での模造品を用いた祭祀のあり方の一面を伺うことができる。

一方、長野県内で三種の模造品が多数出土している遺跡では、前述したように剣形と円板はごくわずかで臼玉が一〇〇％近くを占める祭祀跡や集落跡の遺跡と、臼玉が最多ではあるが剣形と円板の組成割合が高い峠の遺跡の二者がみられる。

前者の祭祀跡では大量の土器が集積していることが特徴で、三種の模造品では臼玉が多用されるが剣形と円板は多用されない。集落跡では調査の精粗を考慮する必要はあるが、臼玉が多数出土する住居址と数点の住居址という差はあるものの、剣形と円板の出土総数は極わずかである。祭祀跡や集落跡では、日常生活と深く結びついている農耕の神や水の神への祭祀が想定される中で、臼玉は多用されたが、剣形や円板は多用されなかったと言える。

後者の峠の三遺跡は、その立地から峠の神への祭祀である。この場合、臼玉とともに剣形と円板を多用しており、前者の場合に対して三種の模造品の用い方は違っている。峠越えは日常生活とは全く違う行動であると共に、生命にもかかわることになる。このような状況に対して、剣形と円板も多用する祭祀を行って、峠越えの安全を祈ったと思われる。剣形と円板を多用していることは、危機的状況に対して行われたと考えられている宮田諏訪原遺跡事例に通じ、峠の祭祀の主体者は東国の人々であった可能性が高いと言えそうである。

5　神坂峠直下の「神まつりの里」（第5図）

峠の東は天龍川水系、西は木曽川水系である。天龍川水系では、前述したように水晶山の山塊を堺に東西で模造品のあり方が大きく異なっている。

水晶山西側から湯舟川沿いの地域は山間地で平坦面に乏しく、居住や生産活動には不向きである。また、信濃国側では阿知川・園原川、美濃国側では湯舟沢川・冷川の谷筋で、この谷筋をたどり山道を行けば峠にたどり着くことができる。こうした地に主に三種の模造品が遺されていて、多数出土している遺跡を第5図に示した。

中原、中関遺跡からは峠は見えないが、西方に峠の前山になる網掛山を正面に望む位置にある。川端・赤坂、大垣外遺跡は網掛峠の麓の地形変換点にあって、川端・赤坂遺跡は湧水地点脇に、大垣外遺跡は網掛峠の真下に立地して

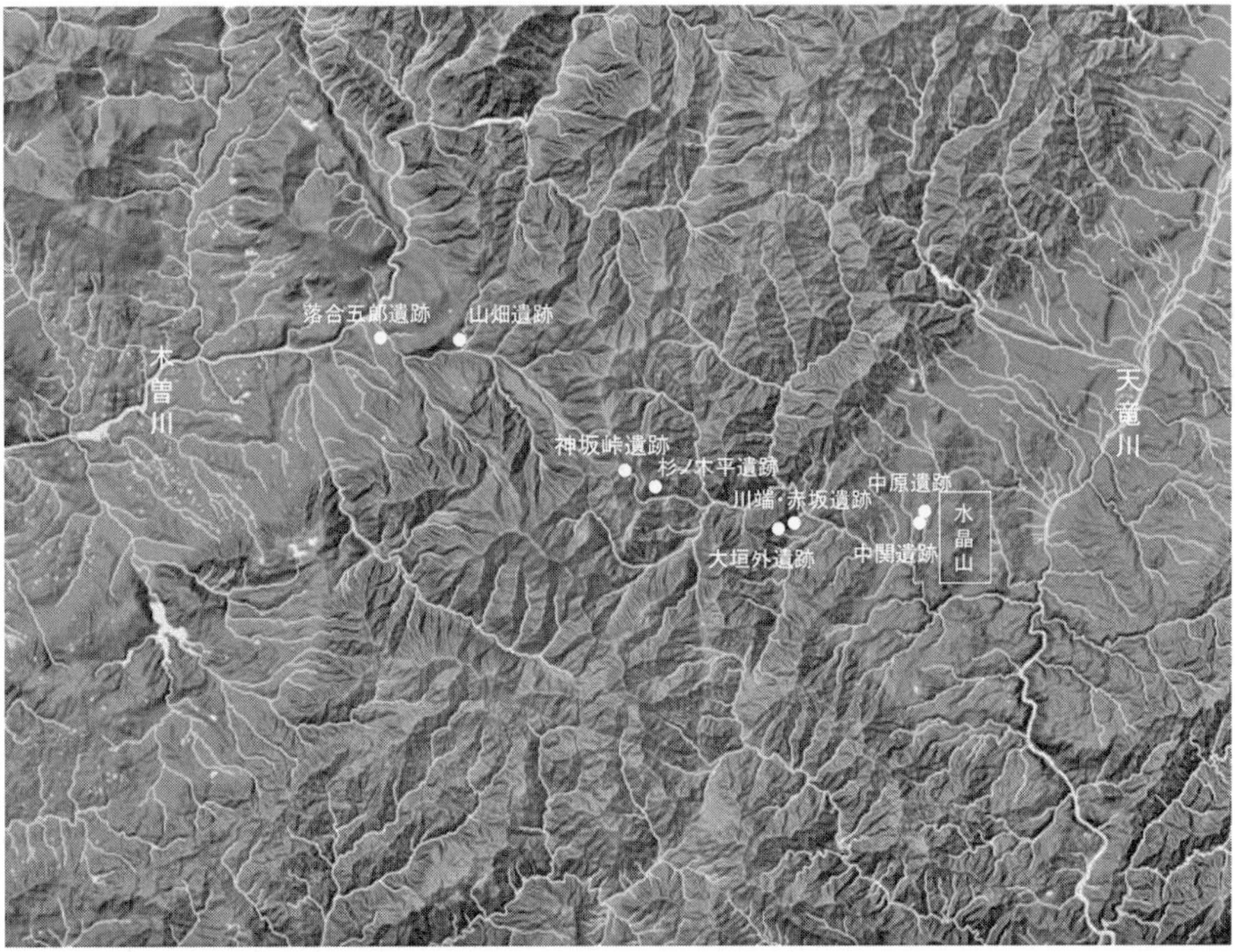

第5図　「神まつりの里」遺跡群

いる。杉の木平遺跡は峠路が人里を離れる位置にあって巨岩も見られる。山畑遺跡は正面に峠を望む地で巨岩がある。遺跡は、峠やその方面を遠望する地、地形の変換地、湧水地、巨岩のある地といった具合に、何らかの特徴のある場所に立地している。こうしたあり方について、大場磐雄は神坂峠の神霊を奉祀した斎場で、峠に至るまでに手向けした場所と指摘した［大場一九六七］。

　遺跡群は東端の中原、中関遺跡から西端の山畑遺跡までの間で、最高地点に峠がある。多数の剣形と円板が出土している共通性は、この地域に足を踏み入れた人々の意識が共通していたことを表しているといえよう。それは大場が指摘した峠の神霊を奉祀する斎場という共通認識であったと考えられる。すなわち、水晶山の西側から湯舟沢川下流部にかけては、峠の神霊が宿る空間とされていたと言えそうなのである。そこで、この空間を「峠の神が居ます地」として「神まつりの里」と呼ぶことを提案した［市澤 二〇〇九］。峠越えは未知の領域への足の踏み入れであり、なおかつ生命にかかわる行動であることから、神まつりの里では通過する人々が峠の麓から麓まで剣形や円板を多用して安全無事を祈りながら峠越えをした光景が浮かんでくる。

「峠」は平安時代に生まれた言葉で、それ以前は「上り坂」と「下り坂」も含めた峠に至る道までを含めた「坂」という言葉が使われたという。この場合「坂」は幅を持つ境界地帯で、いずれにも属さない特殊な地域であって「異界」となり、峠の両側の空間は、「坂」という「異界」となるという［鈴木 二〇一三］。これに従えば、「神まつりの里」は異界と呼べる空間となる。神坂峠は、国境画定事業以前から堺として意識されていたが、その実態は神まつりの里と呼べる空間としての堺であったと考えられるのである。

まとめ

七世紀後半の国境画定事業によって、各国の領域が画定され行政区としての括りができたという。しかし、それ以前においても支配が及ぶ範囲や文化圏などの堺があったことが、様々な考古資料のあり方から伺える。こうした堺について、神坂峠遺跡から大量に出土している石製模造品とそのあり方を通して考えてみた。その結果、神坂峠直下の東西麓一帯は、「峠の神が居ます地」と意識され、「神まつりの里」と呼べる空間が堺となっていたと考えられた。さらに、模造品を多用した祭祀の主体者は東国の人々の可能性が高いとみた。

峠の東麓天龍川流域では、模造品が盛行する五世紀の中頃以降、前方後円墳をはじめとする古墳築造期に移行する。この移行と共に埋葬馬、馬具、住居内の竈、須恵器、武具、鉄製農工具等が顕著にみられるようになる。以後、この変革は継続し、二三基の前方後円墳や七〇〇基に及ぶ円墳、数型式の横穴式石室、金銅装を含む多数の馬具類等が確認されている。こうした変革の波は、中央政権の東国政策と内陸交通路の整備によると考えられる。そして、内陸交通路は、神坂峠を通過して西からの人やモノや文化を東に移動させた主要路になった。

一方、本稿で取り上げた模造品から考えられたことは、東国で製作された模造品が入山峠、雨境峠を経て神坂峠に持ち運ばれたこと、峠の祭祀の主体者は東国の人々であったことである。これは東から西への人々の動きを示すもので、模造品の出土状況からすると人々の移動は少なくはなかったと言えそうである。そこに浮かび上がってくるのは、神まつりの里で最先端の文化やモノを携えて西から東へ向かう人々と、模造品を携えて峠の神に旅の安全を祈りながら東から西へ向かう人々が行き交った光景である。この光景は、西から東への動きが当然視される中で重要と言える。東から西への動きについては、近年埴輪や石室等のあり方からの指摘もあり、模造品もその一つに加えられそうである。当地方の古墳文化の展開は西から東への動きだけでなく、東から西への動きを重ね合わせることでより具体的な叙述ができることになる。

今後、峠出土の模造品は東国の生産地で製作されて持ち運ばれてきたとしたこと、祭祀の対象によって用いる模造品が異なっていたとしたこと、模造品の用い方は地域で異なっているとしたこと等、さらに検証していかなければならない。また、峠出土の未成品や砕片についての評価、模造品の形態や数量の時間的変遷といった課題は未解決と認識している。

とはいえ、神坂峠遺跡からは石製模造品がたくさん出土する。これまではここで止まっていた。今回、この事実を少し掘り下げてみた。中央政権が最先端の文化やモノを拡散させながら東国政策を推し進めた中で、東国の人々がそうした動きに対してどのように主体性を発揮したのか、神坂峠遺跡出土の模造品はその一端を語ってくれると思われる。ご批判、ご叱正、ご教示をお願いしたい。

参考文献

今村善興他　一九七五年「天伯Ｂ遺跡」『長野県中央道埋蔵文化財包蔵地発掘調査報告書―下伊那郡鼎町その２・天伯Ａ』
市澤英利　二〇〇九年「神坂峠と石製模造品と古東山道」『新生「上田市」発足三周年記念事業　信濃の東山道と万葉歌』上田市立信濃国分寺資料館
大場磐雄　一九六七年『まつり』学生社
大場磐雄他　一九六九年『神坂峠』阿智村教育委員会
鐘江宏之　一九九三年「「国」制の成立―令制国・七道の形成過程―」『日本律令制論集　上巻』吉川弘文館
小嶋　尚他　二〇〇一年『グラフィック日本列島の20億年』岩波書店
小林　修　二〇〇九年「東国における古墳時代祭祀の一形態」『日本考古学』第二七号　日本考古学協会
小林正春他　一九八六年『恒川遺跡群』ほか恒川遺跡群関係発掘調査報告書　飯田市教育委員会
小林幹男他　一九九五年『雨境峠』立科町教育委員会
北武蔵古代文化研究会編　一九九三年『古墳時代の祭祀』東日本埋蔵文化財研究会
桜井秀雄　一九九三年「下聖端遺跡」『古墳時代の祭祀』東日本埋蔵文化財研究会
笹沢　浩　一九八二年「駒沢新町遺跡」『長野県史考古資料編　主要遺跡(北・東信)』長野県史刊行会
篠原祐一　一九九七年「石製模造品剣形の研究」『祭祀考古学』創刊号
篠原祐一　二〇〇六年「石製模造品と祭祀の玉」『季刊考古学』第94号　雄山閣
椙山林継他　一九八三年『入山峠』軽井沢町教育委員会
助川朋広他　二〇〇七年『南条遺跡群　青木下遺跡Ⅱ・Ⅲ』坂城町教育委員会
鈴木景二　二〇一三年「峠・境と古代交通」『古代山国の交通と社会』八木書店
高桑俊雄他　一九九四年『松本市高宮遺跡緊急発掘調査報告書』松本市教育委員会
奈良文化財研究所　二〇〇二年『飛鳥・藤原京展―古代律令国家の創造―』朝日新聞社
松本建速・伊藤順一　二〇一五年「神坂峠遺跡出土石製模造品の化学分析」『石製模造品と神坂越え』阿智村東山道・園原ビジターセンター　はゝき木館
山畑遺跡発掘調査団　一九六八年『山畑だより』第４号

神坂峠東麓の古代遺跡
——園原杉の木平遺跡の評価を中心に——

中里 信之

1　神坂峠東麓の遺跡と阿智駅

東山道最大の難所といわれた神坂越えは、坂本—阿智駅間の四〇キロの距離と共に、神坂峠を頂点に一〇〇〇メートル以上の高低差がある。また、変わりやすい天候は多くの旅人を苦しめ、その神坂越えの苦労は、『日本書紀』のヤマトタケルの峠越え、『凌雲集』の漢詩「渉信濃坂」、『今昔物語集』に出てくる信濃守藤原陳忠の落馬の話などに伝えられている。

神坂峠は、多量の石製模造品と古代・中世の陶器が連綿と出土する峠祭祀の遺跡として名高い。神坂峠東麓の杉の木平遺跡B地点では、路址とされる溝が検出されているが、今の登山道と同様に溝が礫で満たされていた。また、登山道各所から古代・中世の陶器が採集され、峠越えの祭祀を推測させる。また、古代・中世に掘削されたと思われる堀割もある。

神坂峠を中心に東麓（長野県阿智村側）と西麓（岐阜県中津川市）の峠越えの各所では、古墳時代の石製模造品が出土しており、「神まつりの里」［市澤 二〇〇九］として麓も含めた境界領域で［鈴木 二〇一三］、峠の祭祀が行われる「異界」になろう（本書市澤論文参照）。

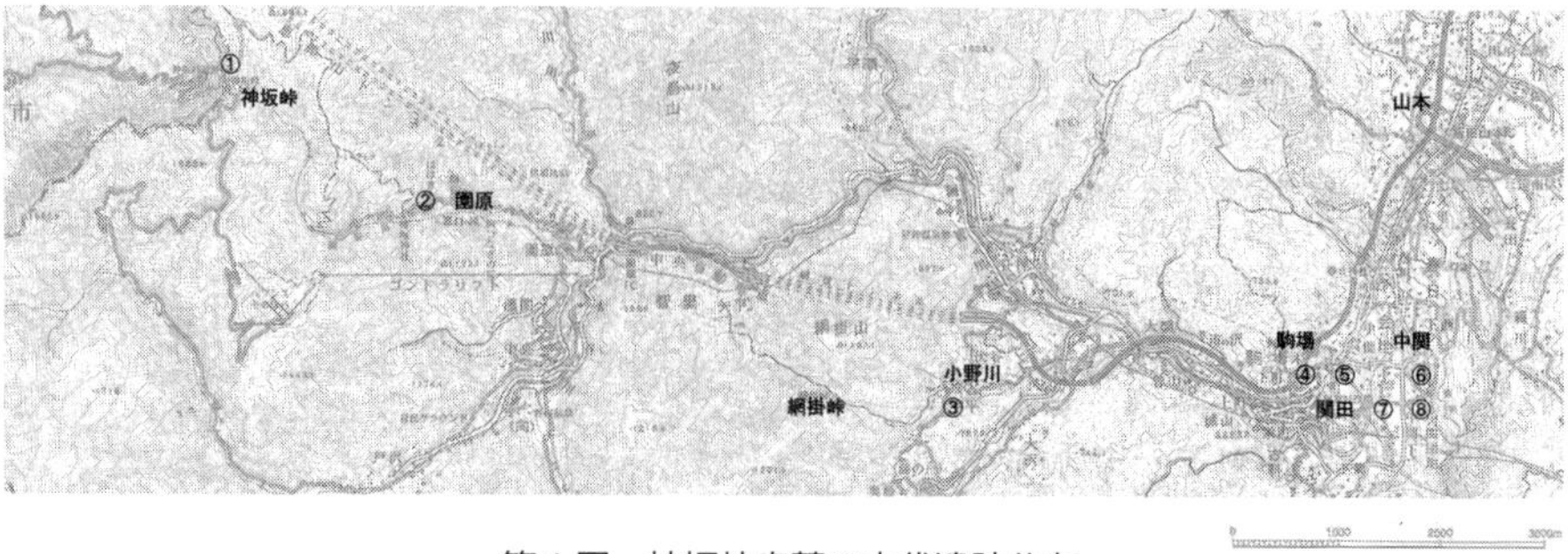

第１図　神坂峠東麓の古代遺跡分布
①神坂峠遺跡　②杉の木平遺跡　③大垣外遺跡　④木戸脇遺跡・安布知神社
⑤京田遺跡　⑥中原遺跡　⑦内垣外遺跡　⑧中関遺跡

神坂峠の東麓の遺跡に目を向けると、地域ごとに特徴がある。峠直下の麓にある園原は、園原川に沿った北岸の段丘緩斜面にあり、神坂神社手前に杉の木平遺跡Ａ地点・Ｂ地点があるが、Ａ地点は後述するように平安時代及び中世の集落遺跡で、両地点共に石製模造品の出土地でもある。

園原を東に行くと網掛峠を越え、その峠麓の小野川一帯には古代の集落遺跡はほとんど確認できないが、石製模造品の出土地点が点在している。特に網掛峠登山口にある大垣外遺跡は、五〜七世紀の石製模造品を伴う大規模な祭祀遺跡である。発掘の結果、山側のＢ１区の溝周辺に扁平に退化した形状の剣形石製模造品と共に東海地方の土器（猿投窯産無蓋高杯、伊勢甕など）が確認された。一方、南側のＢ２区では、土師器甕や杯を埋設するなど丁寧に作られた祭祀空間があり、断面が三角形状をなす古手の剣形の石製模造品が出土している。興味深いのは、Ｂ１区の石製模造品の多くが割れているのに、Ｂ２区の石製模造品のほとんどが割れておらず、Ｂ１区一帯が当時の道跡の可能性があり、溝を道とする調査者の見解を追認できる。また、Ｂ１区北側は発掘以前から石製模造品が多量に出土しており、それらはＢ２区と同じく、古手の剣形で、割れていない。道をはさんで五世紀に祭祀空間があり、七世紀までには道そのものが祭祀空間になったと推測したい［阿智村東山道・園原ビジターセンターはゝき木館 二〇一五］。

小野川をさらに東に進むと、駒場になる。江戸時代には阿智川に沿って伊那街道の宿場町ができ、交通の要所として栄えていた。駒場の東は、阿智川・大六沢・後沢川に取り囲まれた幅広い台地で、関田といわれる。関田の台地縁辺には小古墳が点在し、関田北西の山麓沿いの木戸脇には、古社安布知神社がある。市村咸人は木戸脇という地名や安布知神社があることから、木戸脇に東山道最大の駅馬をもつ阿智駅があるとし、広い水田をもつ関田を駅田ではないかと考えた［市村 一九六二］。

木戸脇では、平成十一年以来、何度か小規模な試掘調査が行われ（木戸脇遺跡）、旧伊那街道沿いで安定した古代の地層堆積を確認し、阿智第一小学校前など各所で湿地帯・流水帯を検出している［今村 二〇〇〇・二〇〇三、原 二〇〇〇］。一次調査では、方形状の柱穴（四〇〜五〇センチ深）が直列に六か所（調査者は柵列とする）、方形配列の柱穴（調査者は建物址とする）などがあった。一次試掘調査地点の近くで行われた三次試掘調査では、柱穴一ヶ所を検出した。また、木戸脇の北西、山麓の傾斜地田畑一帯の分布調査では、多くの古代・中世の遺物が採集されている。駅家といえる明確な証拠はないが、木戸脇は古代遺物が集中することから有力な阿智駅家の候補地である。一次・三次調査地点は遺物の集中、層の安定、柱の検出から、木戸脇遺跡の中心部分であろう。山麓部分でも分布調査によって遺物が多く採集されており、関係施設があったのだろう。一方、平成二十四年の二次試掘調査を行った第一小学校に隣接した南東部分では、豊富な湧水がみつかっている。湿地帯・湧水帯に制約されるが、筆者も木戸脇を阿智駅の中心と考え、その前の関田に駅田が広がる市村のイメージを追認したい。

なお、安布知神社は、天思兼命を祀り、伝えでは、仁徳天皇五十六年に、鏡を御霊代として、神社裏の明燈山に祀ったことに始まるという。そのときの鏡が社宝として伝わる「花禽双鸞八花鏡」である。平成十八年、久保智康の鑑定で奈良時代に製作された唐式鏡であると確認された。神社は阿智駅の鎮守神と想定され、鏡もそれに関するものだろう［久保 二〇〇六］。

駒場関田の東隣は中関地域である。東側には三穂丘陵があり、これを越えると、三穂を越えて古墳が集中する天竜川沿いの竜丘に至る。中関も水田が広く作れる土地で、弥生時代後期(中原遺跡)、古墳時代中期(中原・京田遺跡)、古墳時代後期(京田遺跡)、奈良・平安時代(内垣外遺跡)の集落遺跡が営まれた。東から来た旅人がここで休泊し、神坂越えに臨んだことを想像させる。また、阿智駅を支える駅子たちの生活域・生産域は、中関やさらに東の山本に広がっていた可能性がある[宮沢 一九八四]。中関の内垣外遺跡は阿智駅と同時期の遺跡であり、駅戸集落の可能性がある。

2　杉の木平遺跡について

杉の木平遺跡は、阿智村智里園原の奥、神坂神社前の緩傾斜面一帯にある。園原川の左岸に位置し、河岸段丘中央を南東に走行する梨の木沢の両側、崖錐面状扇状地にある。梨の木沢上方をA地点、下方をB地点とする。A地点は昭和四十六年、中央自動車道建設に関連して発掘調査が行われた[宮沢ほか 一九七三・一九七四]。

検出された層位は、上層から耕土→黒色砂土→黄褐色砂土→茶褐色砂土→黄灰色砂礫土(地山)で、黒色砂土層までに中世陶磁器、黄褐色砂土から平安時代の遺物、茶褐色砂土から奈良時代以降の遺物が伴い、黄褐色砂土は堆積が厚く、その間層に炭層が何層か混ざっていたという。

A地点では、古墳時代の祭祀遺物(石製模造品と共に土師・須恵器)は確認されているが、奈良時代の遺物は希薄である一方、平安時代前期の遺物として灰釉陶器が大量に出土し、大型の竪穴住居などが検出されているので、平安時代以降に神坂越えの拠点として形成されたと思われる。なお、中世の遺物は十三〜十五世紀の常滑(系)甕・山茶碗が一定量出土し、古瀬戸は後期様式が多く出土している。

ところで、A地点の調査区中央凹地一帯には、炭層が点々と広がっているが、それぞれの炭層の関係はよくわからないものの、当時の発掘写真を再検討した市澤によれば、調査区最上段の炭層は焼土と炭層が交互に重なっており、

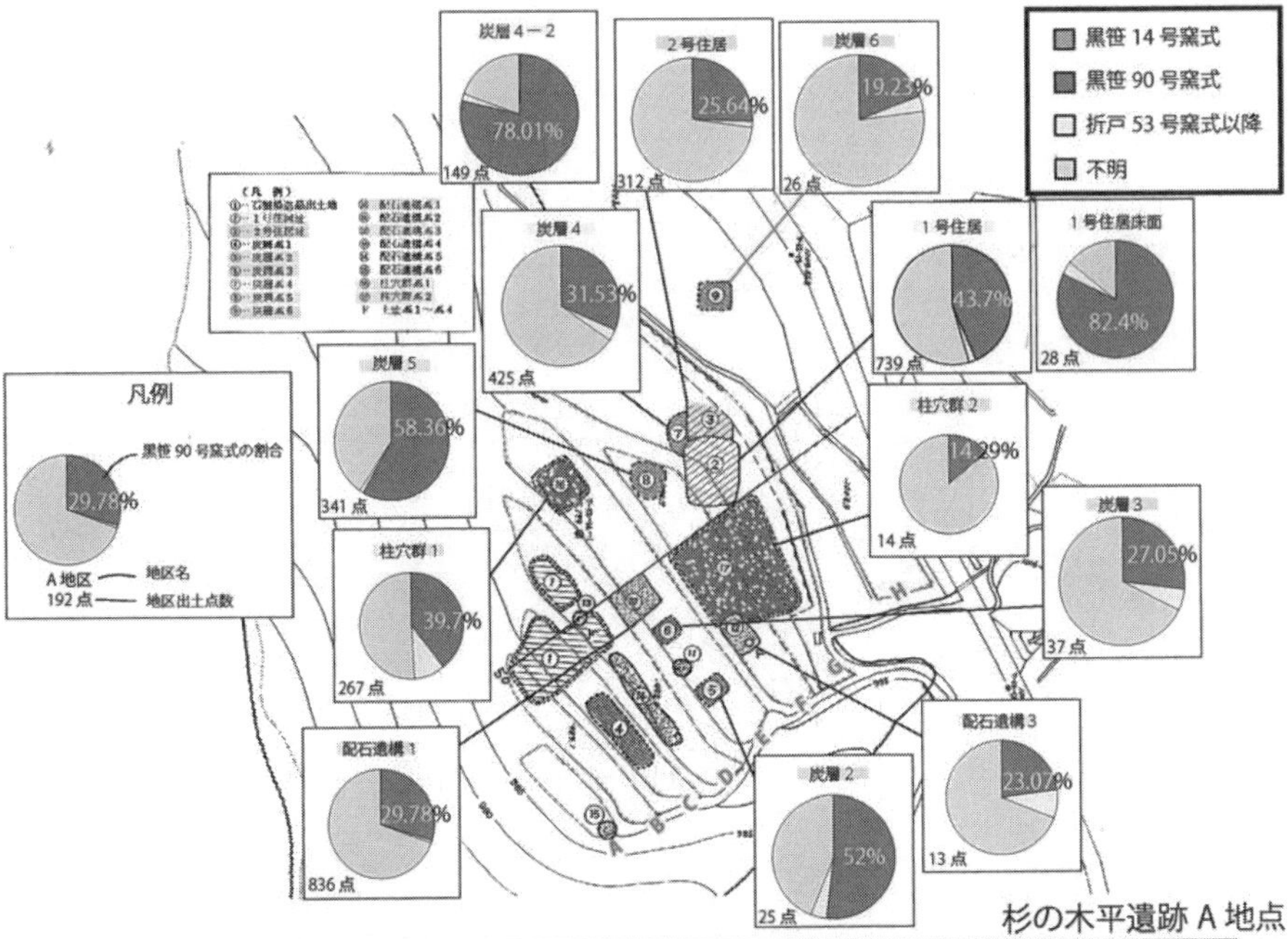

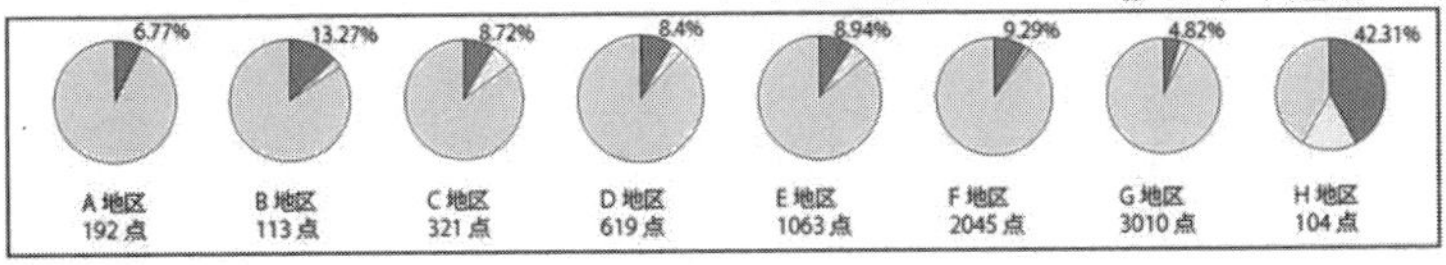

	場所	計
遺構	SOA1住	739
	SOA1住床	28
	2号住居	312
	炭層1	6
	炭層2	25
	炭層3	37
	炭層4	425
	炭層4－2	191
	炭層5	341
	炭層6	26
	DⅡ集石	244
	柱穴群1	267
	柱穴群2	14
	配石1	836
	配石3	13
遺構外	A地区	192
	B地区	113
	C地区	321
	D地区	619
	E地区	1063
	F地区	2045
	H地区	104
	G地区	3010
地区不明	SOA	3527
	YⅢ	1
		14499

地点別点数

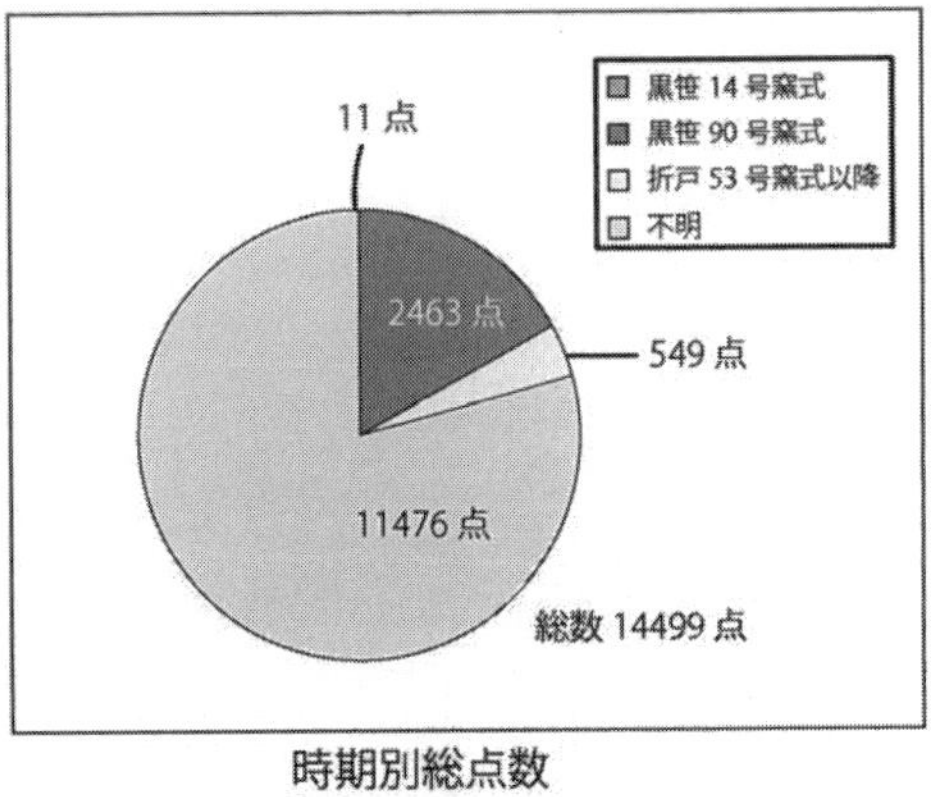

時期別総点数

第２図　杉の木平遺跡Ａ地点灰釉陶器地点別時期別点数
（平成 23 年筆者調査に基づく）

そこから下層に広がったとされる。各炭層からは古代の陶器を多く含む。市澤は、長期間にわたって大々的に火焚き行為がなされ、それによって炭が生じ、炭層になったとする。しかし、市澤も指摘するように炭層の出土品に火を受けた様子はない［市澤 二〇〇八］。報告書では、C地区の1・2号住居址周辺を覆う炭層として「炭層4」、1号住居址西南の炭層として「炭層5」、H地区（市澤が注意した最上段の炭層）の炭層として「炭層6」を設定している。炭層の性格について言及できないが、これら炭層と配石遺構1をつなげると、A地域の崖錐面を対角線上に横切ることになり、この両側に住居址や柱穴群などの遺構が展開することになる。

杉の木平遺跡では、調査前の水田面ごとに下からA～H地区に設定しているが、平安時代の遺構と思われる1号住居、2号住居、柱穴群1、配石遺構1がEFG地区に集まり、多くの灰釉陶器も同じ地区に集中している。これらを組み合わせると、「炭層4」、「炭層5」、「炭層6」のラインとEFG地区が重なる部分に遺構と灰釉陶器が集中していることから、平安時代の遺跡の中心になると考えられよう（第2図）。

3　杉の木平遺跡A地点の主要遺構

炭層4と重なる1号住居址は、主軸八・二㍍×南北七・〇八㍍の隅丸方形の大型住居である。山の斜面を利用した竪穴住居であるため、壁高は北が九六㌢に対して南が二六㌢である。竈は隅三か所にあったが、東南隅のものは残りがよく、多量の平状石と角礫で構築され、ここに多くの灰釉陶器椀が集中していた。焚口部とその袖はつぶれていたが、燃焼部は竪穴内にあり、煙道部はトンネル状に四㍍残り、壁外に細長く残っていたことになる。他の竈は、焚口数個の石と焼土がわずかに残っていた。なお、東南隅付近では二重の床面が確認された。出土土器から時期は九世紀後半と思われる（第3図）。大型住居や複数以上の竈の検出によれば、多人数の利用が想定できる。

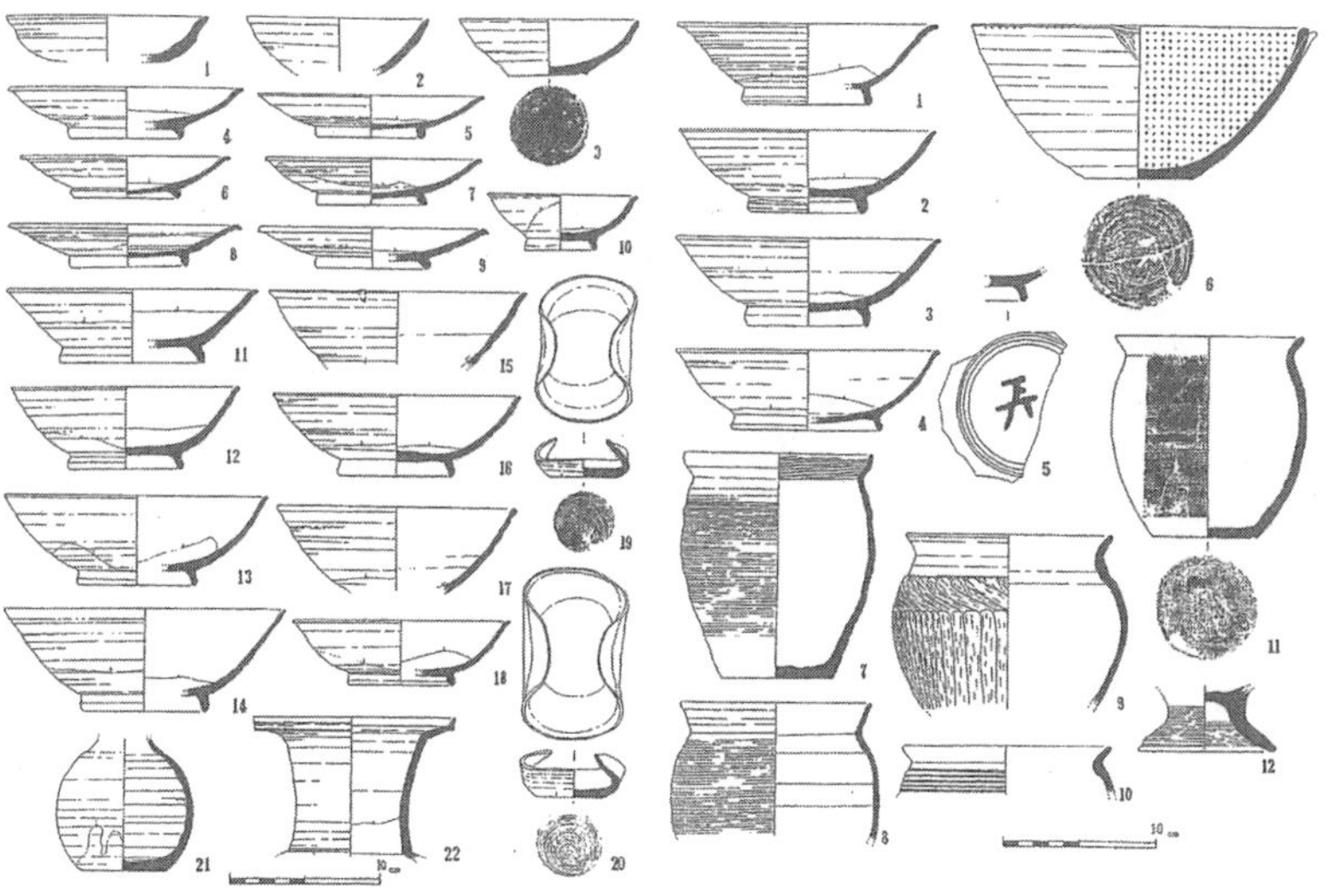

第３図　杉の木平遺跡Ａ地点１号住居跡床面出土品（宮沢ほか 1973）

また、1号住居に近接する2号住居址は、焼土と木炭の多い面が続くが、プラン・主柱穴も含め様相が不明確で、焼石と粘土から東壁に竈があったとも想定されている。出土した黒色土器とロクロ甕の年代から1号住居と同時期かと思われる(第4図)。

1号住居址では、覆土からであるが、緑釉陶器(硬質・軟質)・灰釉陶器椀・耳皿・長頸瓶・武蔵系甕[1]が出ている。床面から多くの完形に近い灰釉陶器椀・皿・段皿(ほぼ黒笹90号窯式・光ヶ丘1号窯式の特徴)と共に、耳皿・長頸瓶・手付瓶・須恵杯・片口の内面黒色土師鉢・内面黒色土器杯・ロクロ土師甕・武蔵系甕、「長?」の墨書のある灰釉陶器椀・緑釉陶器片・土師杯(中世のかわらけ? 混入か)・刀子・鉄鏃・砥石が出ている(第3図)。在地のロクロ甕・須恵杯・内面黒色土器杯に対して、西からの搬入品である灰釉陶器(椀皿、耳皿、瓶類)・緑釉陶器、東からの搬入品である武蔵系甕があるのは興味深い。

1号住居より下段の柱穴群1では、東西三メートル、南北四・五メートル程度の範囲に、不規則だがピットが三〇箇所以上検出された。柱穴群1の上にあった炭層の下部からは「灰釉陶

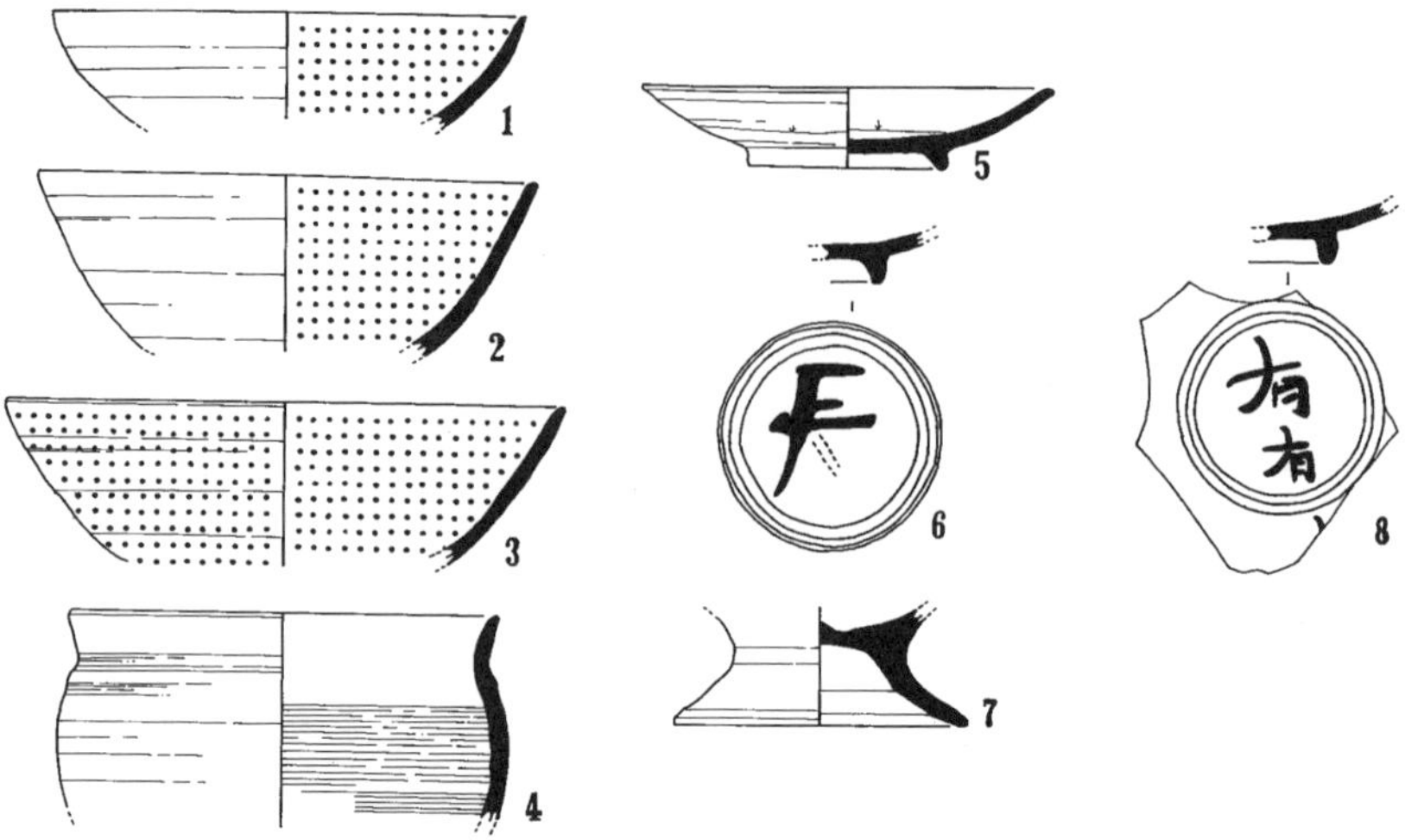

第４図　杉の木平遺跡２号住居（1～4）・柱穴群１（5～7）・柱穴群２（8）

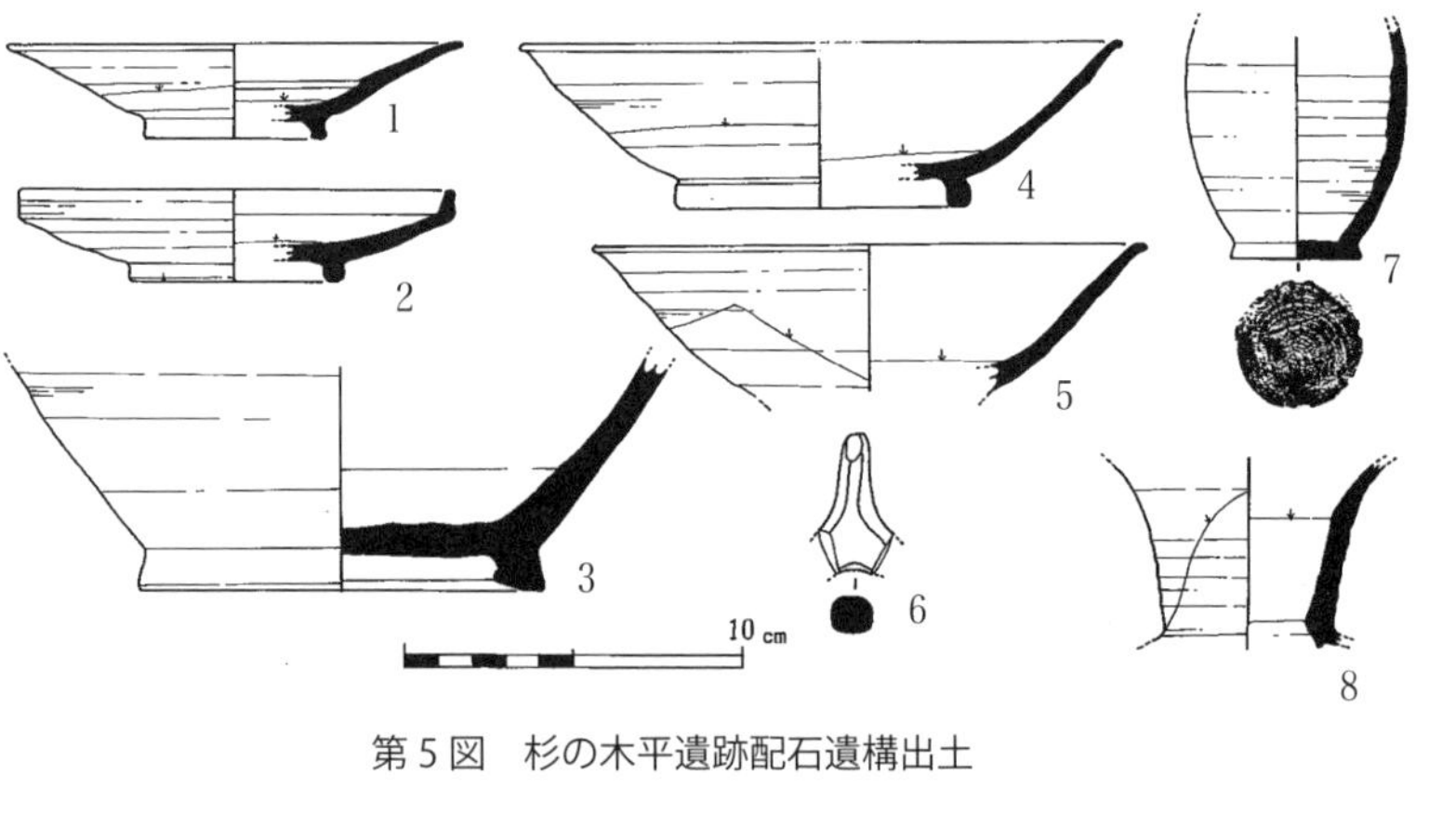

第５図　杉の木平遺跡配石遺構出土

器片と土師器片が多量に包含され、あたかも土器片の層をなしているほどである」という。ただ、細片がほとんどで、灰釉陶器皿（黒笹90号窯式・光ヶ丘1号窯式か）、「長？」の墨書のある灰釉陶器椀底部・土師器甕台部・鉄鏃・刀子・釘などがある（第4図）。

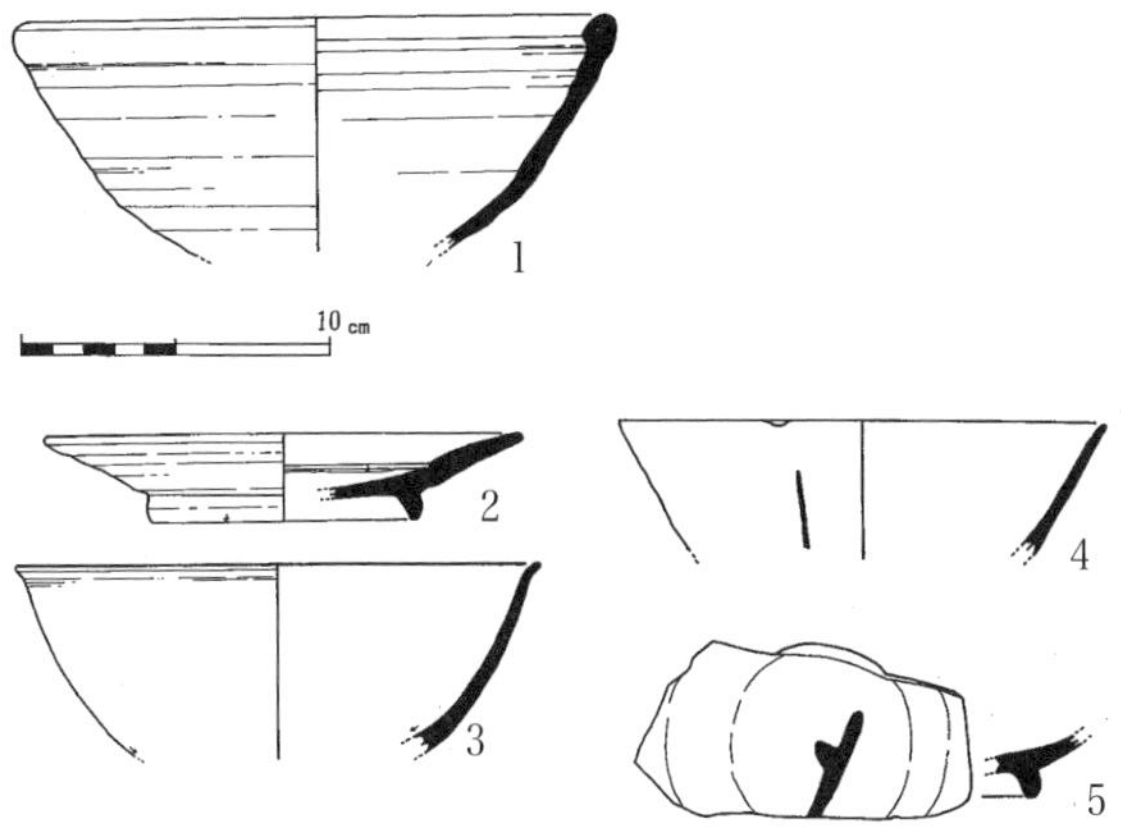

第6図　杉の木平遺跡炭層２（12）・炭層４上層（16・17・1・2）
1　鉄鉢？　3　緑釉陶器椀　4　越州窯青磁椀

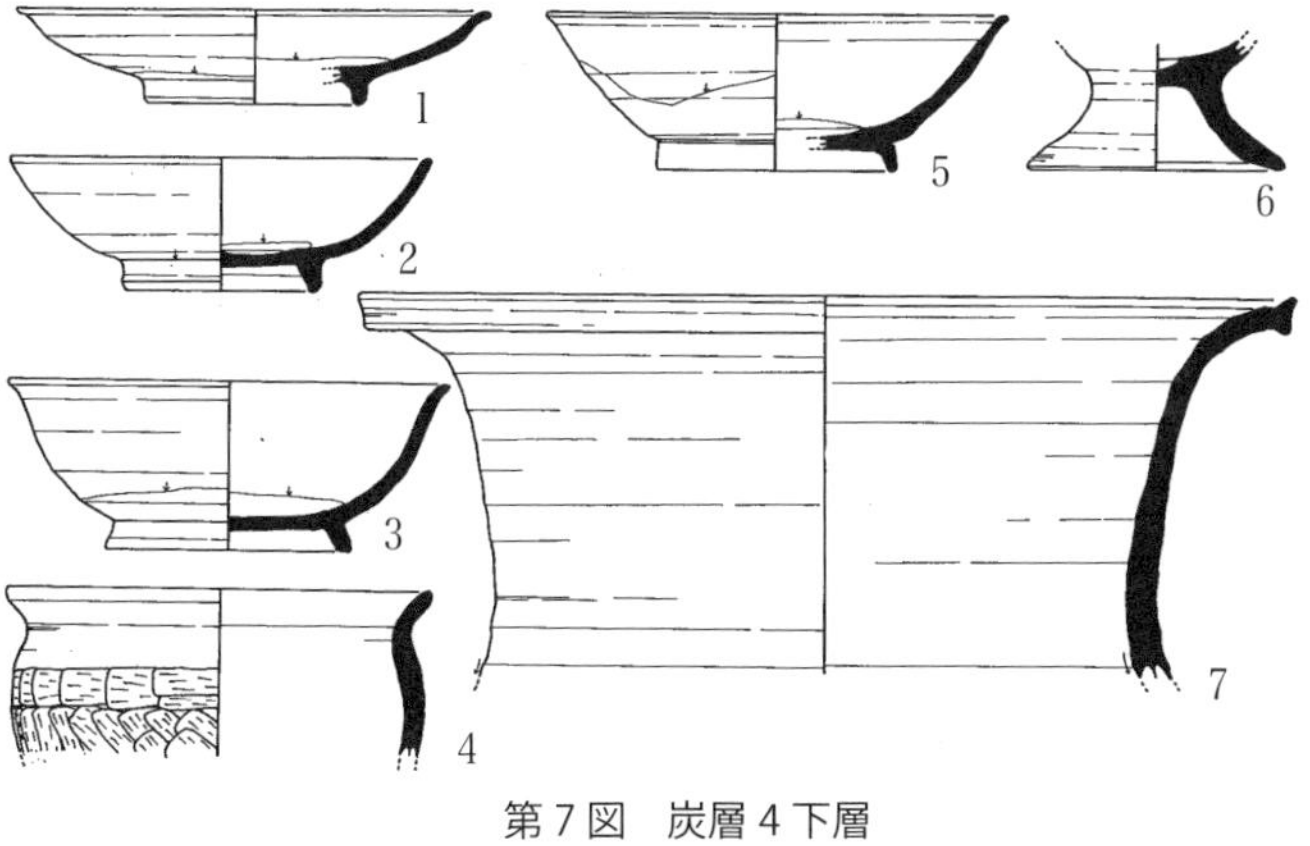

第7図　炭層４下層

炭層4の上層では、灰釉陶器段皿・緑釉陶器椀・越州窯青磁輪花椀〔片山徹 二〇〇三〕、「卜？」の墨書のある灰釉陶器椀底部が出土し、下層では灰釉陶器椀・皿（黒笹90号窯式・光ヶ丘1号窯式及び折戸53号窯式・大原2号窯式の特徴）、緑釉陶器椀（軟質）、武蔵系甕、大甕口縁部（第7図）が出土した。炭層5では灰釉陶器片が多く、墨書のある須恵器杯などがある。

他にも配石遺構1では、溝状の窪みに、五〇～六〇㌢ほどの転石がならび、この石の間に人頭大から拳大の石がつまっていた。帯状の集石は幅一・五㍍で、北西から南東に走り地形の傾斜にそっている。石の中に灰釉陶器があり、調査者はB地点の路址と類似し、道筋と考えている。灰釉陶器の細片と共に、緑釉陶器段皿・灰釉陶器椀・長頸瓶・三叉トチン・鉄鏃などがある（第5図）。

4　灰釉陶器にみる杉の木平遺跡の性格

ところで、筆者はかつて杉の木平遺跡出土の灰釉陶器を問題にしたが［中里二〇一三・二〇一四］、そもそも灰釉陶器とは、九世紀代に須恵器と緑釉陶器の要素を組み合わせて生まれた、日本初の高火度焼成の施釉陶器であり、その生産地は尾張猿投窯や美濃東濃窯など東海地方である。流通範囲は広範に及び、都や東国にも流通しているが、楢崎彰一は東山道を「瓷器の道」と評価し、灰釉陶器が商品として流通していたことを強調している(2)［楢崎一九六九］。すでに杉の木平遺跡については、下伊那教育会考古学委員会［下伊那教育会考古学委員会二〇〇六］の検討から黒笹90号窯式・光ヶ丘1号窯式の椀が大半であるという指摘がなされているが、改めて検討したところ、杉の木平遺跡の灰釉陶器の九割近くが黒笹90号窯式・光ヶ丘1号窯式の特徴を持つものであった（第2図）。

黒笹90号窯式は猿投窯編年の窯式の一つで、光ヶ丘1号窯式は東濃窯編年の窯式の一つである。共に椀皿を刷毛塗りするという古い特徴と、高台を三日月高台にして重ね焼きができるという新しい特徴をもつ。

猿投窯で組み立てられた須恵器・灰釉陶器の編年は、楢崎彰一の編年が知られるが［楢崎一九六二］、一九九〇年代まで都城と生産地側で暦年代に齟齬があった［斎藤一九八七］。その後、斎藤孝正や尾野善裕などによって修正され［斎藤一九八九・一九九四、尾野二〇〇三ほか］、おおよそ齟齬がなくなった。最新の暦年代観は尾野編年に準拠すれば［尾野二〇〇八］、九世紀後半から十世紀初めに位置づけられる(3)。

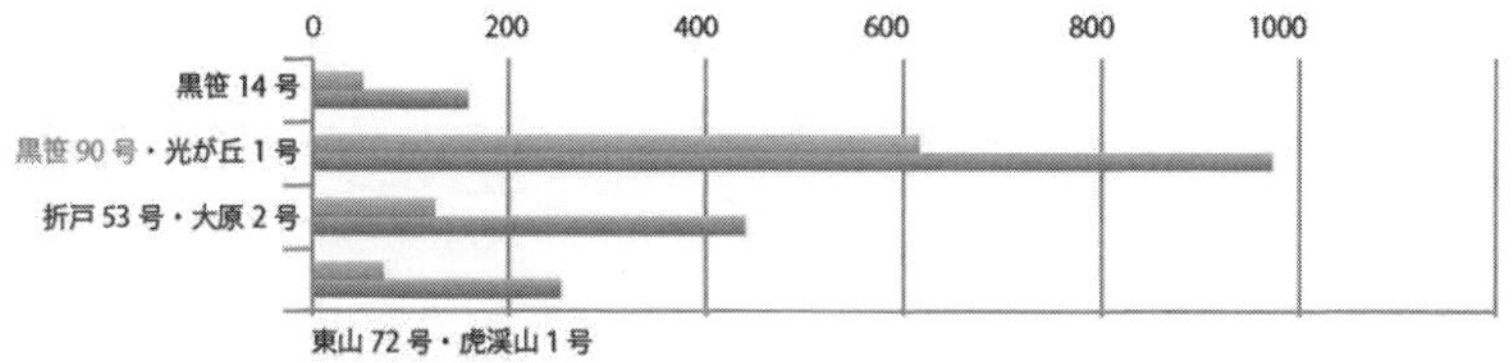

第８図１　埼玉県（上）及び中堀遺跡（下）の灰釉陶器出土時期別数（田中 2003 参照）

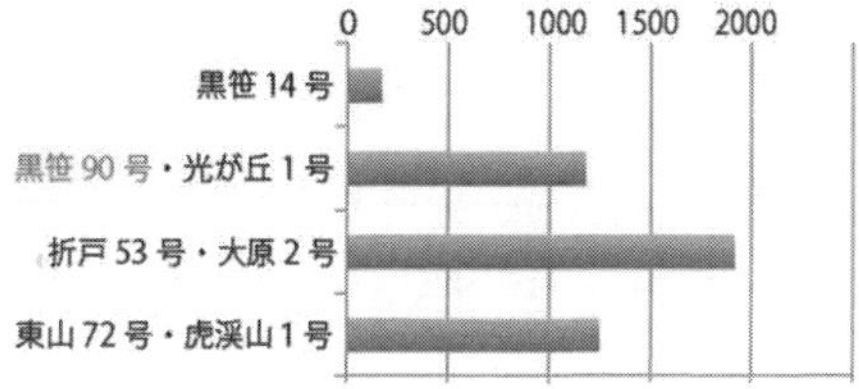

第８図２　群馬県の灰釉陶器出土時期別数（田中 2003 参照）

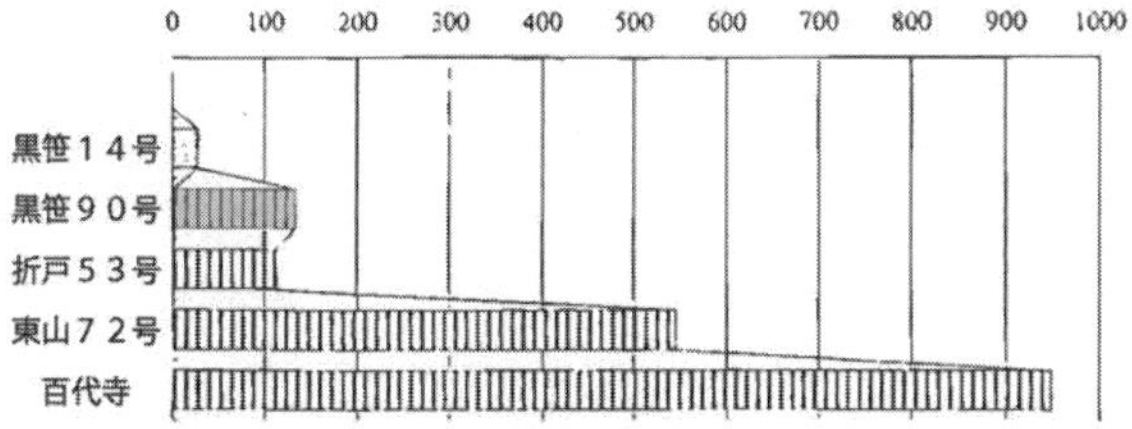

第８図３　信濃の灰釉陶器出土時期別数（高橋 1994）

東山道が向かう東国の状況をみると、関東の灰釉陶器椀の消費拡大が黒笹90号窯式・光ヶ丘1号窯式に起きていることはすでに指摘されている［高橋 一九九四、田中 二〇〇三、第8図1・2］。また、武蔵中堀遺跡［田中 二〇〇三、第8図2］や相模国府［尾野ほか二〇〇九］など拠点遺跡でも黒笹90号窯式の椀が最大の消費量とされる。ただし、産地の問題があり、中堀遺跡は二川（愛知県豊橋市）・浜北（静岡県浜松市）窯産、相模国府は猿投窯産がこの時期に多いとされ、消費地への搬入は海路の輸送も考えられるため、必ずしも全て陸上輸送ではないが、園原杉の木平遺跡と共通する動きである。

一方、信濃国の近年の調査では、黒笹90号窯式・光ヶ丘1号窯式の椀も多く出るというが、黒笹90号窯式の次段階折戸53号窯式以降、時期が下るにつれて数が増えていくという指摘があった［高橋 一九九四、斎藤 一九八六、第８図３］。東濃窯の窯数は光ヶ丘1号窯式よりもそれ以降のほうがはるかに多いことなども考えると、今後検討を要するが、信濃国全体で、灰釉陶器の消費が活発化する時期は、若干下るのではないかと思われ、杉の木平遺跡の状況とずれることになる。

そこで、黒笹90号窯式の椀は、単に伊那谷・信濃向けではなく、遠隔地向けの「商品」であり、その商品が多量に出土する以上、九世紀後半から十世紀初めの杉の木平遺跡は遠隔地「流通」の中継拠点として評価できないかと考えた［中里 二〇一三・二〇一四］。年代と産地を踏まえた信濃・東国の灰釉陶器の流通のあり方を今後とも考えていく必要がある。

５　杉の木平遺跡のもつ性格と特色

灰釉陶器の検討によって九世紀後半から十世紀初めの杉の木平遺跡は、遠隔地「流通」の中継拠点として評価したいが、より具体的に検討できないだろうか。また、他の性格は見えないのだろうか。

1号住居は大型竪穴住居であり、加えて複数のカマド、多数の供膳具・煮沸具の存在から宿泊機能に関連する施設と理解できないだろうか。使用痕のある内面の摩滅が著しい灰釉陶器椀がいくつかあるのも消費の観点から興味深い。また、在地の黒色土器やロクロ土師甕と共に、遠距離交易品の灰釉陶器・緑釉陶器類と共に、武蔵系甕が出土している点は、東西方向を往来する人間の活動を想起させるだろう。

また、柱穴群1・炭層4・炭層5及び周囲から大量の灰釉陶器が出土するのは、杉の木平遺跡に物資の集積と保管機能の施設があったことを想定させよう。黒笹14号窯式の椀皿類の重ね焼きに使う三叉トチが配石遺構1で出土しているが(第5図)、このことは窯で焼成された椀類をそのまま杉の木平遺跡まで運び、荷を下ろして、改めて荷造りしたことを推測させる。陶器類の峠越えには荷造りが必要で、麓に一時的な集積場を生み出す原因となりうる。

一方、灰釉陶器の中には、内面底部が摩滅する椀が一定量出土している。単に通り過ぎた、集められただけではなく、使われたこともあった。また、細かい破片が接合し復元できる椀や底部のみ残して周りの体部を意図的に打ち割ったような椀も多くあり、打ちかく儀礼が行われた可能性もある。(3)

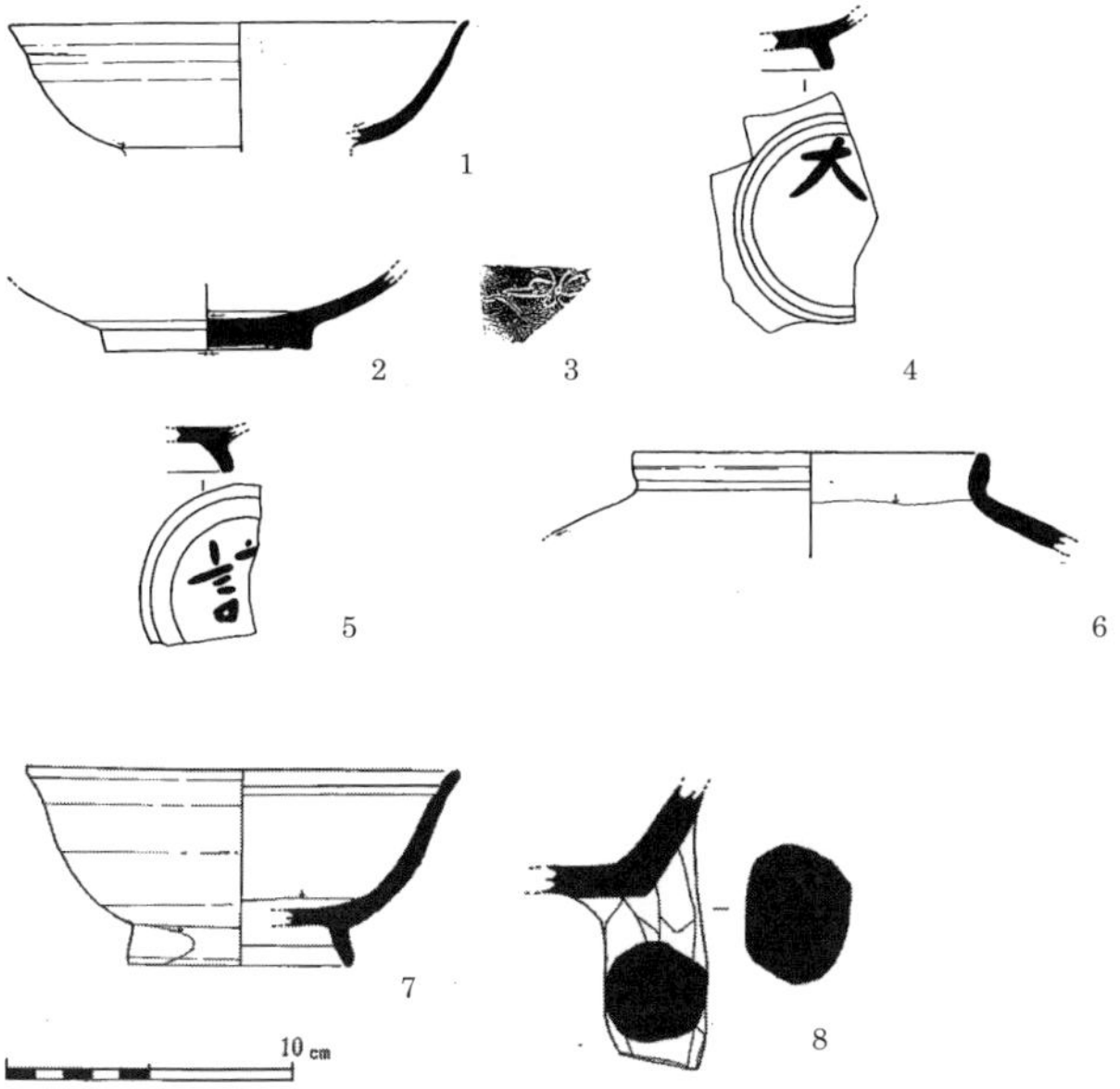

第9図　杉の木平遺跡炭層6（1）・遺構外
1. 緑釉陶器椀　2. 緑釉陶器椀　3. 陰刻花文緑釉陶器（?）　4. 灰釉陶器椀　5. 灰釉陶器椀　6. 薬壺　7. 灰釉陶器深椀　8. 須恵器獣脚

他にも杉の木平遺跡の性格を考える上で重要な遺物がいくつかある。遺構外であるが、鉄地銀象嵌技法金属品があり、平安期の馬具の可能性がある。(4) 炭層2では、須恵器甕口縁部と共に鉄鉢(5)が出ている。この鉄鉢は、口縁部をゆるく内湾させ、口縁端部を丸め、内側に面を作り、一般的な鉄鉢が口縁部を屈折ないし強く内湾させるのとは異なる(第6図)。また、同じく遺構外だが、須恵器の獣脚(猿投窯の事例から灰釉陶器の時期より遡るか)、薬壺の口縁部(灰釉陶器か)などがある(第9図)。また、墨書土器(ほとんど灰釉陶器椀)も散見される。宗教的・祭祀的な性格を念頭に入れる必要がある。

加えて、1号住居址からは、緑釉陶器(硬質・軟質)、灰釉陶器耳皿・段皿が、炭層4から灰釉陶器段皿・緑釉陶器椀・越州窯青磁輪花椀・緑釉陶器椀(軟質)、配石遺構1から緑釉陶器段皿が出土している。遺構外であるが完形に近い灰釉陶器の深椀も目につく。深椀と段皿の組合せを密教法具の六器とするような解釈を杉の木平遺跡でも可能なのかもしれない。

特に、緑釉陶器は灰釉陶器の出土量と比べると圧倒的に少なく、せいぜいコンテナ一箱に並べられる程度である。しかしながら、土師質で蛇の目高台や角高台のものもあるが、全体として濃緑色で素地が須恵質であり、高台も長めの平行四辺形や三日月高台に近い形態のものが多い。尾野編年［尾野 二〇〇三］を参照すれば、緑釉陶器の三・四段階のものに該当する(尾野編年でおおよそ十世紀)。ということは、緑釉陶器は灰釉陶器が搬入された時期よりも一段階後にピークがあり、灰釉陶器とは持ち込まれた理由が異なることを暗示させる。杉の木平遺跡に宗教施設があり、それに伴う遺物と考えられないだろうか。後述の「広拯院」の問題に関連する可能性がある。

6　文献に見る園原

九世紀になると、信濃側も神坂越えに関して文献に登場してくる。『叡山大師伝』の記述によれば、東国巡錫の折に最澄が神坂越えの難儀に対処すべく、峠の美濃側に「広済院」、信濃側に「広拯院」を建立し、旅人の便宜を図ったとある。九世紀初頭に布施屋が信濃側に建立されたのである。

そして、『古今和歌六帖』(九八七年成立か)に、園原を歌にした坂上是則の歌「園原や伏屋に生ふる帚木のありとてゆけど逢はぬ君かな」が掲載される。神坂峠麓の園原には、伏屋という建物があり、「箒木」―遠くからは箒の形をした大木が見えるが近づくと見えなくなるという不思議な木があった。歌枕園原の登場である。のちに『源氏物語』に、坂上の歌を背景にして光源氏と空蟬が歌を交わしている［和田 二〇一〇］。この坂上の歌は、再録された『新古今和歌集』によれば、延喜五年（九〇五）の平定文の家の歌合せで詠まれたものだという。

これらの文献から、九世紀に神坂越えの信濃側で整備がなされたこと、整備にあたって僧侶が関与していること、さらに坂上の歌から伏屋という旅人に供する施設が九世紀末から十世紀初頭にあったことがいえる。そして、杉の木平遺跡の内容から、この遺跡が歌枕の地園原に対応すると思われる。

7　その後の杉の木平遺跡

灰釉陶器の出土量からすると、折戸53号窯式期以降の遺物が一気に減少する。このことは、時期が下るにつれて東濃窯の窯数が増えるのとは逆行する現象である［山内 二〇〇八］。まっさきに考えられるのは、神坂越えよりも木曽路が主要ルートになったことであろう。木曽路では、吉野遺跡（上松町）、お宮の森裏遺跡（上松町）、お玉の森遺跡（木曽町日義）などが知られ［神村 二〇〇五］、折戸53号窯式期以降の灰釉陶器が大量に出土する。なぜ主要ルートが木曽路に変更されたのかわからないが、緑釉陶器などの出土からすれば、神坂越えのルートは十世紀以降も一定の人的活動が見られるものの、主要幹線ではなくなったと考えられる。

なお、中世になると東海地方の陶器が杉の木平遺跡から大量に出土し、再び神坂越えの活気が見られるが、あくまでも東海と下伊那の地域間交流の活発化に起因するものと思われ、長距離交易の拠点としての性格は失われたと思われる。また、中世の杉の木平遺跡においても、陶磁器の集積、宿泊機能が想定されるが、柱穴群2などの遺構がある程度で、大規模で整然とした町屋が並ぶような宿の景観を見出すのは厳しいようである。この時期のほかの遺跡との比較がのぞまれる[市澤 二〇〇六]。

8　律令的な交通から新しい交通へ―まとめにかえて―

ところで、神坂峠西麓にあたる美濃国恵奈郡には坂本駅があり、『延喜式』(兵部式)によれば、坂本駅の馬数は東山道最大の三〇疋で、民部式には隣接する大井・土岐・阿智駅とともに駅子の課役免除がみられる。『類聚三代格』によると、恵那郡の農業生産力の低さと駅伝制の運営にかかる過重な負担に加え、天候不順による飢饉も重なり、地域社会自体が深刻な危機に直面し、坂本駅子たちの集団逃亡が頻発したという。これに対して、九世紀に美濃国府や中央政府が様々な政策を行い維持しようとしたとされる。近年、永田英明は、承和年間以降、郡内課丁の激減により、帳簿記載の駅子の数を補充できなくなり、駅子以外からの労働力を調達するなど、駅家経営に新たな構造的変化が起こっていると指摘している[永田 二〇一三]。

一方、このような『類聚三代格』に記される恵那郡の生産力の不足と難所神坂越えの苦労を前面に出した坂本駅子の記述は、当時の神坂越えを語る上では一面的に感じる。九世紀代にはすでに信濃側を中心に神坂越えの交通施設がある程度整備されていて、東国と都をむすぶ物資輸送の円滑化は図られたのではなかろうか。その中で濃尾産の灰釉陶器を「商品」として東国へ大量に輸送し[田中 二〇〇三]、神坂峠麓の園原に物資輸送の中継拠点が設けられていたのではないかと想定したい。

従来、神坂越えの議論では、野村忠夫の論考[野村 一九七一・一九八〇など]を参照して、美濃側の坂本駅の問題を中心に組み立てられ、東麓の信濃側の状況が視野に入りにくい傾向にあった。また、坂本駅の衰退した九世紀代は、一般的には駅制衰退といった評価が定着しているが、初期荘園の展開や受領制を背景とした東国と京都を結ぶ交通が九世紀末〜十世紀に活発化し、駅制の私的動員など「律令制的貢納交通体系」を利用した交通拠点も各地に登場し、また各地の特産物が遠隔地に交易される萌しも指摘されている〔戸田 一九七五、保立 一九七九など〕。「律令的な交通」から「荘園公領制的な交通」へといった過渡期の視座も古代神坂越えの理解には必要であろう。

杉の木平遺跡を古代の交通関係の遺跡として評価し、そこには、物資の集積や宿泊施設の機能、宗教的な機能がみえてきた。では、同じ古代の交通関連の遺跡である駅家と比較したとき、どのような差がみられるのだろうか。一般的に駅家は公的施設としての官衙であり、国司など役人の宿泊機能を持ち、中央から地方への連絡機能をもつため、馬の用意が必須であり、駅家の運営を支えるための駅田と駅子・駅戸の制度が用意され、駅子・駅戸を支える口分田が用意された。

一方、杉の木平遺跡の場合、神坂峠と網掛峠に挟まれた空間に、広大な馬の飼育場を用意することも、経営維持のための水田を用意することも、事実上不可能である。駅制の前提である「若し地勢阻険、及び水草無からん処は便に随て安置せよ」(「厩牧令」)とは全く異なる地理的条件が神坂峠には存在する。さらに、物資の一つとして保管された灰釉陶器の椀が東国向けの商品であるとすれば、受領国司や荘園領主を主体とする私的な経営の要素もみえてくるのではないだろうか。また、今回浮上したような宗教的な役割については、本稿で言及できなかったが、どのように評価すべきなのかはこれからの課題である。今後、阿智駅の調査が進めば、杉の木平遺跡を阿智駅と比較し、律令的な交通とは異なる交通のあり方が具体的に論じられる日がいずれ訪れることだろう。

〔追記〕　本稿は、東国古代遺跡研究会第五回研究大会『長野県神坂峠遺跡とその周辺』で発表した「神坂峠と東麓の古代遺跡」をもとにしている。当日の発表では、原京子氏などから坂本駅についての理解不足をご指摘いただいた。筆者自身の説明が坂本駅の問題と神坂越えの問題を混同して説明しており、多くの誤解を与えた点反省しているが、十分指摘を生かしきれたか心許ない。また、神坂越えの研究現状や各遺跡の実態についての詳細は大会当日配布された資料集〔東国古代遺跡研究会二〇一四］の研究史及び各遺跡の紹介を参照いただくことでお許しいただきたい。

註

（1）「武蔵系甕」とは、コの字型の口縁でケズリ調整の甕で、在地由来の甕ではなく当初「武蔵甕」と考えていたものだが、研究大会当日、関東の研究者に「武蔵甕」とはいえないと指摘されたことによる。
（2）楢崎は自身の編年観で、神坂峠遺跡の灰釉陶器の多くを折戸53号窯式の前半とし、十一世紀末から十二世紀初めとした［大場ほか 一九六九］。
（3）以前の論考で、黒笹90号窯式・光ヶ丘1号窯式を九世紀後半とした［中里 二〇一三・二〇一四］が、尾野編年［尾野 二〇〇八］のⅥ期中・新に該当するので、九世紀後半から十世紀初めに修正する。
（4）久保智康氏の御教示による。
（5）口頭発表の際、百瀬正恒氏より、鉄鉢ではなく篠窯産の鉢ではないかという指摘があった。

引用・参考文献

阿智村東山道・園原ビジターセンターはゝき木館　二〇一五年『石製模造品と神坂越え』阿智村
大場磐雄ほか　一九六九年『神坂峠』阿智村教育委員会
市澤英利　二〇〇六年「神坂峠と中世陶磁器」『鎌倉時代の考古学』高志書院
市澤英利　二〇〇八年『東山道の峠の祭祀・神坂峠遺跡』シリーズ「遺跡を学ぶ」〇四四　新泉社
市澤英利　二〇〇九年「神坂峠と石製模造品と古東山道」『新生「上田市」発足三周年記念事業―信濃の東山道と万葉歌』上田市立信濃国分寺資料館
市村咸人　一九六一年『下伊那史』第四巻　下伊那郡誌編纂会
今村善興　二〇〇〇年「阿知の駅は木戸脇にあるか」『伊那』四月号
今村善興　二〇〇三年『阿智村　中関遺跡』阿智村教育委員会
尾野善裕　二〇〇三年「古代の尾張・美濃における緑釉陶器生産」『古代の土器研究会第7回シンポジウム　古代の土器研究―平安時代の緑釉陶器・生産地の様相を中心に―』

尾野善裕　二〇〇八年「古代の灰釉陶器生産と来姓古窯跡群」『豊田市埋蔵文化財発掘調査報告書第31集　来姓古窯跡群』
尾野善裕ほか　二〇〇九年『湘南新道関連遺跡群Ⅱ』かながわ考古学財団調査報告二四二　財団法人かながわ考古学財団
片山　徹　二〇〇三年「杉の木平遺跡出土の貿易陶磁器について」阿智村杉の木平遺跡出土貿易陶磁器と東山道を考える研究会資料
神村　透　二〇〇五年「木曽路　三　遺跡」『信濃の東山道』社団法人長野県文化財保護協会
久保智康　二〇〇六年「安布知神社伝来の花禽双鸞八花鏡をめぐって」『伊那』第54巻第11号
斎藤孝正　一九八六年「灰釉陶器の研究Ⅰ」『名古屋大学文学部研究論集』九五
斎藤孝正　一九八七年「施釉陶器年代論」『論争・学説日本の考古学第六巻』雄山閣
斎藤孝正　一九八九年「灰釉陶器の研究Ⅱ」『名古屋大学文学部研究論集』一〇四　名古屋大学文学部
斎藤孝正　一九九四年「東海地方の施釉陶器生産」『古代の土器研究会第三回シンポジウム　古代の土器研究―律令的土器様式の西東三―』古代の土器研究会
下伊那考古学委員会　二〇〇六年「神坂峠遺跡出土焼物類の再検討と東山道の変遷―阿智村の考古学的調査Ⅶ―」『伊那』四月号
鈴木景二　二〇一三年「峠・境と古代交通」『古代山国の交通と社会』八木書店
高橋照彦　一九九四年「東国の施釉陶器生産」『古代の土器研究会第三回シンポジウム　古代の土器研究―律令的土器様式の西東三―』古代の土器研究会
田中広明　二〇〇三年『地方の豪族と古代の官人』柏書房
東国古代遺跡研究会　二〇一四年『長野県神坂峠遺跡とその周辺』第五回東国古代遺跡研究会研究大会資料集
戸田芳実　一九七五年「九世紀東国荘園とその形態」『政治経済史学』一一〇
中里信之　二〇〇七年「猿投窯編年における窯式の基礎的理解―楢崎彰一の編年研究の分析から―」『南山考人』三十五号　南山考古文化人類学研究会
中里信之　二〇一一年「長野県阿智村における東山道遺跡研究の現状―神坂越えの変遷を踏まえて―」『東海地方の駅家研究の最前線～東海道・東山道の駅家と駅路～』第十七回考古学研究会東海例会資料集
中里信之　二〇一三年「美濃坂本駅の衰退と信濃園原の成立―神坂越えにおける平安初期の交通形態をめぐって―」『古代の交通と地方社会―イナ・シナノとその周辺―』第十一回飯田市地域史研究集会資料集　飯田市歴史研究所
中里信之　二〇一四年「美濃坂本駅の衰退と信濃園原の成立―神坂越えにおける平安初期の交通形態をめぐって―」『飯田市歴史研究所年報』十二号　飯田市教育委員会
永田英明　二〇一三年「九世紀山麓駅家の経営―駅戸制度のオモテとウラ」『古代山国の交通と社会』八木書店

楢崎彰一　一九六一年「土器の発達　須恵器と土師器　1　須恵器」『世界考古学大系第4巻日本Ⅳ歴史時代』平凡社
楢崎彰一　一九六九年「瓷器の道(1)―信濃における灰釉陶器の分布」『名古屋大学文学部二十周年記念論集』名古屋大学文学部
野村忠夫　一九七一年「東濃における駅家の衰微と濃飛諸郡の分立」『岐阜県史』通史編古代
保立道久　一九八〇年『古代の美濃』教育社歴史新書〈日本史〉二七
原　隆夫　一九七九年「律令制支配と都鄙交通」『歴史学研究』第四六八号
宮沢恒之　二〇〇〇年「東山道阿知駅跡の試掘」『郷土史巡礼』三二〇号
宮沢恒之ほか　一九八四年「第二編　原始・考古　第三章　古墳時代以降―神坂峠と周辺遺跡―」『阿智村誌上巻』阿智村誌刊行委員会
宮沢恒之ほか　一九七三年『長野県中央道埋蔵文化財包蔵地発掘調査報告書―下伊那郡阿智村斜坑広場その1―昭和四十六年度』日本道路公団名古屋支社・長野県教育委員会
山内伸浩　一九七四年『長野県中央道埋蔵文化財包蔵地発掘調査報告書―下伊那郡阿智村斜坑広場その2―昭和四十八年度』日本道路公団名古屋支社・長野県教育委員会
和田明美　二〇〇八年「東濃窯における灰釉陶器・山茶碗生産の一様相―窯の分布とその変遷からの視点―」『日本考古学協会二〇〇八年度大会研究発表要旨』日本考古学協会
和田明美　二〇一〇年『古代東山道園原と古典文学　万葉人の神坂と王朝人の帚木』愛知大学綜合郷土研究所ブックレット一九　あるむ

東海道甲斐路の御坂と追坂
――地名と遺跡に堺を読む――

杉本 悠樹

はじめに

古代の甲斐国は東海道諸国に属したが、東海道の本道は甲斐国内を経由しておらず、駿河国の横走駅付近から分岐して甲斐国府に通じる東海道甲斐路が整備された（第1図）。平成二十五年（二〇一三）八月に実施された山梨県南都留郡富士河口湖町河口に所在する鯉ノ水遺跡の発掘調査によって古代の東海道甲斐路の道路遺構が山梨県内において初めて検出され、駅路の存在と経路が通説を脱し証明されることとなった［富士河口湖町教委ほか 二〇一五］。古代の東海道甲斐路の沿道や甲斐・駿河両国の国境地域には御坂・追坂（老坂）・逢坂（大坂）などの峠にちなむ地名が残り、それらは何らかの境界を示すものと推測される。本稿では、東海道甲斐路の沿道や甲斐・駿河両国の国境地域に点在する地名と遺跡から古代の境界について考察したいと思う。

1　古代の東海道甲斐路の概要

古代の東海道甲斐路は、駿河国内の東海道の本道の横走駅（静岡県駿東郡小山町竹之下付近か）から籠坂峠・ヅナ坂な

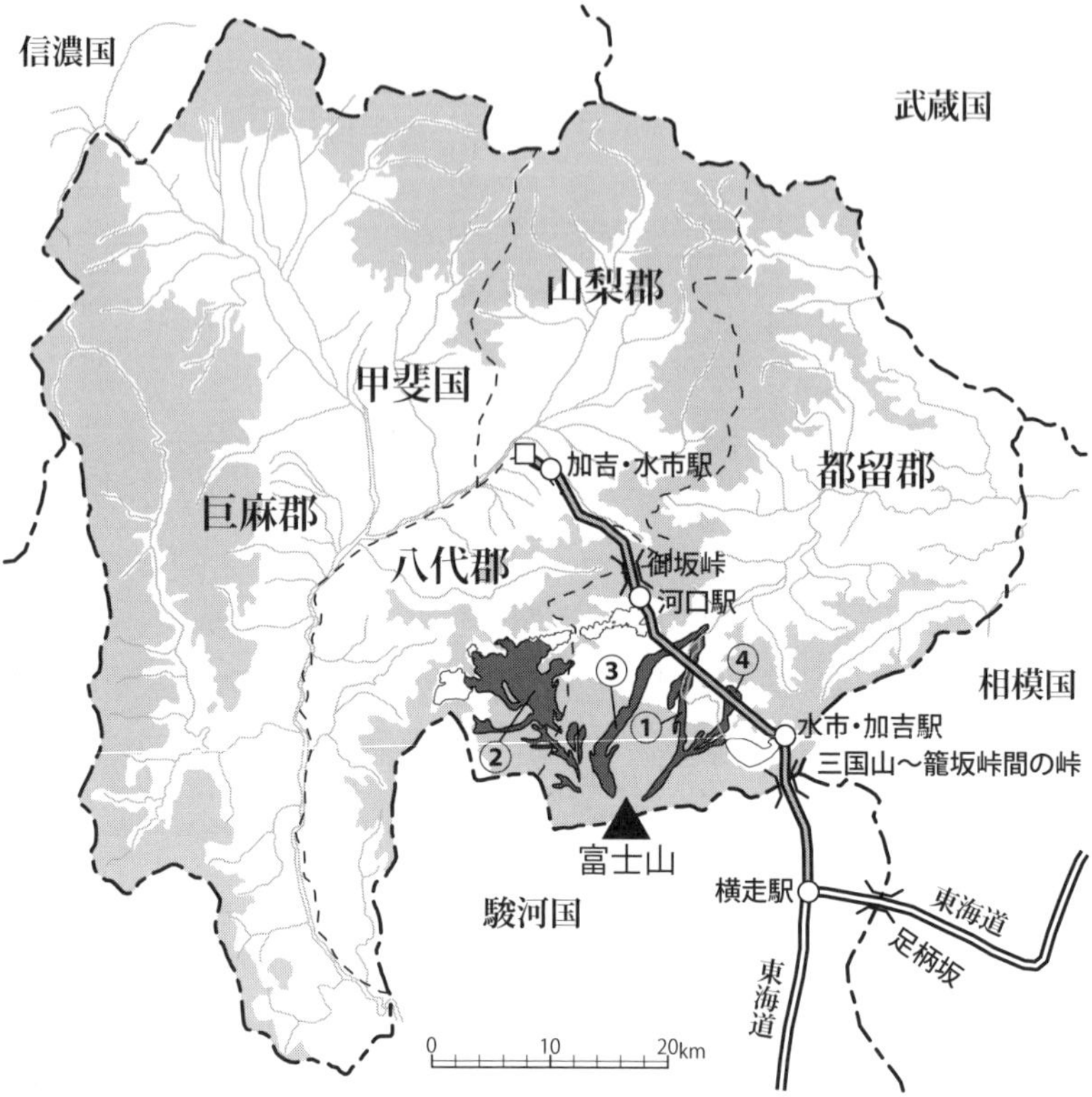

①～④古代の富士山噴火の溶岩流

①檜丸尾第２溶岩流：延暦 19 ～ 21 年（800 ～ 802）

②青木ヶ原溶岩流：貞観６～８年（864 ～ 866）

③剣丸尾第１溶岩流：承平７年（937）　④鷹丸尾溶岩流：12 ～ 13 世紀？

凡例

国境　郡堺　河川　峠・坂

山地　古代の富士山噴火の溶岩流

東海道　東海道甲斐路　□ 甲斐国府（推定）

○ 駅家　湖沼

第１図　東海道甲斐路と古代の富士山噴火の溶岩流

どの三国山から籠坂峠にかけての現在の静岡・山梨県境に連なる山稜上の峠を越えて甲斐国に入り、山中湖畔を西進して現在の忍野村・富士吉田市を東西に横断し、河口湖畔を北上する。河口湖の北東岸の富士河口湖町河口は、『延喜式』に記載された甲斐の三駅のひとつである河口の駅の比定地であり、現在も地名が存続する唯一の事例である。河口を除く、「加吉」、「水市」については、地名の遺称がなく、また序順の前後も一定しない（第1図）。河口の北には、急峻な御坂山地が東西に連なり、甲斐国（山梨県）の甲府盆地と郡内地域（東部・富士山麓地域）を大きく二分する。その山地を越える御坂峠は東海道甲斐路の経路上の最難所として知られている。御坂峠を越えると富士川水系の笛吹川の支流である金川に沿って峡谷を北西に進み甲斐国府の比定地である笛吹市御坂町または同市春日居町に至る（第1図・図では前者を表記）。甲府盆地から富士山麓を経て東海道に至る古道は東海道甲斐路のほかに若彦路・金王路、中道往還（第2図）があるが、いずれの経路も御坂山地を越える際に二回にわたり大きな峠を越える必要があり、高低差があるものの一回峠を越えるのみで甲府盆地から富士山麓に達する御坂峠越えの経路が利便性の高さから駅路として使われるようになったと考えられる（第3図）。甲斐国府の所在が比定されている笛吹市御坂町国衙を起点として東海道の本道を結ぶ場合、東海道の横走駅が最も近い地点となる（第2図）。『和名抄』の段階で推定される甲斐国府と横走駅の直線距離を半径とした等距離線の円弧を描くと、中道往還では東海道の本道に接しないことがわかる（第2図）。また、駿河国内を通過する距離が短いことも分岐点が横走駅に定められた要因のひとつと推測される。甲斐国のために設けられた道であるため、駿河国内を通過する距離を最小限に抑えることによって、甲斐国が駿河国内における道路の維持・管理の負担を軽減する目的があったと推測される。

河口湖南岸から山中湖にかけての区間は古代において富士山の噴火により溶岩流が流下した地域に該当する（第1図）。延暦十九年（八〇〇）には、檜丸尾第2溶岩流（第1図①）が富士吉田市の東端部を南北に、承平七年（九三七）には、剣丸尾第1溶岩流（第1図③）が同市の西端部を南北に細長く流下しており、想定される経路を遮断している。また、

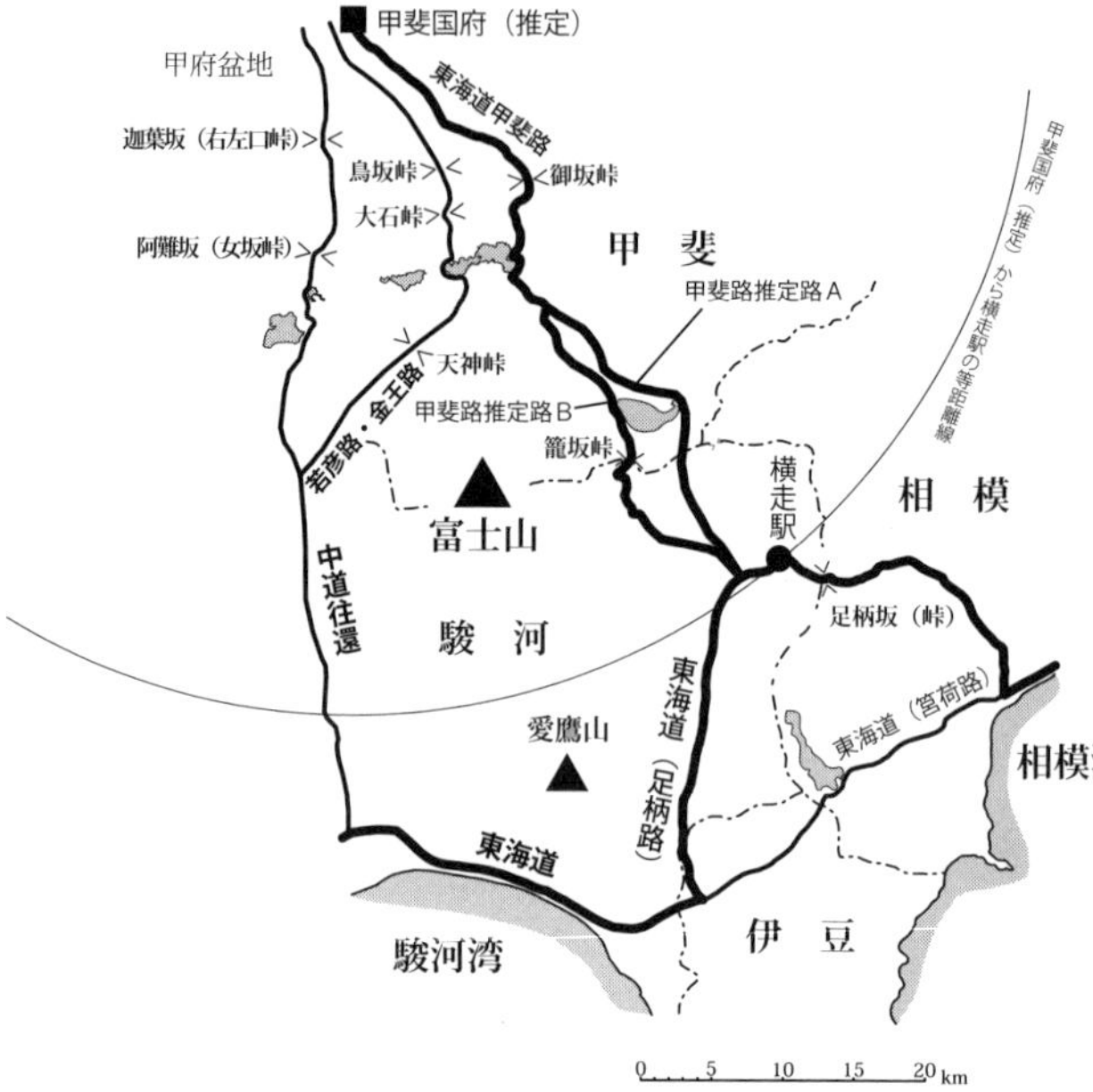

第２図　東海道に結節する甲斐の古道

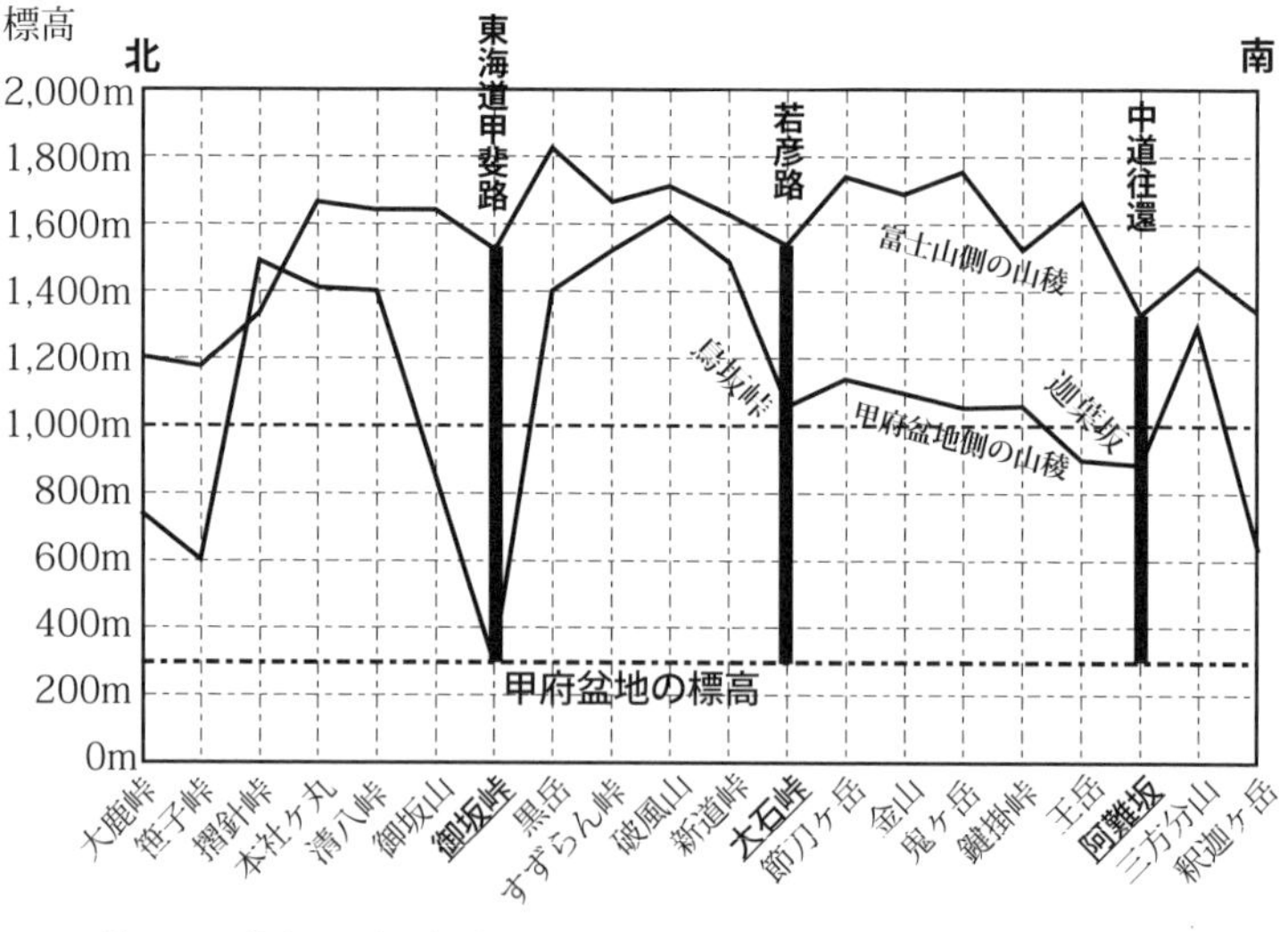

第３図　御坂山地の標高の模式図（下端は富士山側の山稜の名称）

時期について九世紀初頭か十二〜十三世紀かという諸説がある鷹丸尾溶岩流が山中湖の西端を堰き止めて忍野村にまで到達しており、九世紀以降に少なくとも三度にわたり富士山の噴火による溶岩流が東海道甲斐路に大きな被害を及ぼしたことが考えられる〔杉本二〇一三〕。このため、富士北麓地域の東海道甲斐路の経路は溶岩流によって埋没したと考えられる範囲もあり、ルートの比定が困難である。

なお、東海道甲斐路は中世以降、甲斐国から鎌倉への軍用路及び連絡路として継承され、鎌倉街道（往還）とも呼称される。政治及び軍事的要路で信濃や北陸方面への連絡路であり、鎌倉文化の移入路でもあった。海のない甲斐国に魚や塩などの海産物を駿河湾や相模湾からもたらす道としても利用され、沼津道とも呼ばれている。

2　東海道甲斐路の道路遺構（鯉ノ水遺跡）

鯉ノ水遺跡は河口湖の北東岸の富士河口湖町河口に所在する遺跡で、主要地方道河口湖・精進線の建設に伴う詳細分布調査で新たに発見された遺跡である（第4図17）。平成二十五年（二〇一三）の七月から八月にかけて前述の道路建設に伴い発掘調査が実施された。遺跡の南北には旧鎌倉往還の伝承をもつ町道が縦断しており、この町道に平行して地下約二㍍から古代東海道甲斐路の道路遺構が検出された。道路遺構は河口湖の湖畔の湿地帯で繁茂した水生植物等によって形成された黒色シルト質の基盤層を皿状に掘り込み、砂や粘土を交互に搗き固めた版築工法が認められ、最大幅三・七㍍、最大長七・五㍍の範囲が検出された。現行の町道の下に道路遺構が重なっており、全容を明らかにすること

写真１　東海道甲斐路の遺構（鯉ノ水遺跡）

はできなかったが、道路幅は六㍍であったと考えられ、東海道の本道が一二㍍であるのに対し、支道の甲斐路は半分の規模であったことが判明した。

この道路遺構の年代を決定づけたのは、遺跡の東方から流下したとみられる土石流の痕跡である。土石流の砂礫中には多量の土器が混じっており、平安時代の十世紀初頭を下限とする甲斐型の土師器を主体とするものであった。この土石流が鯉ノ水遺跡の東方にあり、古代の集落遺跡として知られる滝沢遺跡(第4図7)の一部を破壊しながら流下したために遺物が混入したと考えられる。土石流は古代東海道甲斐路の道路遺構を覆い、一部を破壊しながら流下しており、土石流の威力を示すと同時に道路遺構の廃絶年代を確定する要素にもなった[杉本・御山 二〇一五]。

写真2　鯉ノ水遺跡周辺の俯瞰
(南より撮影、左上が御坂峠)

3　地名に探る国境

御坂地名について

御坂は、山梨県南都留郡富士河口湖町河口と笛吹市御坂町藤野木の境にある峠を指す地名である(第4図1)。御坂山地の黒岳(一七九二・七㍍)と御坂山(一五九六㍍)の間の鞍部で、標高は約一五二〇㍍を測る。緩やかなW字形を呈した鞍部の東側に道路を通した峠の道は、甲州街道の笹子峠とともに山梨県内の郡内地域と甲府盆地を結ぶ重要なルートであった。それだけに古くから利用され変遷も大きい。『古事記』には日本武尊がこの坂を越えて甲斐国に入ったことから御坂といい、その坂が通じる峠の意だと記される。奈良・平安時代には、東海道横走駅から加古坂(籠坂)・

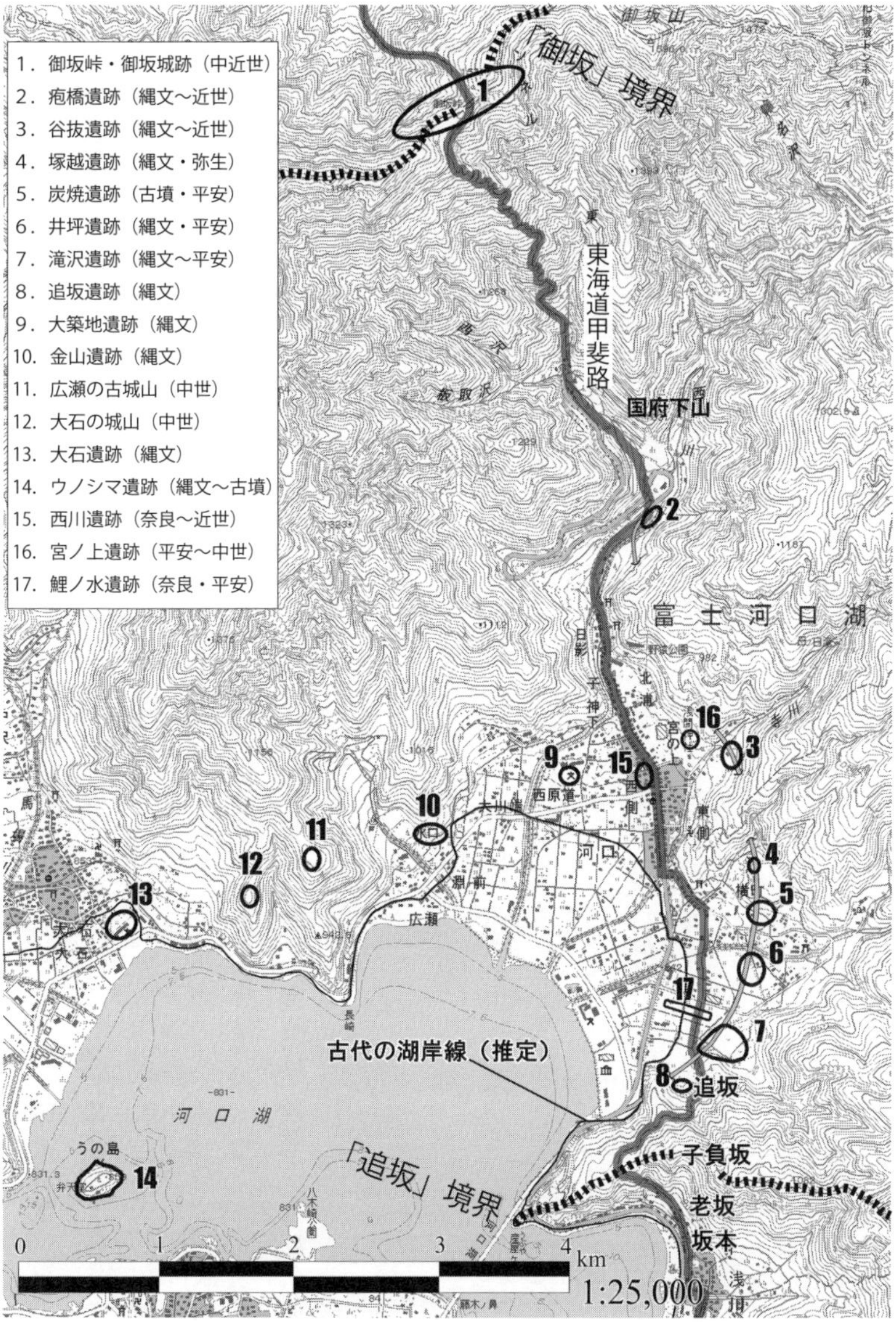

第４図　河口湖北東岸の東海道甲斐路の経路と遺跡分布・境界地名

河口・水市を通って甲斐の国府に至る東海道甲斐路は御坂峠を越えた。「承徳本古謡集」に「甲斐人の嫁にはならじ事辛し御坂を夜や越ゆらむ」の歌があり、古い段階で甲斐国の国境をなしていたことが示唆される（「御坂境界」第4・5・6図）。また、「夫木抄」には能因法師の歌として、「み坂ぢに氷かしげるひがねのさながらさらすてづくりのごと」が見える。天正十年（一五八二）の天正壬午の乱に際して小田原の後北条氏が甲斐国に進軍し、甲府盆地側に陣を張る徳川氏に対峙するために御坂城が峠に築造された［竹内 一九八四］。峠を挟み東西約五〇〇㍍にも及ぶ堀と土塁が稜線上に設けられ、御坂峠は大きく改変されたため、中世以前の景観は失われている［萩原 一九九二］。平成二十七年五月には、山梨県富士山総合学術調査研究委員会による踏査で峠周辺から縄文時代～近世にかけての遺物が採集され、長い期間峠が利用され、多くの人々が往来してきたことが確認された。

御坂峠周辺の地名

御坂峠の南の富士河口湖町河口には、古代駅路を連想させる地名が小字に残っている。河口の集落から御坂峠への峠道の登り坂に差し掛かる位置に疱橋（第4図2）があり、かつては疫病が集落内に侵入するのを防ぐための疱瘡神が祀られていた［河口湖町教委 一九九一］。地内には疱橋遺跡（第4図2）があり、五世紀後半の土師器の坏が完形で出土しているほか、縄文時代から近世にかけての遺物が見出されている［山梨県埋文 二〇〇七・二〇一二b］。古墳時代中期の段階で東海道甲斐路が整備される以前から交通路として使用され、峠への通過儀礼に伴う祭祀が執り行われた可能性が考えられる。疱橋の北には国府下山（こうのしたやま）という地名があり（第4図）、峠及び道路に対する国府の介在が示唆される。

追坂（老坂）地名について

追坂（老坂）は、河口湖の北東岸に張り出す産屋ヶ崎という岬から湖の東の霜山にかけての稜線上にある峠の地名で、鯉ノ水遺跡の南方に位置する地名である（第4図）。峠の北側の河口では「追坂」、南側の浅川では「老坂」と表記し、

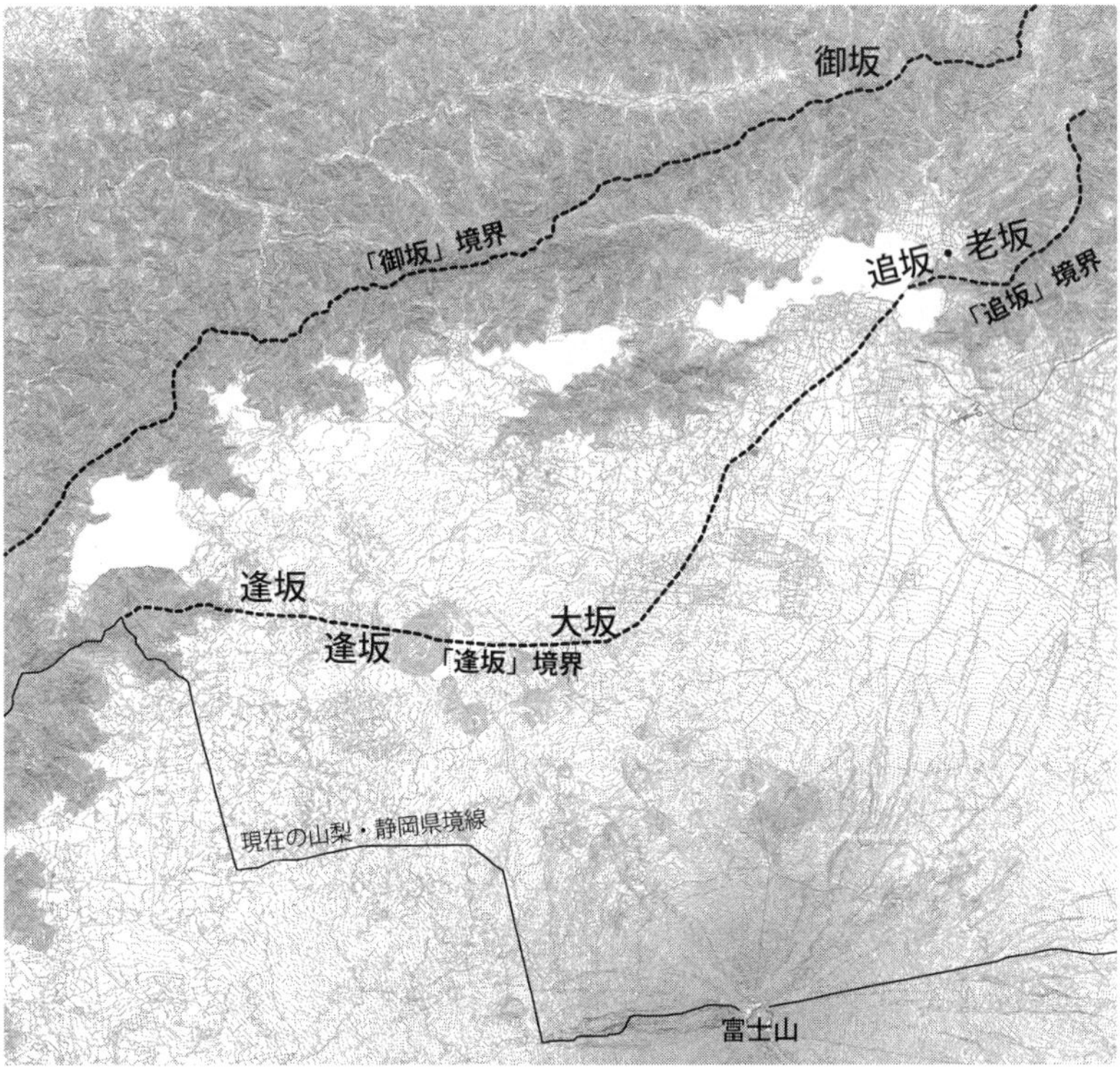

第5図　富士山北麓の坂地名と推定境界線

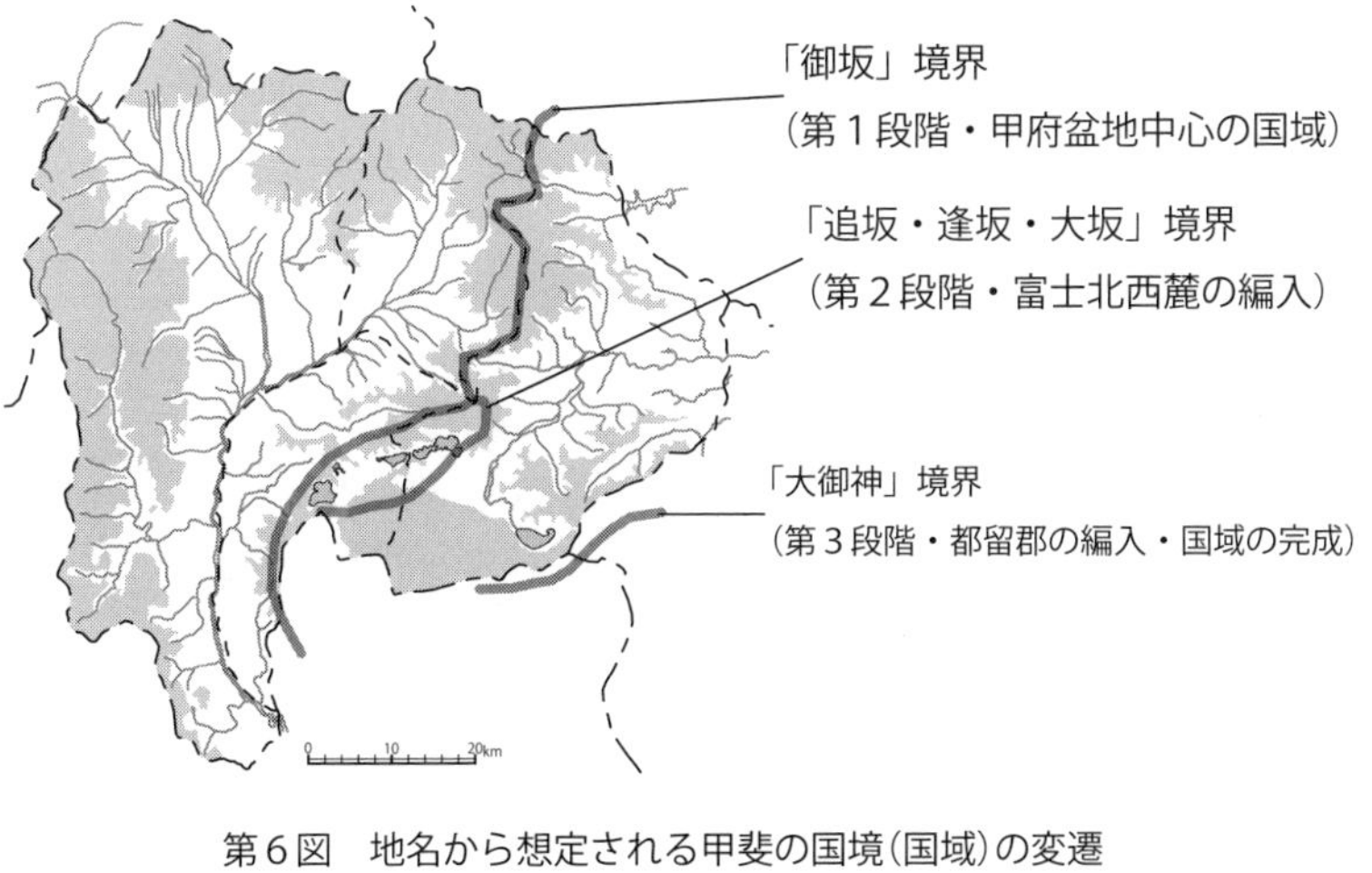

第6図　地名から想定される甲斐の国境（国域）の変遷

読みはいずれも「オイサカ」である。峠を挟んで同じ読み方の地名が向かい合っており境界を意味するものと解釈できる[鈴木二〇一三]。両者に挟まれた稜線上には子負坂(コオイサカ)という地名も残り、旧鎌倉往還として現在伝わる峠道は西に迂回しているが、追坂と老坂をダイレクトに結んだ位置に子負坂があり、「子」は「古」を意味し、古代の直線的な経路が存在した可能性も想定される。「オイサカ」は「オオサカ」に起源する地名と考えられ、峠を中心に稜線が境界の役割を果していたことが推測される。大坂や逢坂といった地名と共通するものと思われるが、これらの地名の多くは国境地域でみられることが多い。山梨県内でも、富士山の北西麓で逢坂・大坂地名が三箇所確認でき、駿河との国境に付された地名と解釈できる(第5図)。現在の山梨・静岡県境よりも北に地名が並んでおり、かつての甲斐・駿河国境を復原し得る地名の配置である。河口は古代の段階で八代郡に属していた可能性が指摘されているが、追坂(老坂)を八代郡と都留郡との境界として捉えるのは困難である。御坂地名と同じく、甲斐国の勢力範囲の縁辺として位置づけられていた時期があり、この地域が国境として認識されていたと考える方が妥当であろう。なお、老坂の南には坂本という小字名が連続しており東海道甲斐路やのちの鎌倉街道(往還)に対応して地名が付され残存していると考えられる。

なお、追坂(老坂)の北方の東海道甲斐路の沿道には、先述した奈良・平安時代の集落跡である滝沢遺跡が所在し、四次にわたる調査の結果、三八軒の竪穴建物跡が検出されている[山梨県埋文二〇〇七・二〇一一a・二〇一五]。

富士山北西麓の逢坂・大坂地名

先述のとおり、本栖湖の南東から富士山の側火山群の大室山、天神山にかけての東西方向に逢坂及び大坂の地名が分布する。かつて甲斐・駿河両国の国境がこの地名を結んだ線上に設けられていた可能性が窺える。平安時代の貞観六年~八年(八六四~八六六)にかけて発生した富士山の貞観の噴火は、北西麓の火口列からの噴火であり、大量の溶岩流が流出し、剗ノ海の大半を埋め西湖と精進湖に分断した。溶岩流の流出した範囲は、長い年月をかけ樹木が根付き青木ヶ原樹海が形成された(第1図②)。この貞観の噴火の状況は『日本三代実録』に詳細が記録されている。

甲斐国から朝廷への報告では富士山のことを「駿河国富士郡富士大山」と表記しており、噴火の発生地点を駿河国として捉えていることが読み取れる〔富士吉田市 二〇〇〇〕。火口列は現在の行政区域では山梨県南都留郡鳴沢村に所在する。富士山の山域全体が駿河国に属する意識があったとも考えられるが、九世紀の段階では噴火口周辺は駿河国に属していたと捉え得るであろう。また、貞観の噴火で大半が埋没した剗ノ海は、「剗」＝「関」の文字があてられており、国境に面した地域に所在した湖であることが示唆される。また、中道往還(第2図)沿いに分布する中世の城館跡は本栖湖東岸の本栖集落を南限としており、本栖集落の南に逢坂の地名があることからも、この地名が国境を意義付けていたことは明確であると思われる。富士山北西麓にみられる逢坂・大坂地名は、古代から中世の段階で甲斐・駿河両国の国境に付せられた地名と考えられるだろう。当該地域は近代に至るまで入会権等で甲斐・駿河両国の所属が争われており、大正年間に現在の県境が確定した。

東海道甲斐路沿道の甲斐・駿河国境の地名

現在の山梨・静岡両県の県境にあたる籠坂峠には「加古坂神社」が祀られている。峠の祭祀につながる神社と考えられ、鎌倉街道(往還)の難所であり甲斐・駿河の国境に位置する神社である。しかし、籠坂峠が古代の東海道甲斐路の通過点であった否かは注意が必要である。江戸時代後期に編纂された『甲斐国志』の記述によると、加古坂(籠坂)は、「富士ノ東方山足ニ続キ山中村ヨリ駿州須走ニ越ユル坂路也、升降二里路ハ緩シテ嶮岨ナシ、峰ヨリ未申ニ少シ登リテ天神ノ小祠アリ、是レ古道ノ処ナリ、此レヨリ寅ノ方半里許リニシテ大洞山ニ至ル、是レ巣鷹山ナリ、又三四町ニシテ楢ノ木山ニ至リ又二十町許リニシテヅナ山ニ至ル、此レヨリ駿州日向村ヘ越ユル坂路アリ、升降二里此ノ道古ヘハ専ラ往来セルニヤ、古道ノ跡存シテ広道アリシト見ユ、永禄十一年〔戊辰〕十一月三日武田信玄平野村ニ与ヘシ朱印ニ曰ク、甲駿両国之通路不自由之間如二本栖之地下人等一諸役御赦免之旨被二仰出一也トアルハ、即チ此ノヅナ越エノコトナリ、平野ノ南山足ニ関所ノ趾アリ、是レ古ノ往還路ニシテ加古坂ヨリハ攀ヂ易シト見ユ、土人曰ク古ヘハ加古坂峻路ニシテ攀ヂガタカリシガ宝永四年富士山爆火ノ時、砂礫吹キオロシテ谷ヲ埋メ平地ノ如クナレリ、故ニ通路開ケテ往来自在ニナリシヨリ、ヅナ坂自ラ通行スル者ナシト云（後略）」（山川部第十六ノ下）とあり〔雄山閣 一九六八〕、籠坂は険阻な道で通行が難しかったが、江戸時代の宝永四年（一七〇七）に発生した富士山の宝永の噴火によりスコリアが大量に降下したため峠の地形が緩やかになり、以降籠坂を越えるルートが盛んに使われるようになったとされる。すなわち宝永年間以前は籠坂が主要な峠道でなかったことが読み取れるのである。籠坂を越える場合、経路は山中湖の南岸から西岸に至る線形を描くが（第2図・甲斐路想定路B）、『甲斐国志』の記述によると中世段階の関所が山中湖北岸の平野に置かれていたとあり、古道は山中湖の東岸から北岸を経由していたことがわかる（第2図・甲斐路想定路A）。しかし、経路は山中湖の湖畔を通過することを前提にしているが、山中湖が富士山の噴火により鷹丸尾溶岩流（第1図④）が流入して堰止湖になった時期は九世紀初頭あるいは十二〜十三世紀なのか定まっておらず、今後の溶岩流の時期決定を待たねばならないが、説によっては古代の段階では、山中湖は堰き止められる前の河川であった可能性もあり、渡河地点であることも想定する必要がある。

『甲斐国志』の記述にある「駿州日向村」（静岡県駿東郡小山町）に通じる道は、大洞山付近（第7図）を通過するヅナ坂と呼ばれる峠道で、籠坂よりも東に位置する峠である。東海道甲斐路が果してこの経路に該当するかは検証の余地があるが、籠坂越えの道に先行する道である可能性は高いと考えられる。

また、静岡県駿東郡小山町用沢には「坂本」の地名が残る（第7図）。平坦地から山裾の傾斜地へと地形が変化する地点にあたり、古くからの峠のたもとを意味する地名であることから地内を古道が通過していることが推測される。

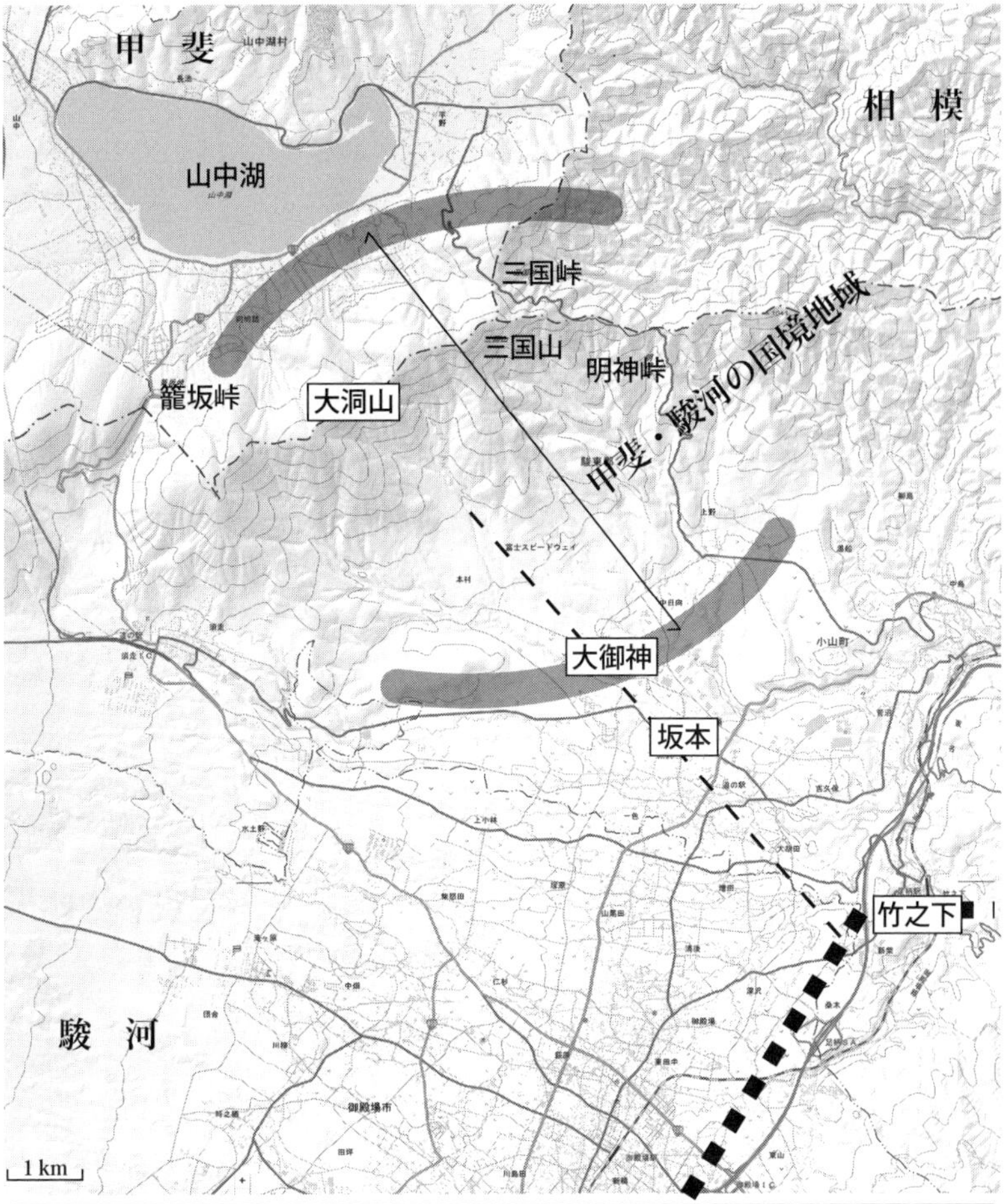

凡例

道路・峠・境界に関する地名　■ ■ ■ 東海道（足柄路）

国境地域の範囲　― ― ― 想定される東海道甲斐路の経路

第７図　甲斐・駿河国境地域の地名等

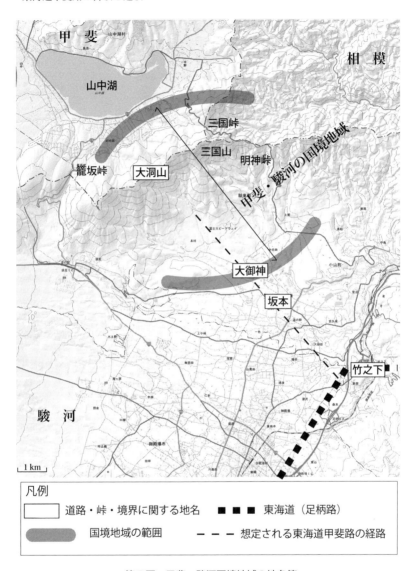

東海道の横走駅の比定地のひとつである同町竹之下と宝永年間以前の通過点である大洞山付近のヅナ坂を結ぶ古いルートの直線状の推定線上に位置し（第7図）、古代の東海道甲斐路の経由地の可能性もある。河口湖畔の「追坂・老坂」の事例でも峠の南に「坂本」を付しており（第4図）、共通性がうかがええる。

さらに、坂本と大洞山付近のヅナ坂の間には「大御神」（おおみか）という地名が存在する。地名の三字はいずれも境界地名に「坂」を付して「大坂」・「御坂」・「神坂」という形で多く用いられるものであり、甲斐・駿河の国境に関連するものと解釈できる。「オオミカ」という地名は、「大甕」と表記する事例が常陸国（茨城県日立市）にあり、人の住む世界と神の領域の世界との境界に大きな甕（土器）を埋めて祭祀を行ったという［志田 一九九一］。他の事例では、『播磨国風土記』に「丹波と播磨の国境に大甕を埋めて境としたと」いう記述もあり、国境に用いられる地名であることがうかがえる［沖森ほか 二〇〇五］。「大御神」と「大甕」は同じ音をもつ地名であり、当地においても峠に伴う神域との境界、甲斐・駿河両国の国境を呈していた可能性があろう。

竹之下は東海道の足柄峠のたもとにあり、「竹」は「たけ」＝「たむけ（手向け）」＝峠を意味する地名であると考えられる［鈴木 二〇一三］。ここでの峠は足柄坂（足柄峠）を指すとともに、西に分岐すると甲斐国へ通じる峠のたもとにもあてはまる。発掘調査により掘立柱建物跡などが検出され、東海道の横走駅との関連が指摘されている横山遺跡・上横山遺跡が同地内にあり、竹之下付近が東海道の本道と甲斐路の分岐点となり、中世以降には甲斐国から鎌倉に通じる鎌倉街道（往還）の分岐点として継承してきたと考えられる。

おわりに

東海道甲斐路の沿道や甲斐・駿河両国の国境地域に点在する地名から古代の甲斐国の境界を考察したが、御坂、追坂(老坂)、逢坂・大坂、大御神という地名の分布によって、甲斐国の国境の変遷、国域の拡大の可能性が捉えられた。地名の遺称から少なくとも現在の山梨・静岡両県の県境とは異なる境界が存在したと捉えることができる。

甲斐国は国造段階では、甲府盆地を中心とする範囲に留まっていたが、律令体制の成立と浸透に呼応して駅路の整備が進み、駅路の通過地となる富士山麓や桂川(相模川)流域に範囲を拡張していったことに起因すると推測される[大隅二〇一三]。

この過程について第6図を用いて整理すると、第1段階として「御坂」境界という御坂山地の稜線を国境として意義付け、甲府盆地(富士川流域)を中心とした国域があり、富士山麓や後に都留郡に位置づけられる地域に甲斐国の勢力が及んでいない時期と捉えられる。「承徳本古謡集」の歌が根拠となり得るであろう。第2段階として、「オオサカ」に由来する追坂(老坂)、逢坂、大坂地名を結んだ線を国境とし、河口湖以西の富士山北東麓が甲斐国の勢力下に編入された時期が見出せる。駅路の整備に伴い、駅家の比定地である河口(富士河口湖町河口)を取り込む意図があったと推測される。第3段階は大御神の地名にみられる国境で、駅路の通過地である富士山北東麓を掌握し、駅路の維持管理に充当するために背後にある都留郡全域を甲斐国に編入して国域が完成した時期と考えられる。

本稿では富士山麓の甲斐・駿河両国の国境の検討にとどまり、また地名に基づいた想定に限られているため、各段階の画期(年代)を明確にすることはできなかったが、今後の古代史研究において甲斐国の成立過程を検討する一つの手法となれば幸甚である。

参考・引用文献

大隅清陽　二〇一三年「中部山岳地帯における駅制と地域社会」『古代山国の交通と社会』八木書店
沖森卓也・佐藤信・矢嶋泉　二〇〇五年『播磨国風土記』山川出版社
河口湖町教育委員会　一九九一年『ふるさとの社寺』河口湖文化財第九集

志田諄一　一九九一年「大甕という地名について」『日立史苑』第四号　日立市史編さん委員会
杉本悠樹　二〇一三年「富士山の溶岩流・火山灰災害と復興」『古代の災害復興と考古学』高志書院
杉本悠樹・御山亮済　二〇一五年「土石流災害による遺物の移動からみた滝沢遺跡と鯉ノ水遺跡の関係」『山梨県考古学協会誌』第二三号　山梨県考古学協会
鈴木景二　二〇一三年「峠・境と古代交通」『古代山国の交通と社会』八木書店
竹内理三　一九八四年『角川日本地名大辞典　一九　山梨県』
萩原三雄　一九九一年『定本　山梨県の城』郷土出版社
富士河口湖町教育委員会　二〇一五年『鯉ノ水遺跡』富士河口湖町教育委員会・山梨県県土整備部
富士吉田市　二〇〇〇年『富士吉田市史　通史編　第１巻（原始・古代・中世）』
山梨県埋蔵文化財センター　二〇〇七年『滝沢遺跡・疱橋遺跡・谷抜遺跡』山梨県教育委員会・山梨県土木部
山梨県埋蔵文化財センター　二〇一二年ａ『滝沢遺跡（第２次）』山梨県教育委員会・山梨県県土整備部
山梨県埋蔵文化財センター　二〇一二年ｂ『山梨県山岳信仰遺跡詳細分布調査報告書　―富士山信仰遺跡に関わる調査報告』山梨県教育委員会
山梨県埋蔵文化財センター　二〇一五年『滝沢遺跡（第３・４次）』山梨県教育委員会・山梨県県土整備部
山梨県　一九九九年『山梨県史』資料編２
雄山閣　一九六八年『大日本地誌大系㊺甲斐国志　第二巻』

坂(峠)への祈りと『万葉集』

──防人歌の「神の御坂に幣まつり斎ふ心」(巻二〇・四四〇二)をめぐって──

和田 明美

はじめに

『万葉集』には古代日本人の「坂」への祈りの歌が収められている。特に東国から西国へ向かった防人にとって神坂峠・碓氷峠・足柄峠は古代東山道・東海道の要衝であるとともに越え難い難所でもあった。そこで「神の御坂」「碓氷の坂」「足柄の坂」を詠む万葉歌にスポットを当てながら、古代律令制のもとで整備された道制(七道)や国境を考慮に入れ、「幣祭り」「手向け」をしつつ峠を越えた古代日本人の祈りの表象に迫りたい。なかでも「神の御坂」(現・神坂峠)を詠む信濃の防人の歌に照準を合わせて、歴史的背景を踏まえながら長野県神坂峠の古代祭祀跡付近で千数百年前に祈りを捧げたであろう防人歌の真意を考究するとともに、古代日本人の「坂」への祈りの心を明らかにしたい。

1　古代東山道の「神の御坂」への祈り──「碓氷坂」「足柄坂」との対比から──

日本最古の歌集である『万葉集』の巻二〇には、天平勝宝七年(七五五)二月に筑紫の国へ遣わされた「諸国の防人等」の歌が八四首収められている。そのうちの一首は、神坂峠の古代祭祀遺跡付近で千数百年前に父母を思いつつ祈りを捧げた信濃国埴科郡の子忍男の歌である。

①ちはやぶる神の御坂《みさか》に幣奉《ぬさまつ》り斎《いは》ふ命は母父《おもちち》がため

知波夜布留　賀美乃美佐賀尓　奴佐麻都里　伊波布伊能知波　意毛知ゝ我多米

（万葉集二〇・四四〇二・主帳埴科郡神人部子忍男）

巻二〇所収の防人歌にはいずれも作者が記されており、この歌は信濃国埴科郡で神事に携わった「神人部」の歌である。「神人」は神や神社に仕えるミワヒトであり、「神人部」は「神人」として「資養を負担する部民」であり、古代日本には「出自を異にする部民が各地に存在」したようである[1]。子忍男の伝は未詳であるが、天平勝宝七年には神に仕える埴科郡の「神人部」の男子であって、この年の二月に信濃国の埴科郡の書記役＝「主帳」として筑紫へ遣わされたことはたしかであろう。当該の「主帳」は、「丁」を省いた表記と見なされる。「神人部子忍男」を、「神人部子」（かむとべのこ・みわひとべのこ）と読み「忍男」（おしを）を名と見ることも可能であるが、他の防人歌の左注の名前表記AとBの例に準ずるならば、「子忍男」（こおしを）を名と解してさしつかえあるまい。なお、『万葉集』所収の「神人部」の歌は、一首のみである。

A・右一首、相馬郡大伴部子羊　（万葉集二〇・四三九四・下総国）　※こひつじ
・右一首、他田部子磐前　（万葉集二〇・四四〇七・上野国）　※こいはさき
・右一首、主帳埴科郡神人部子忍男　（万葉集二〇・四四〇二・信濃国）　※こおしを

B・右一首、久慈郡丸子部佐壮　（万葉集二〇・四三六八・常陸国）　※すけを
・右一首、長柄郡上丁若麻續部羊　（万葉集二〇・四三五九・上総国）　※ひつじ
・右一首、那須郡上丁大伴部廣成　（万葉集二〇・四三八二・下野国）　※ひろなり

・右一首、助丁秩父郡大伴部少歳　（万葉集二〇・四四一四・武蔵国）　※をとし

神事に携わる「神人部」の出自ゆえに、「子忍男」が「神の御坂に幣奉り」無事を祈る行為は、他の防人以上にリアリティーを持つことになる。「防人」は古代日本語「崎＋守」からなり、辺境の守りとして遣わされた兵士を表した。彼らは古代律令制の下で大陸に対する防備のために壱岐・対馬・九州北部沿岸に兵士として派遣されたのであり、六六三年の白村江での大敗後、東国を中心に諸国から三年交代で徴収された。天平勝宝六年（七五四）四月に兵部少輔となった家持は、翌七年には防人交替の仕事に従事して、防人らの歌を集めたと考えられる。

②初修二京師一置二畿内国司・郡司・関塞・斥候・防人・駅馬・伝馬一、及造二鈴契一、定二山河一

（日本書紀六四六年大化改新「詔」孝徳天皇）

③於二対馬島・壱岐島・筑紫国等一、置二防与レ烽。又於二筑紫一、築二大堤一貯レ水、名曰二水城一

（日本書紀六六四年・天智天皇）

④守レ辺者、名二防人一

（令義解・軍防令）

⑤停二諸国防人一…遣二坂東諸国兵士一

（続日本紀七三〇年・聖武天皇）

実際に『万葉集』所収の防人歌（父母や妻の歌含む）は一〇〇首ほど認められる。巻二〇には、天平勝宝七年（七五五）二月に「相替りて筑紫に遣はさるる諸国の防人等の歌」【東国一〇ケ国の防人七四人の歌七七首＋防人の妻六人の歌六首＋防人の父の歌一首】八四首の他、「昔年の防人歌」八首＋大原今城伝誦「昔年相替る防人歌」一首の計九三首が収められ、巻一四の東歌のなかにも「防人歌」五首に加えて防人歌と見なされる歌が数首ある。さらには、巻一三の左注にも「防人の妻」の作歌であることが記されている歌二首が収められており、これらの他にも歌の内容から防人の歌ではないかと考えられるものがある。(2) なかでも、出身地別に編まれた巻二〇の防人歌は、東歌と同様に東海道（国）は遠江、東山道（国）は信濃以東の歌からなり、防人に行く人のみならず残された妻・父母の悲しみや思慕、さら

には祈りの心が方言を用いて情愛豊かに表現されている。

　とりわけ、当該の「神の御坂に幣奉り」祈りを捧げた信濃国埴科郡の防人・神人部子忍男の歌は、古代日本人の「坂」（難所越え）への祈りとその心を現代へと伝えている。もちろん険しい「坂」への祈りを詠む万葉歌は、古代東山道の要衝・神坂峠（美濃・信濃国境）のみならず碓氷峠（信濃・上野国境）に関するものもあり、用例数からいえば古代東海道の足柄峠（駿河・相模国境）を詠む歌が優位に立っている。しかし、標高一五七六㍍の神坂峠は、碓氷峠（九五六㍍）や足柄峠（七五九㍍）に比して標高も高く高低差も一〇〇〇㍍ほどある。

　七世紀から八世紀にかけては、古代律令制度のもとで五畿七道が整備され、中央集権国家が形成される時期にあたる。古代中国の交通に範を求めた七道・駅制は、中央と地方を最短で結ぶべく整備された(3)。天武朝より国境策定が進み、国家の基本法「大宝律令」（七〇一年）の施行により放射線状に延びる直線的交通網が整備されるに伴って、上意下達の地方支配が急速に進んだのである。七道は、大路（山陽道）中路（東海道・東山道）小路（北陸道・山陰道・南海道・西海道）に三分され、駅制に従ってほぼ三〇里

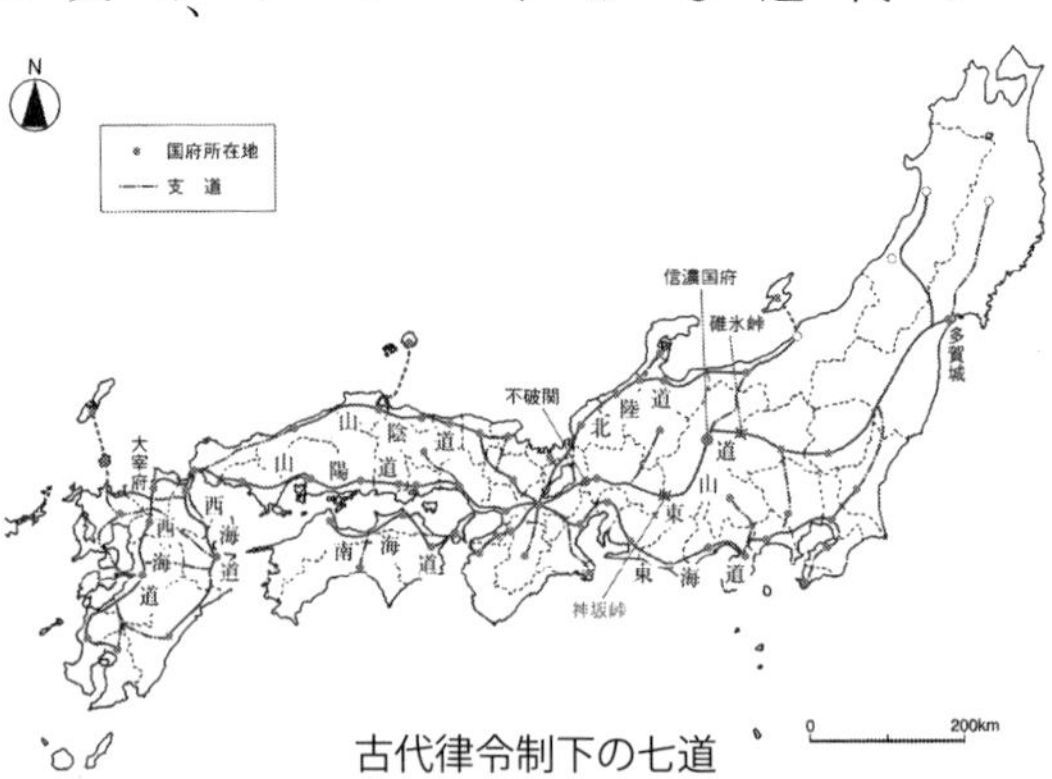

古代律令制下の七道
（『東山道の峠の祭祀　神坂峠遺跡』2008年）

表1　神の御坂・碓氷坂・足柄坂

	標高m	駅馬	墨書土器・出土物	万葉歌
神の御坂（神坂峠）	一五七六	美濃坂本30疋・信濃阿智30疋	文字有・約2000点園原 九〜十世紀・文字約10点	1※他に信濃道1例
碓氷坂（碓氷峠）	九五六	信濃長倉15疋・上野坂本15疋	無・約70点	1（2碓氷の山1）※碓氷2
足柄坂（足柄峠）	七五九	駿河横走20疋・相模坂本22疋	無・無	5（6東の坂1）※足柄11例（足柄の山2）

(約二〇キロ)ごとに一駅が設置された。

⑥凡諸道置二駅馬一。大路廿疋、中路十疋〔謂、東海東山道。其以外皆為小路也〕、小路五疋、使稀之処国司量置

(令集解巻卅八・厩牧令)

表2　信濃国駅家と駅馬・伝馬(延喜式)

駅名	郡	伝馬数	駅馬数
阿知駅	伊那郡	10疋	30疋
育良駅	伊那郡		10疋
賢錐駅	伊那郡		10疋
宮田駅	伊那郡		10疋
深沢駅	伊那郡		10疋
覚志駅	筑摩郡	5疋	10疋
錦織駅	筑摩郡		15疋
浦野駅	小県郡	5疋	15疋
日理駅	小県郡		10疋
清水駅	佐久郡	5疋	10疋
長倉駅	佐久郡		15疋
麻績駅	筑摩郡		5疋
日理駅	水内郡		5疋
多古駅	水内郡		5疋
沼辺駅	水内郡		5疋

国家的制度としては、まず六四六年の「大化の改新の詔」において②「駅馬・伝馬を置」くことが定められ、その後の整備によって天武朝十四年(六八五)には完成したようであるが、実際には「大宝律令」(七〇一年)の施行に伴って駅制が定められ、放射線状に延びる軍事と政治のための道路網が完成したといえよう。[4]その資料ともなる『延喜式』記載の「駅馬」の数は、坂本・阿智ともに30匹であり、碓氷峠の両駅15匹、足柄峠の両駅20・22匹を上回っている。信濃国の他の駅の「駅馬」の数が5～15匹であることからも、坂本・阿智駅の30匹は各段に多いといえる(表1・表2)。『万葉集』の歌数に関しては、神坂峠は足柄峠には及ばないものの、峠の祭祀に関わる二〇〇〇点近い出土物は碓氷峠や足柄峠の質量をはるかに凌いでいる。[5]

東山道の道路整備は、『続日本紀』によると七〇二年十二月(文武天皇)にはじまり、七一三年七月(元明天皇)に開通したようである。東歌の「信濃路」の歌は、新たに切り開いたばかりの「信濃路」(吉蘇路・岐蘇の山路)を旅行く夫が、「刈株《かりばね》」(木の切り株)に足を傷めることを案じつつ詠んだ妻の歌と見なされる。

⑦信濃路は今の墾道《はりみち》刈株《かりばね》に足踏ましなむ履《くつ》着けわが背《せ》　(万葉集一四・三三九九)

⑧はじめて美濃国に岐蘇の山道を開く　(続日本紀七〇二年)

⑨美濃・信濃の二の堺、径道険隘にして、往還艱難なり。仍て吉蘇路を通す
（続日本紀七一三年）

⑩美濃守従四位下笠朝臣麻呂に封七十戸、田六町を賜ふ…吉蘇路を通すを以てなり
（続日本紀七一四年二月）

「径道険隘」「往還艱難」な「美濃・信濃の二の堺」は、信濃国の防人歌の「神の御坂」に当たる。現在の長野県下伊那郡阿智村と岐阜県中津川市の境にそそり立つ恵那山（標高二一九一㍍）の北東側の神坂峠は、古代東山道が実質的に機能していた時代には「神の御坂」「信濃の御坂」「信濃坂」「科野《しなの》の坂」等々と称されていた。とりわけ標高一〇〇〇～三〇〇〇㍍級の山々が立ちはだかる東山道の山路や坂は、古代より文学的な表現の対象となり、東山道の「神の御坂」（神坂峠）、「碓氷坂」（碓氷峠）と東海道の「足柄坂」（足柄峠）は、峠の祭祀や古代信仰と相俟って『万葉集』をはじめ『古事記』『日本書紀』等にしばしば登場するのである。

⑪足柄の坂本に到りて、御粮を食む処に、其の坂の神、白き鹿と化りて来立ちき。爾しくて、即ち其の咋ひ遣せる蒜の片端を以て、待ち打ちしかば、其の目に中てて、乃ち打ち殺しき。故、其の坂に登り立ちて、三たび嘆きて、詔ひて云ひしく「あづまはや」といひき。故、其の国を号けて阿豆麻と謂ふ。
（古事記中巻・景行天皇）

⑫其の国より科野国に越えて、乃ち科野の坂神を言向けて、尾張国に還り来て、先の日に期れる美夜受比売の許に入り坐しき。
（古事記中巻・景行天皇）

⑬故碓日嶺に登りて、東南を望りて三たび嘆きて曰はく「吾嬬《あづま》はや」とのたまふ。故因りて山の東の諸国を号けて吾嬬国と曰ふ。…則ち日本武尊、信濃に進入しぬ。是の国は山高く谷幽し。翠き嶺万重れり。人杖に倚りても升り難し。巌嶮しく磴紆りて、長き峯数千、馬頓轡みて進かず。然るに日本武尊、煙を披け、霧を凌ぎて、遥に大山をわたりたまふ…山の神、王を苦びしめむとして、白き鹿と化りて王の前に立つ。王異びたまひて、一箇蒜を以て白き鹿に弾けつ。則ち眼に中りて殺しつ…時に白き狗、自づからに来て、王を導きまつる状有り。狗に随ひて行でまして美濃に出づること得つ。(6)

⑭是より先に信濃坂を度る者、多に神の気を得て瘼《を》え臥せり。（日本書紀・景行天皇四〇年）

⑮夏五月に、蝿有りて聚集る。其の凝り累なること十丈ばかりなり。虚に浮びて信濃坂を越ゆ。鳴る音雷の如し。則ち東上野国に至りて自づから散せぬ。（日本書紀・推古天皇三五年〈六二七〉）

⑯科野国の言さく、「蝿群れて西に向ひ、巨坂を飛び踰ゆ。大きさ十囲許、高さ蒼天に至れり」とまをす。或いは、救軍の敗績れむ怪といふことを知る。（日本書紀・斉明天皇六年〈六六〇〉）

⑰積石千重峻　危途九折分　人迷辺地雪　馬躡半天雲　岩冷花難笑　渓深景易曛　郷関何處在　客思転紛紛

〔積石千重峻し　危途九折分る　人は迷ふ辺地の雪　馬は躡《ふ》む半天の雲　岩は冷やかにして花笑き難く　渓深くして景曛《く》れ易し…〕（凌雲集・坂上今継「渉信濃坂」）

ところで、『万葉集』には「坂」を詠む歌が二四首あり、「御坂」に関するものはそのうちの八首(33%)である（「神の御坂」二首含む）。元来「坂」は「堺（境）」[sakafi]と類義関係にあり、「坂」[saka]や「御坂」[misaka]と称されていた。『令義解』には「東海道ハ坂ノ東」「東山道ハ山ノ東」とあり、割注はそれぞれ「駿河ト相模トノ界ノ坂也」「信濃ト上野トノ界ノ山也」と記している（巻七公式令・朝集使）。『常陸国風土記』（七一七〜七二四年）にも「相模国足柄岳坂《やまさか》」の記述が見られる。しかも「坂」を詠む万葉歌は、国境や境界に立ちはだかる峻険な場で「幣奉り」「手向け」をした古代日本人の祈りを背景にしている。平安後期から中世の頃に使用されはじめた「峠《たうげ》」は「たむけ」（手向け）から転じた語であり[tamukë→tauge]、坂の神に手向けをしつつ旅の安全を祈願したことによる表現であるが、古代日本語としては「坂」であった。

田口広麿死之時、刑部垂麿作歌一首

⑱百足らず八十隈坂に手向せば過ぎにし人にけだし逢はむかも（三・四二七・刑部垂麿）

石上乙麿卿配二土佐国一之時歌三首（内一首）

⑲…参上るの　八十氏人手向《たむけ》する　恐の坂に　幣奉《ぬさまつ》り　我はぞ退る　遠き土佐道を　（六・一〇二二・石上乙麿）

「御坂」を詠む六首も、四首までが「足柄」に関する歌であり、その他の二首は有馬の皇子絞首の紀伊国「藤白」を詠む「藤白のみ坂を越ゆ」（九・一六七五）と「荒藺の崎の笠島」を詠む一云歌の「み坂越ゆらむ」（一二・三一九二）である。特に『万葉集』では、「神の御坂」は現在の神坂峠と共に足柄峠にも用いられている。つまり、古代東山道と東海道の峠越えの最大の難所を、「神の」を冠した「神の御坂」と崇め称したことがわかる。殊に『万葉集』の「御坂」に関しては、六割が「足柄坂」に関する例である（「御坂」六例中四首「神の御坂」二例中一例の計五例、他に「東の坂」一例も足柄坂を表している）。碓氷峠については「碓氷の坂」の歌が一首と碓氷峠越えと見なされる歌が一首認められる。

⑳ひな曇り碓氷の坂を越えしだに妹が恋しく忘らえぬかも　（二〇・四四〇七・上野国他田部子磐前）

㉑足柄のみ坂に立《た》して袖振らば家《いは》なる妹はさやに見もかも　（二〇・四四二三・武蔵国藤原部等母麿）

㉒色深く背なが衣は染めましをみ坂賜《たば》らばまさやかに見む　（二〇・四四二四・武蔵国妻物部刀自売）

過㆓足柄坂㆒見㆓死人㆒作歌一首

㉓小垣内《をかきつ》の　麻を引き干し　妹なねが…鳥が鳴く　東《あづま》の国の　恐きや　神《かみ》の御坂《みさか》に　和膚《にぎはだ》の　衣寒《ころもさむ》らに…家問《いえとい》へど
家《いえ》をも言はず　丈夫《ますらを》の　行きのまにまに　ここに臥やせる　（九・一八〇〇・田辺福麿歌集）

㉔日の暮れに碓氷の山を越ゆる日は背なのが袖もさやに振らしつ　（一四・三四〇二・東歌）

足柄峠や他の坂を表す「み坂」「神の御坂」に関しては、「ちはやぶる」を伴う例はないが、当該の「神の御坂」は「ちはやぶる」を冠している。古代日本語「ちはやぶる」は、動詞「ちはやぶ」の連体形（上二段）で、「ちはやぶ」は「ち」（風の古語・威力）＋「はや」（速・早）＋「ぶ」（動詞接尾辞で「荒ぶ・和《にき》ぶ・詫ぶ」等の「ぶ」と同一）からなる。本来は勇猛・強暴で脅威的な動作を表す連語動詞であるが、[7]『万葉集』の一五例中一四例は連体修飾機能を活かした枕詞として使用されており、被枕詞は「神」関連語一二例、ウヂ（勢い）の同音による「宇治」一例、カミの音との関係による「金の崎」一例である。残る一例は、「人」を修飾する動詞の連体形として用いられている。「…東《あづま》の国の　御軍士《みいくさ》を　召したまひて　ちはやぶる　人を和せと」（二・一九九）。『万葉集』での表記は、巻二〇の一字一音仮名表記「知波夜布留」「知波夜夫流」の他（集中の「夫」は濁音仮名）、「千磐破」七例、「千羽八振」「千石破」「千早振」「千速振」「千葉破」「血速旧」各一例である。『古事記』にも「道《ち》速振《はやぶる》荒振《あらぶる》国神」（上巻）とあり、表記や語源からも、枕詞「ちはやぶる」は、人間の力を越えた神威や猛威を畏怖し恐懼した古代日本人の思考が生み出した表現であることが判然とする。したがって、集中の「坂」を詠む歌のなかでも、唯一「神の御坂」（神坂峠）に枕詞「ちはやぶる」が冠せられている表現事実に我々は注目する必要がある。他に類例のない神坂峠祭祀跡の出土物は、何よりその証左となるのである。

古代東山道神坂峠頂上付近では、七〜八世紀にかけて神に「奉り」「手向け」をして祈る祭祀が行われていた。「幣」は神事・祭祀において神に捧げるもので、古代一般的に木綿《ゆふ》・麻・帛等の布や紙でできていた。遺物としての繊維や布製・紙製の「幣帛」「幣」の出土例はないものの、『万葉集』の歌を通して人々が「幣奉り」祈りを捧げた様子が彷彿とされる。実際に、長屋王・藤原宇合・石上乙麻呂・笠金村・大伴家持・大伴池主等、中央官人や宮廷歌人はもちろん防人や民衆に至るまで「幣」を歌に詠んでいる。急峻な「坂」や「渡り」ないしは国境を越え行く旅に際しては、安全無事を祈って「幣」を奉っているのである。(8) さらに、古代日本語「いはふ」（斎・祝）は、「い」（忌・タブー）＋「はふ」（這）からなり、「い」は「いむ」「いのる」等と、「はふ」は「はふ」「賑はふ」等と同根である。特に古代は、吉事や幸い、身の安全を祈って神事祭祀等の呪術的行為をし、潔斎する行為を表した。

ところで、「神の御坂に幣奉り斎ふ」に関しては、〈〜に幣奉る〉の「に」が場所＝神の御坂を示すか（窪田空穂『万葉集評訳』澤瀉久孝『万葉集注釈』水島義治『万葉集防人歌全注釈』他）、動作対象＝御坂の神（高木市之助他『日本古典文学大系万葉集』木下正俊『万葉集全注』他）であるのかにおいて、二通りの解し方が認められる。両者兼備の「神ノ御坂デ坂の神ニ」とするのは鴻巣盛廣『万葉集全釈』であり、『万葉集防人歌全注釈』も「当然場所を示す」としつつ「幣帛を奉るのは御坂の神に対して」と説く。集中の表現と古代信仰に照らして考えるならば、〈～に幣奉り斎ふ〉の助詞「に」は「幣」をたてまつる対象＝神（天地の神・国々の神・海山の神・境渡の神）を表している。では、助詞「に」が潔斎し祈る場所（山海）・空間に下接している表現、もしくは「幣」が場所と関わる歌においてはどうであろうか。

㉕玉襷　懸けぬ時なく…難波潟　三津の崎より　大船に　真楫しじ貫き　白波の　高き荒海を　島伝ひ　い別れ行かば　留まれる　我は幣引き　斎ひつつ　君をば待たむ　はや帰りませ　（八・一四五三・入唐使贈歌・金村）
㉖四つの船はや帰り来《こ》と白香付けわが裳の裾に斎ひて待たむ　（一九・四二六五・勅使発遣酒宴歌・家持）
㉗荒津の海われ幣奉り斎ひてむはや帰りませ面変りせず　（一二・三二一七・防人の問答歌か）
㉘庭中の足羽《あすは》の神に小柴さし吾は斎はむ帰り来までに　（二〇・四三五〇・防人歌）
㉙天地《あめつし》の神に幣置き斎ひつついませ吾が背な吾をし思はば　（二〇・四四二六・防人歌）

越え行く山や海、坂や渡りに関する例においては、その領域・空間を支配する神に対して「幣奉り」祈りを捧げていることがわかる。古代日本人は、山や海には「山つ神《み》」（山神）「わたつみの神」（海神）が領くことを信じ、畏怖・畏敬の念をもって崇めつつ祭祀を行った。「坂」を越え「渡り」を渡るに際しても、その神に「幣」ないしは相応の供え物を奉り、「手向け」をしながら祈りを捧げたのである。㉗「荒津の海」の歌においては、㉘「庭中の足羽の神」㉙「天地の神」を詠む歌以上に海を領く海神への畏怖が前面に立ち、「はや帰りませ面変りせず」の祈りが切々と迫ってくる。㉗の「われ」が「幣奉り斎ふ」のは、「荒津の海」（場）であるとともに神威を振い領くわたつみの神である。背後にあるのは、海や山そのものが神であった古代的思考に他ならない。しかも、「に」は位相表示の機能により[9]、場所や空間をもって対象（神や人）を表すことが可能な助詞である。〈場所・建物＋に（は）〉により、間接的に人を表す用法は今日に至るまで使用されている。荒ぶる「荒津の海」に「幣奉り斎ふ」のに対して、険しい山坂を詠むのが「神の御坂」の歌である。したがって助詞「に」は、峻険な東西越境の坂・神坂峠であるとともに、そこを領する

表3　防人歌の国別「母父」と「父母」

母父(3例)	おもちち…1例(信濃) あもしし…2例(下野)
母(10例)	はは…2例(上総) 各1例(遠江・駿河・相模・下総) あも…1例(下野) あもとじ…1例(下野) おも…2例(下総・信濃)
父(1例)	ちち…1例(駿河)
父母(8例)	ちちはは…8例(遠江2例・駿河4例・相模1例・下総1例)

※『万葉集』の「母」の用例はすべて56例、「父」10例。「母父」8例、「父母」21例。

※防人歌の「母父」は一字一音の音仮名表記である(阿母志志・意毛知知)。なお、正訓表記「母父」は『万葉集』に5例あり、歌の内容等からいずれも東国関連のものである可能性が高い。

・…母父《おもちち》に　妻に子どもに　語らひて　立ちにし日より　たらちねの　母の命は　斎瓮を　前にする置きて　片手には　木綿取り持ち　片手には　和栲奉り　平らけく　ま幸くませと　天地の　神を乞ひ禱め…(三・四四三・大伴三中)

・鳥が音の　聞こゆる海に…うらもなく　宿れる人は　母父に　愛子《まなご》にかあらむ　若草の　妻かありけむ…(一三・三三三六と或本歌三三三九)

・母父《おもちち》も妻も子どもも高々に来むと待ちけむ人の悲しさ(一三・三三三七と或本歌三三四〇)

表4　「ため」関連語の上接語別分類〈～が【の】ため〉

	妹	君	我《わ》	誰	児・子	汝《な》	戯奴《わけ》	人	母父	日・時	その他	計	合計
ため	13	6	6	4	2【1】	1	1	【4】※1	1	【4】※2	3【3】※3	37【12】	61
みため	1	1										2	2
た					1							1【1】	2

※1　【　】内は〈～のため〉、他は〈～がため〉の用例数。「人」4例は「見ぬ人」3例「奈良人」1例。
※2　「日・時」は、「日」2例「今日」「時」各1例。
※3　「その他」の〈～がため〉は「忘れむ」「見む」「相見まく欲しき」各1例。〈～のため〉は「仮廬」「かざし」「蔓」各1例。

坂の神をも認定していると見なければなるまい。

表4からも明らかなように、「ため」61例のうち「～がため」37例、「～のため」12例、計49例の上接語は、「妹」13例、「君」「我」各6例、「誰」「人」各4例と続く。しかし、「父母」や「母父」を上接語とするものは当該歌のみである。もちろん、無事を願って潔斎し「命」をことほぎ「斎《いは》ふ」行為や「贖《あが》ふ」祈りは、残された親族のみならず当事者・詠歌主体も行っている。「斎ふ」（34例中防人歌7例）の他、「贖ふ」（2例中防人歌0）「祈る」（12例中防人歌3例）を用いた『万葉集』の歌のなかには次のようなものがある。

㉚玉久世の清き川原にみそぎして斎ふ命も妹はためこそ　（一一・二四〇三）

㉛時つ風吹飯《ふけい》の浜に出で居つつ贖ふ命は妹がためこそ　（一二・三二〇一）

㉜中臣の太祝詞《ふとのりとごと》言いひ祓へ贖ふ命も誰がために汝《なれ》　（一七・四〇三一・家持）

㉝足柄の　み坂賜り　かへり見ず　吾《あれ》は越《く》え行く　荒し男《を》も　立ちやはばかる　不破の関　越《く》えて我は行く　馬の
爪　筑紫の崎に　留まり居て　吾は斎はむ　諸は幸くと申す　帰り来《く》までに
（二〇・四三七二・常陸国倭文部可良麿）

とりわけ、㉚「みそぎ」をして「斎ふ命」や、㉜「中臣の太祝詞言いひ祓へ贖ふ命」は、いとしい「妹《いも》」ないしは愛する人のためになされている。また㉝「足柄のみ坂」を「越え行く」常陸国の倭文部可良麿は、「吾は斎はむ」と詠じ「諸は幸く」と願っている。このような万葉歌にあって、東西国境に立ちはだかる「神の御坂」（神坂峠）を越える時に、信濃国埴科郡の神人部子忍男は、他の誰でもなく「母父《おもちち》」のために潔斎し無事の帰還を祈ったのである。しかも、「父母」ではなく「母父」のためなのである。

㉞旅行きに行くと知らずて母父《あもしし》に言申さずて今ぞ悔しけ　（二〇・四三七六・下野国上丁川上臣老）

㉟母《あも》とじも玉にもがもや頂きてみづらの中にあへ巻かまくも　（二〇・四三七七・下野国津守宿禰小黒栖）

㊱月日夜は過ぐは行けども母父《あもしし》が玉の姿は忘れせなふも　(二〇・四三七八・下野国都賀郡上丁中臣足国)
㊲大君の畏《かしこ》み磯に触り海原《うのはら》渡る父母《ちちはは》を置きて　(二〇・四三二八・相模国助丁丈部造人麿)
㊳父母も花にもがもや草枕旅は行くとも捧ごて行かむ　(二〇・四三二五・遠江国佐野郡丈部黒当)

「母父」は、古代母系制の名残が当時の東国に認められ、東国方言にその痕跡を止めた語と見て大過あるまい。(10) 否、信濃国と下野国に「母父」(おもちち・あもしし)の使用例が認められる事実に加えて、表3に示したように防人歌の「父母」の例が東海道のエリアに限られていることから(遠江2例・駿河4例・相模1例・下総1例)、「母父」は東国のなかでも東山道側と限定した方が妥当であろう。

むすび

小考では、天平勝宝七年(七五五)二月に筑紫の国に遣わされた「諸国の防人等」の歌の一首に焦点を当てながら、古代日本人の峻険な「坂」への畏怖と祈り心を『万葉集』の表現に基づいて明らかにしようと努めた。特に信濃国埴科郡の書記役「主帳(丁)」の「神人部子忍男」の歌が、古代律令制の下での道制や防人制度を背後にした歌であることを見据えた上で、東山道・東西国境の険しい「神の御坂に幣奉り」、命への祈りを捧げた歌としての特質を探ってきた。

集中「神の御坂」は、足柄峠と神坂峠に用いられており、用例数では足柄峠が優位に立っていた。縷述をいとわなければ、『万葉集』には「坂」への祈りを詠む歌が少なくない。しかし、『万葉集』の「坂」を詠む歌のうち、人力を越えた猛威やひれ伏すべき神威を具象化する枕詞「ちはやぶる」を冠しているのは、神坂峠を詠む当該の防人歌のみである。東山道信濃国の「神人部」の出自ゆえに、「神の御坂に幣奉り」峠の神に祈りを捧げる歌は、他の防人歌以上にリアリティーを持つ表象となっている。東国と西国の国境に位置する峻険な「神の御坂」(神坂峠)を越え行く市信濃国「神人部」出身の防人歌としての理解が求められる所以でもある。

わけてもこの歌は、他の万葉歌にはない「母父《おもちち》がため」に、わが「命」の無事を「斎ふ」という独自性をそなえている。他の万葉歌は、愛する「妹《いも》」のために「命」の無事を「斎ひ」「贖ひ」祈りを捧げている。母への再会を願って「天地《あめつし》のいづれの神を祈らばか愛《うつく》し母にまた言問《ことと》はむ」(二〇・四三九二)と詠む防人歌もある。残された妻・妹・父母・家族・近親者も、「ま幸くありこそ」(九・一七九〇)「うつせみの命を長くありこそと」(一三・三二九二)「事し終らばつつまはず帰り来ませ」(二〇・四三三一)等の無事の帰還への祈りを詠んでいる。そのようななかで、「斎ふ命」は自己のためではなく「母父がため」と信濃国埴科郡の防人・神人部子忍男は言い放ったのである。神人部であることから、父母も神事に携わる部民として格別の祭祀を行い、潔斎しつつ無事の帰還を祈ったに違いない。互いに無事を祈って神事・祭祀を行ったはずであり、双方向からの祈りの歌は防人歌はもちろん羈旅歌にも少なくない。しかるに、命の危険に晒される神坂峠で、信濃国の神人部の子忍男は、「我がため」ではなく「母父がため」に「幣奉り」命の無事を坂の神に祈っている。東山道側の母系制の名残とも見られる「母父《おもちち》」の語によりながら、両親のために祈っていることに加えて、「幣奉り斎ふ」対象が「神の御坂」＝ちはやぶる坂の神であることにも留意しなければなるまい。

巻二〇所収の信濃国の防人歌は三首あり、神人部子忍男の歌とともに小県郡の他田舎人大島《をさた》と小長谷部笠麿《をはつせべ》の歌が収められている。それらは、母親を亡くした幼いわが子を置き去りにする悲しみや、大君の勅命を帯びての険しい山越えの苦難を生々しく詠じている。「韓衣裾に取りつき泣く子らを置きてそ来ぬや母《おも》なしにして」(二〇・四四〇一・国造小県郡他田舎人大島)「大君の命かしこみ青雲のとの引く山を越よて来ぬかむ」(二〇・四四〇三・小長谷部笠麿)。これらの歌の左注は、天平勝宝七年(七五五)二月二十二日に上進された歌は一二首であったこととともに、信濃国の防人の運搬を司る任にあった「部領使《ことりづかひ》」が、道半ばで病を得て来られなかったことを記している。[11] 難波までの防人の引率者にとっても、神坂峠越えの東山道の道中は過酷であったことがうかがわれる。かくて、信濃国埴科郡出身の防人「神人部子忍男」の歌は、命の危険に晒される峻険な東西国境の「坂」への畏怖と祈りの心を現代へと伝えている。特に古代東山道神坂峠付近からの出土品が、古代祭祀跡の出土品として他に類例を見ない事実を考え合わせるならば、峻険で脅威的神威を帯びた「坂」への古代日本人の祈りの心と形も明らかになる。何より神坂峠付近で「母父」を思い、身の安全と命の無事を切に願いつつ、神人部の防人として坂の神に対する古代祭祀をとり行った姿も鮮明になる。急峻で神威を帯びた神坂峠を「ちはやぶる神の御坂」と表象し、他の万葉歌にはない独自の表現によりながら「斎ふ命は母父《おもちち》がため」と詠じた子忍男の歌は、天平勝宝七年(七五五)二月に神坂峠を越えた一人の防人の切々たる祈りの証といえるであろう。

註

(1) 佐伯有清編『日本古代氏族事典』(雄山閣・一九九四年)、並びに坂本太郎・平野邦雄編『日本古代氏族人名辞典』(吉川弘文館・一九九〇年)。現存最古の「御野国加毛郡半布里大宝二年戸籍」にも「神人部弥屋売」の名がある。

(2) 水島義治『万葉集防人歌の国語学的研究』(笠間書院・二〇〇五年)。

(3) 坂本太郎『古代の駅と道』(著作集第八巻、吉川弘文館・一九八九年)、木下良『事典 日本古代の道と駅』(吉川弘文館・二〇〇九年)、松原広宣『日本古代の交通と情報伝達』(汲古書院・二〇〇九年)、鈴木靖民・荒井秀規編『古代東アジアの道路と交通』(勉誠出版・二〇一一年)、鈴木靖民・吉村武彦・加藤友康編『古代山国の交通と社会』(八木書店・二〇一三年)、武田佐知子『古代日本の衣服と交通』(思文閣・二〇一四年)、和田明美「越境地域と文学―「坂(峠)」と「渡り」が創出する文字文化」(三遠南信地域連携研究センター編『越境地域政策への視点』二〇一四年)他。

(4) 「大倭・河内・摂津・山背・播磨・淡路・丹波・但馬・近江の能く歌ふ男女、及び侏儒・伎人を選びて貢上れ」(日本書紀六七五年)、「天下に巡行りて、諸国の境界を限分ふ」(同六八三年)、「伊勢王等を遣して諸国の堺を定む」(同六八四年)等。特に『日本書紀』天武天皇十二年(六八五)七月の条には、「東山道は美濃より以東、東海道は伊勢より以東の諸国の位有らむ人等に、並に課役を免せ」とあり、「東山道」「東海道」が明記されている。また、「大宝律令」発布や施行に伴う「凡そその庶務、もはら新令に依れ…この日、使を七道に遣して、新令に依りて政し」(続日本紀七〇一年)が「七道」の歴史書における初出であり、「律令を天下の諸国に頒ち下す」(続日本紀七〇二年)、巡察使派遣に関する「正六位下藤原朝臣房前を東海道に遣す。従六位上多治比真人三宅麻呂を東山道…(北陸道・山陽道・山陰道・南海道・西海道と続き七道すべて記す)道別に録事一人。政績を巡り省て、冤枉を申し理らしむ」(続日本紀七〇三年)等の記事も、この時代の道制・七道の実情を反映している。つまり、軍事的・政治的支配の強化を図りつつ、畿内や西国の政治システムのなかに東国が組み込まれるようになるのであるが、古代的な中央集権化が進むなかで国境が定められ、越境・連繋のための道と道制が意図をもって歴史書に記されはじめるという構図を読み取ることが可能である。その背後に国家の基本法としての「大宝律令」(七〇二年)があることは言うまでもない。

(5)　大場磐雄編『神道考古学講座第二・五巻』(雄山閣・一九七二年)、椙山林継「神坂峠と入山峠」・田島公「古代国家と東山道」(坪井清足・平野邦雄監修『新版[古代の日本]第七巻中部』角川書店・一九九三年)、市澤英利『東山道の峠の祭祀・神坂峠遺跡』(新泉社・二〇〇八年)、東国古代遺跡研究会編『長野県神坂遺跡とその周辺』(二〇一四年)他。特に神坂峠における一九五一年及び一九六八年の発掘調査において、鏡形・刀子形・鎌形・馬形等の石製模造品が一六〇〇点余り発見された。勾玉・臼玉他の玉類や鉄製品、土師器片・須恵器片・灰釉陶器片等も出土しており、古代祭祀遺跡としては他に類例がない。これらの石製模造品や玉類等の出土品一二八九点は、二〇〇五年九月に長野県宝に指定されている。それに先駆けて、一九七二年には全国初の峠祭祀遺跡として長野県の史跡指定を受け、一九八一年には国史跡に指定されている。

(6)　『古事記』に記された倭建と美夜受媛の古代神話的な神婚譚の委細は『日本書紀』にはない。一方、倭建の東征に関しては、東山道「碓日坂」の記述は『古事記』にはなく、東海道の「足柄の坂本」に到る。「其の坂の神、白き鹿に化りて来立ちき…故其の坂に登り立ちて、三たび嘆かして「阿豆麻波夜《あづまはや》」と詔云《の》りたまひき。故其の国を号けて阿豆麻《あづま》と謂ふ」に続いて「其の国より越えて甲斐に出でまして」との展開を見せる。

▼『古事記』……尾張→相模→上総→蝦夷→相模→足柄坂(足柄の坂本)→甲斐・酒折宮→科野→科野之坂→尾張
▼『日本書紀』…尾張→駿河→相模→上総→陸奥→蝦夷→日高見→常陸→甲斐・酒折宮→武蔵→上野→
碓日坂(碓井嶺)→信濃→信濃坂→美濃→尾張

『日本書紀』の当該個所には、急峻で険阻な「信濃坂」や「信濃国」(『古事記』では「科野の坂」「科野国」)の山容が、古代神話的な思考や漢籍の表現を基に詳しく記されている。正史としての『日本書紀』は、「東海道」よりもむしろ「東山道」を前面に押し出して東征のエリアも広範囲に及ぶ。その記述も細密かつ政治的色彩が濃厚である。

(7) 大野晋編『古典基礎語辞典』(角川学芸出版・二〇一一年)。なお、「ちはやぶる」項目執筆者・我妻多賀子氏は「中世に入ると第四音節が清音化してチハヤフルとなる」として『日葡辞書』の例をあげている(Chiuayafuru)。また、水島義治氏も「「夫」は濁音「ブ」であって、「伎」「賀」「曽」などと異なり、清音・濁音の両方に用いられることはない。上代においては「チハヤブル」であったと考えられる」と説く(『萬葉集防人歌全注釈』笠間書院・二〇〇三年・六四七頁)。「いはふ」についても両文献が詳しい。なお、神威を具象化する古代的思考と表現の論理については、和田明美『古代的象徴表現の研究』(風間書房・一九九六年)。

(8) 和田明美『古代東山道園原と古典文学』(愛知大学綜合郷土研究所ブックレット・あるむ・二〇一〇年)。西宮秀紀『律令国家と神祇祭祀制度の研究』(塙書房・二〇〇四年)。氏の「日本古代社会に於ける『幣帛《ミテグラ》』の成立」は、「幣」を詠む歌人を「中央官人から、防人や遊行婦といった民衆にいたる幅広い階層」と位置づけ、「幣」を奉る対象についても「峠神の例が多いのは、峠を越えることが多く危険性が高かったため」として、「日本古代社会においては、民衆が神への捧げ物をする場合に、ヌサと呼ばれていたもの、すなわち麻・布の類を捧げた」ことを説いている。なお、「幣」を捧げる主体(詠者とは必ずしも一致しない)と対象についての分類は、稿を改めることにする。

(9) 山崎良幸『日本語の文法機能に関する体系的研究』は、助詞「に」を「において」の意と説き、「位格表示機能」と規定している(一九六五年初版・一九九三年三版・風間書房・四五〇~四五一頁)。

(10) 福田良輔『奈良時代東国方言の研究』(風間書房・一九六五年初版・一九八〇年再版・四二一~四二八頁)。氏は「「母父」は母系制の語であり、「父母」は父系時代に入って生じた語であって、両語は家族制度の変遷を反映したものである。「オモ」は母系時代、「ハハ」は父系時代の語である」として、「「ハハ」系と「オモ」系との東国における分布区域は、東国に存在していた太平洋岸の平原地帯と信濃、両毛地方の山岳地帯とに沿うて異なった二つの文化圏乃至文化の進路と略一致」と説く。

(11)「二月廿二日、信濃国防人部領使上道得レ病不レ来、進歌数十二首。但拙劣歌者不二取載一之」とある。なお、採取率は25%と各国のなかで最も低く、所収歌数も最小の三首である(信濃国と相模国)。採択率上位の国は、上総国68%、下野国61%、武蔵国60%の順であり、陸奥国・伊豆国・甲斐国の歌は所収を見ない(東歌は陸奥国と伊豆国所収)。なお、一連の防人歌の左注は、日時・上進者(部領使)・上進歌数に続いて、「但拙劣歌(〜首)者不取載之」と記しているが、信濃国に関しては「部領使」に「得病不来」との特記がある。

トピック
坂　と　甕

田中広明

『播磨国風土記』には、国の堺に甕を埋めた坂の地名譚がある(史料①)。託賀郡法太里の「甕坂」の逸話である。[1]丹波の神と播磨の神が、国の堺をめぐり争い、その結果、法太里の坂に大甕を埋めたので「甕坂」となったという。甕坂を国の堺とすると、このとき播磨国の託賀郡は、丹波国ということになる。しかし、風土記が編纂されたときには、播磨国の一部である。

さて、「甕坂」は今の西脇市明楽寺町と加西市河内町との間の峠、「二ヶ坂」にあたるという(第1図上)。加古川の支流である野間川を上りつめ、明楽寺町の盆地から緩い坂道を上る。そこから河内町の盆地に向かって下っていく。明楽寺町と河内町を遮る丘陵は、それほど高くはない。そのなかで最も低い場所が、二ヶ坂の峠道である。

『播磨国風土記』の甕坂が興味深いのは、「大甕堀二埋於此上一」とあることである。大地を掘って大甕を埋めたというのである。甕、または瓶を地上に据えたり埋めたりする行為は、『万葉集』や『古事記』等に散見する。甕に酒が満たされたことは、坂と酒の共通音である「サカ」から推定される。

この「甕坂」のような遺跡が、群馬県安中市(旧松井田町)の五料山岸遺跡[田口　一九九二]である(第1図下)。信濃国の道後にあたる長野県佐久地方から碓氷峠(または入山峠)を越え、碓井川に沿って下ると横川を経て松井田に入る。峡谷の碓井川がにわかに開け、緩い平坦地となるのは五料付近である。その坂道を上り切ったところに、五料山岸遺跡は設けられた。発掘調査は、細く狭い調査区であったが、丘陵の南側斜面に掘られた溝から須恵器の短頸壺、甕、

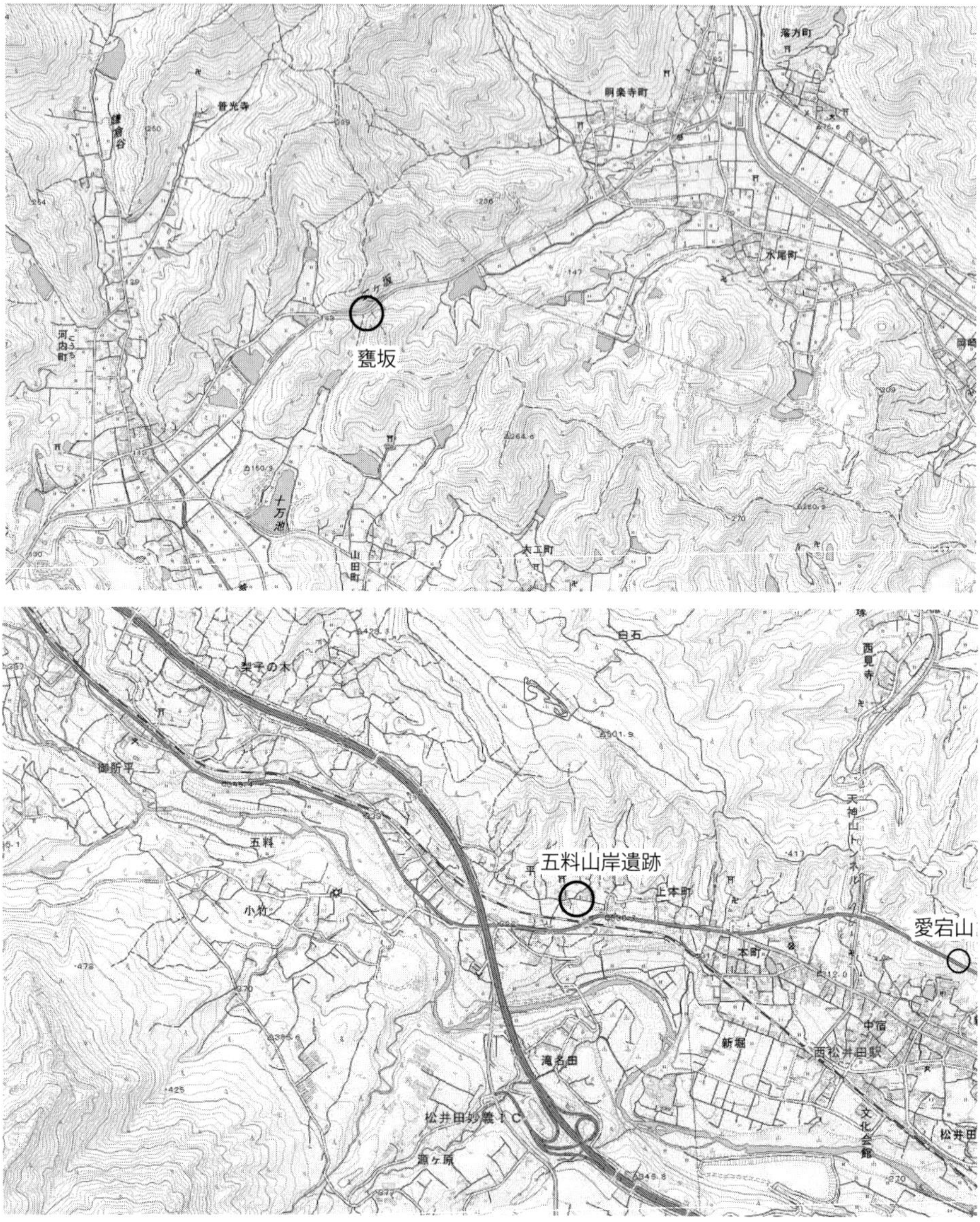

第１図 『播磨国風土記』の甕坂（上）と五料山岸遺跡（下）

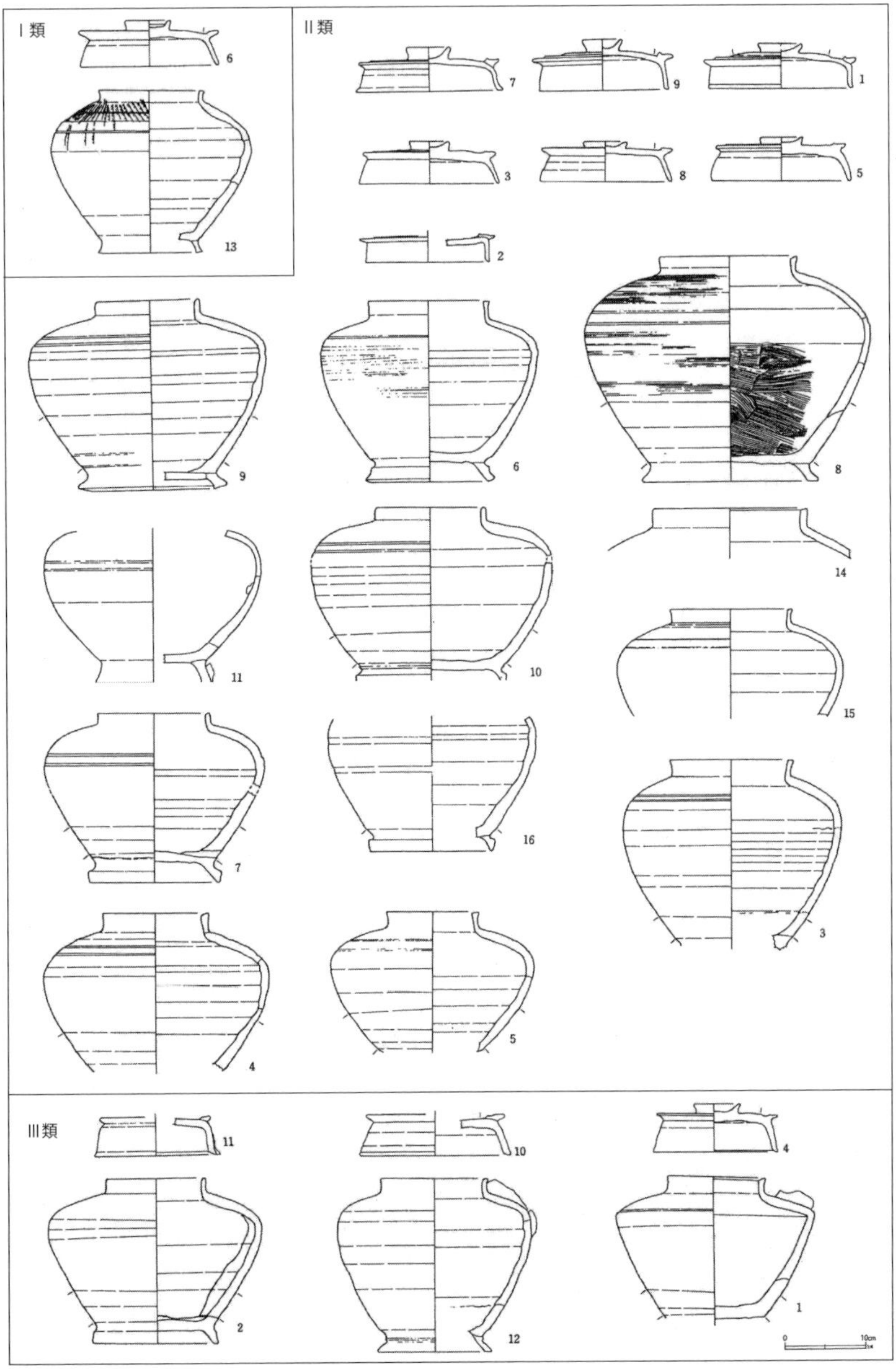

第２図　五料山岸遺跡の上野型短頸壺

蓋、坏、高台付き椀、大甕などが多量に出土した。まさに「甕坂」を連想させるような遺跡の立地や遺物である。しかし、慎重にこの遺物群に向き合うと、遺跡形成の複雑な経緯がわかった。

調査報告書では、「①出土遺物は殆どが須恵器である。②須恵器の器種は多く、セットとなる器種もある。③須恵器の中には不良品となるものがその三割を占め、大半は焼成時によると思われる。④性格の明確な遺構には伴わない。⑤一か所からの多量な出土である。⑥遺物間の時期差が小さく、一定期間のうちに徐々に遺物が増加した。」とされ、最終的に須恵器の廃棄場所という評価が与えられた。

しかし、出土した土器には、型式学的に時間差のある土器群がみられる。これは、この遺物群の形成が、数型式の期間に及ぶことを示す。たとえば、上野型短頸壺は、少なくとも三型式(第2図)に及び、坏蓋と身は、三型式以上、高台付き椀も三型式以上が確認できる。また年代幅は、八世紀第1四半期から九世紀前半に及ぶ土器群である。

ところで、図化された土器は、須恵器の上野型短頸壺蓋11点、身16点、広口短頸壺3点、坏蓋40点、高台付き坏3点、坏28点、高台付き椀13点、大甕13点、小型丸底壺2点、手付き長頸壺1点などのほか、土師器の坏、鉢、甕などである。須恵器の壺と甕が圧倒的に多く、それに蓋付きの食器が伴う。観察の結果、短頸壺の中には蓋を被せて焼成した資料はなかった。蓋は、焼成後に組み合わせたようである。もともと壺の口径よりも幾分大きめに作られていた。

さて、五料山岸遺跡は、どのような役割を担った遺跡だったのだろうか。まず、この資料群の残存状況から考えたい。全体的に破損品が多く、土師器よりも出土が須恵器に偏ることから、製品の選別場とする意見もあろう。しかし、五料山岸遺跡の須恵器は、碓井川を下った安中市秋間窯で生産されたと考えられる。商品が五料山岸遺跡を経由して信濃へ向かうとしても、佐久地方では十数点と需要が明らかに少なく、西毛地方ほどの普及をみていない。選別場は分が悪い。

そこで、問題解決を資料群の組成と上野型短頸壺に求めることにしたい。まず、資料群の組成である。五料山岸遺跡の遺物群は、古墳の横穴式石室や前庭部に供献された土器群を比較すると理解しやすい。群馬県西毛地方の七世紀後半から八世紀初頭の終末期古墳では、須恵器の短頸壺、長頸壺、𤭯、横瓶、フラスコ型瓶、壺、甕、大甕、坏、蓋、椀などが、横穴式石室の前庭部に墓前祭祀として供献された。しかし、八世紀前半に入り、古墳が造墓されなくなると須恵器の短頸壺、長頸壺、𤭯、横瓶、フラスコ型瓶などの器種が、次第に姿を消していく。

かわって上野国では火葬が導入され、上野型短頸壺が蔵骨器として登場する。しかし、火葬や火葬墓の導入は、武蔵国をはじめ関東諸国では、八世紀後半まで下る。上野国の火葬墓は、上位階層の一部に留まっていたのである。ところが、平底や高台付きの短頸壺は、八世紀前半から関東地方の諸窯で焼成が始まる。その契機は、「蘇」や酒などの貢納容器の需要が高まったことによると考えられる。

五料山岸遺跡の土器群は、終末期古墳の墓前祭祀土器ではなく、奈良時代の食器・容器で構成され、とくに上野型短頸壺が圧倒的な存在感を放つ。また、その資料群が一世紀以上に及ぶことは、祭祀の都度、積み足されたと考えたい。とくに、蓋の付く食器と蓋の付く壺は、内容物を明らかにできないが、食品を盛り、貯め封をした食器と壺を神に供えたことの表れである。

あらためて、五料山岸遺跡の場所を振り返ると、碓氷峠や入山峠に向かう「山口」にあたる。南には、妙義山に特有な鋸歯状の山峰が聳え、現代でも夜はとても寂しくおどろおどろしい。このような場所から峠の山口の「坂」となり、そこに土器を供献したのである。また、五料山岸遺跡の遺物群が、八世紀第1四半期から始まる点も興味深い。律令国家の進める地域支配の確立期に当たり、東山道駅路や駅家の設置などが、深くかかわっていたころである。

このように、国の堺に甕を据えたり埋めたりしたことは、『日本書紀』や『古事記』などにもみられる。『日本書紀』崇神天皇十年九月条では、武埴安彦の反乱のとき、「忌瓮《いわいべ》」を山背と大和の国境である「和珥武鍬坂《わにのたけすきさか》」の上に据えたとある。和珥武鍬坂は、『古事記』では「丸迩坂《わにさか》」とあり、奈良市の奈良坂付近に当たるとされる。

また、『古事記』孝霊天皇記では、大吉備津日子命と若建吉備津日子命が争ったとき、針間（播磨）の氷川（場所不詳）の前に「忌瓮」をすえ、播磨の道の口とした。いずれも国境の紛争にかかわり、「忌瓮」、つまり甕を埋めたり据えたりされていた。国境に甕を埋める行為が、忌むべき災いの侵入を防ぐ有効な手段だったのである。

今後、土器を埋納したり据え置いたりした遺跡が、国境付近に発見されることを期待したい。

史料①『播磨国風土記』託賀郡条

法太里　甕坂花波山　土下上。所㆔以號㆓法太㆒者、讃伎日子、與㆓建石命㆒、相闘之時、讃伎日子、負而逃去、以㆑手匐去。故曰㆓匐田㆒。甕坂者、讃伎日子、逃去之時、建石命、逐㆓此坂㆒云、「自㆑今以後、更不㆑得㆑入㆓此界㆒」、即御冠置㆓此坂㆒。一家云、昔、丹波與㆓播磨㆒、堺㆑國之時、大甕堀㆓埋於此上㆒。以爲㆓國境㆒、故曰㆓甕坂㆒。

註

（1）『播磨国風土記』には甕坂のほか、「鴨坂」（賀毛郡）や「煮坂」（賀毛郡）、琴坂（揖保郡）などがあり、「坂」にかかわる地名伝承も記されている。

参考文献

田口　修　一九九一年『五料山岸遺跡』松井田町教育委員会

第3部　国堺の郡《こおり》

坂東への入り口　正家廃寺

三宅　唯美

はじめに

正家廃寺跡は、岐阜県の東端、恵那市長島町正家字寺平に所在する古代寺院跡である。寺域全体が良好な状態で保存されており、地方寺院の全体像を把握することのできる貴重な遺跡である。

発掘調査は、一九七六年から八〇年にかけて南山大学、一九九二年から九八年にかけて恵那市教育委員会により行われ、その成果はそれぞれにまとめられている［恵那市教委　一九九四・二〇〇〇］。さらに二〇一三年からは五年計画で発掘調査を再開している。

本稿では、これまで公表されている成果に二〇一三年からの調査結果を合わせて遺跡の概要を紹介するとともに、古代恵奈郡における位置付けについて考察を行いたい。

1　正家廃寺跡の概要

正家廃寺跡は、ＪＲ中央線恵那駅の南約二キロの市街地を一望する河岸段丘上に立地する。標高は三二五～三三〇メートルで、市街地との比高は五〇〜六〇㍍を計る。これまでの調査により次のような成果を上げている。

①東西約一一〇㍍、南北約七〇㍍の寺域を有し、主要伽藍を法隆寺式に配置する。
②八世紀前半から中葉(岩崎25号窯式期以降)に創建され、九世紀後半(黒笹90号窯式期後半)に火災によって衰退し、十世紀前半ごろ(折戸53号窯式期)に完全に廃絶する。
③金堂は四面庇付建物であるが、柱筋が通らない変則的な形態をとり、玉虫厨子との類似も指摘されている。
④2期には築地で囲われた伽藍地の東側に同じ規模の築地で囲われた区画が存在する(性格が判明していないことから「東方区画」と仮称している)。
⑤瓦はまったく出土しておらず、屋根は瓦葺きではなかった。
⑥希少な奈良三彩が一定量出土しているほか、風鐸や鉄釘などの鉄製品を含む多くの遺物が出土した。

遺構は大きく三期に分けられる。

(1)　1　期

主要堂塔が回廊で囲われていた時期である。

金堂、塔、講堂、回廊は同時に建立されたと推定される。前三者は礎石建ちで、乱石積の基壇を有する。伽藍地の中軸線は座標北より西に四度ふっており、講堂、中門は中軸線上に、金堂、塔は中軸線から等しい位置に南面をそろえて配置されている。

金堂は、身舎が桁行三間、梁行二間、庇は桁行梁行ともに三間で、推定される建物の構造は、軒を支える組物が建物に対して放射状に広がる形式となる。このような特異な構造は、内部(身舎)を長方形としながら、外観に円堂的な造形を欲した結果であるとの推定もある[島田二〇〇〇]。

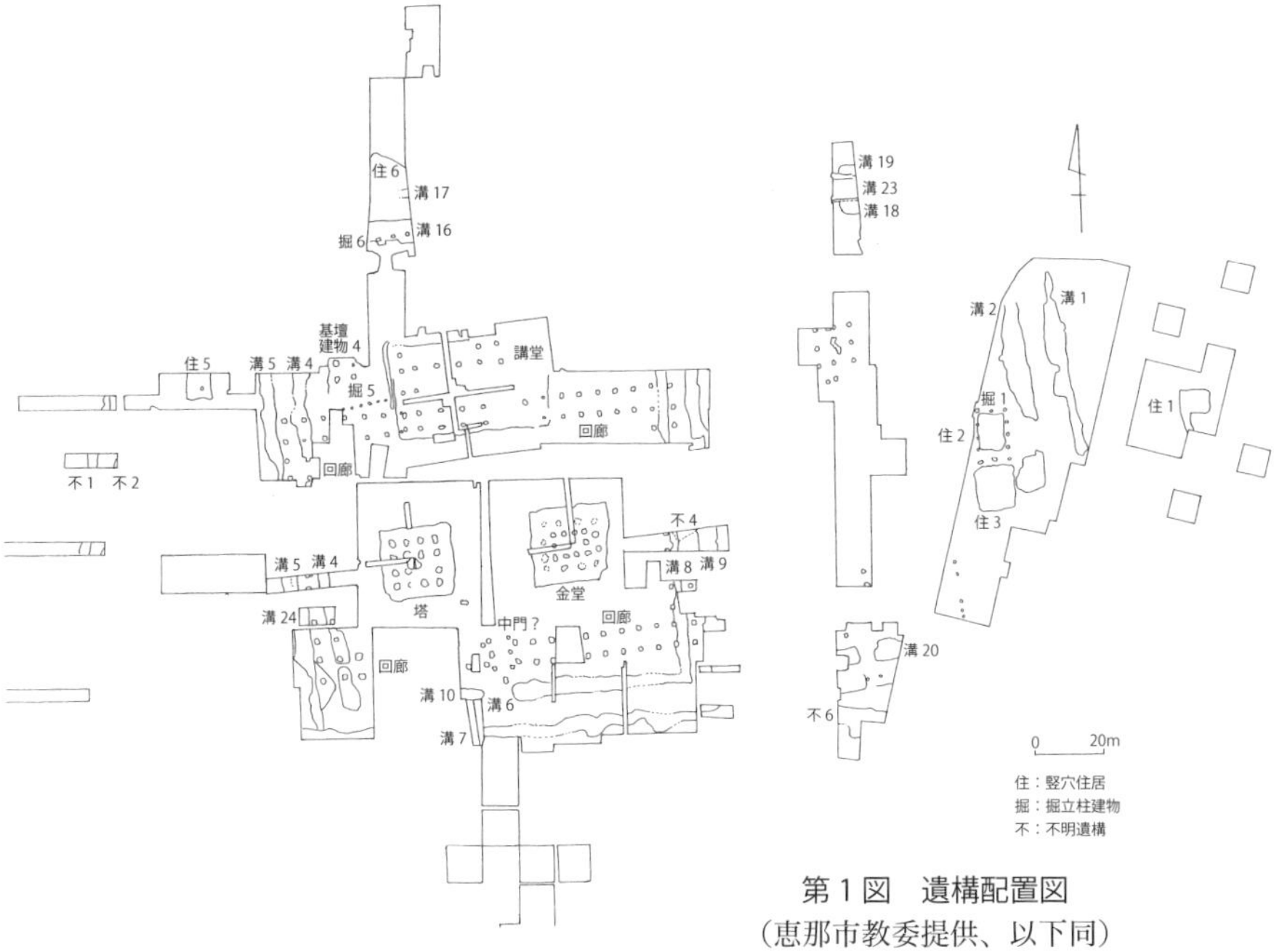

第１図　遺構配置図
（恵那市教委提供、以下同）

写真１　正家廃寺跡遺跡全景（2017 年２月・恵那市教委提供）

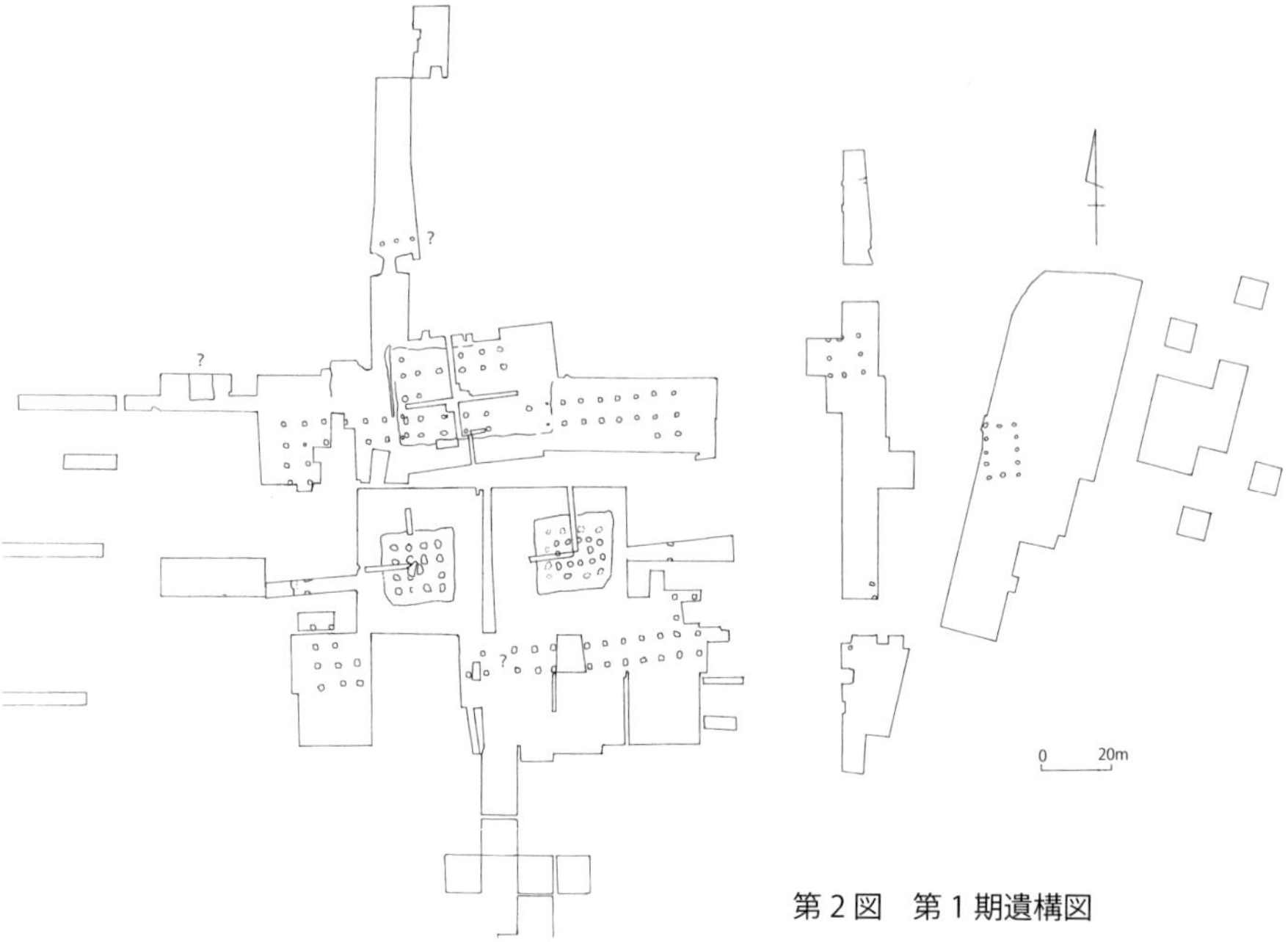

第2図　第1期遺構図

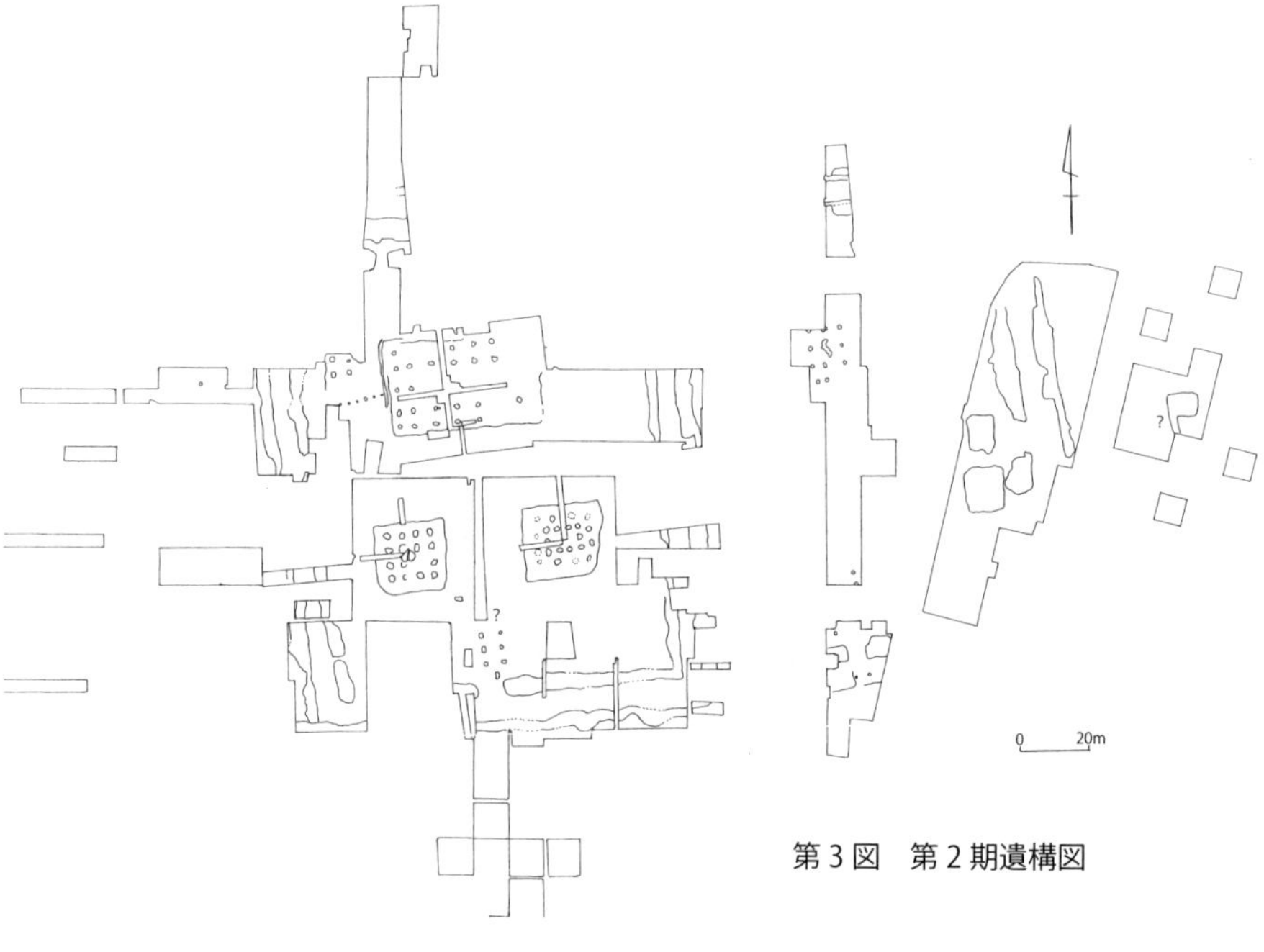

第3図　第2期遺構図

塔及び講堂は通有の構造である。回廊は掘立柱建ちで、南北は一四間を計る。北辺は講堂に取り付き、南辺は中軸線上に中門(構造については現在検討中で結論を得ていない)が設けられている。北辺は講堂の東側七間・西側六間、南辺は中門の東側十間・西側九間で一間少なく、左右非対称となっている。講堂西側の回廊の外では、基壇を伴う小規模な掘立柱建物が検出されている。位置的には経蔵の可能性がある。

東方区画の状況は明確でないが、部分的に築地の下で素掘りの溝が検出されており、同じ範囲が寺域として囲われていた可能性がある。

創建時期を判断する資料は非常に少ないが、八世紀前半から中葉、猿投窯須恵器編年の岩崎25号窯式期以降と判断している。

(2) 2 期

2期は回廊に代わって築地(第1図溝1~20・24)となる。築地の方向は概ね1期の中軸線に合わせている。東に金堂、西に塔が並び、その北に講堂を配する伽藍配置は変わらない。また、これらの基壇には改修の痕跡は認められない。伽藍地の築地は、南北約七〇㍍、東西約五三㍍で、北は講堂背後の広い範囲を囲い込んでいる。東西は回廊と概ね同じ位置に設定されている。南辺には新たな中門が設けられたと推定されるが、削平により遺構は検出されていない。各辺には中央付近に一個所の通路が設けられている(北辺は未確認)。これは後述する東方区画の築地も同様である。

東方区画は、東西約五三㍍、南北約六六㍍の築地で囲繞された方形の区画で、西辺築地は伽藍地東辺と共有し、南辺築地は伽藍地南辺と一続きとなっている。南北が伽藍地より短いのは地形的な制約による。区画の内部は未調査部分が多く、その性格は確定していないが、東辺築地では内側側溝に鉄滓等が投棄された場所があり、鍛冶施設があったことは確実である。

２期の時期は八世紀末ごろ（折戸10号窯式期以降）から九世紀後半（黒笹90号窯式期後半）と考えている。

⑶　３　期

３期は火災による主要伽藍焼失以降で、火災の時期は九世紀後半（黒笹90号窯式期後半）である。

講堂基壇上面は、整地された火災堆積層があり、この中には黒笹90号窯式期後半を下限とする遺物が包含されている。これに対し、堆積層の直上では折戸53号窯式期の灰釉陶器がまとまって出土している。このことから、火災後の短期間、講堂基壇上に簡易な堂宇が営まれた可能性がある。

２　古代恵奈郡との関係

⑴　恵奈郡・土岐郡の概要

恵奈郡（以下、史料引用を除き「評」は「郡」、「里」「五十戸」は「郷」と表記する）は、七世紀第３四半世紀には立郡しておらず（分郡の時期については後述）、土岐郡の一部であった。すなわち、ある時期までは現在の東濃五市（多治見市のうち土岐川右岸、恵那市北西部を除く）に相当する範囲が一つの郡であったことになる。

郷は、恵奈郡では絵上、絵下、坂本、竹折、阿木（中津川市阿木）、淡気（恵那市山岡町、明智町など）、土岐郡では日吉（瑞浪市日吉町）、楢原、異味（多治見市か）、土岐（瑞浪市土岐町周辺）、餘部、駅家が置かれた（『和名類聚抄』）。カッコ内に現在の地名を付したもののほかは、位置ははっきりしていない。

私見では、絵上・絵下は「えなのかみ」「えなのしも」であり、後述する「恵奈五十戸」の分割されたものと考えている。恵奈郡が土岐郡からの分郡の際に中心的な郷の名をとって命名されたものとすれば、正家廃寺周辺はこの

「恵奈五十戸」の地と見るのが妥当であり、絵上・絵下は恵那市街地や中津川市街地を含む地域とみる。また、坂本は神坂峠の麓である中津川市落合・神坂と考えている〔三宅 一九九九〕。

官衙や中心的な集落は明確になっていない。遺跡の発掘調査事例は非常に少なく、中津川市の東山道関係の祭祀遺跡、同市落合の落合五郎遺跡(九~十世紀)、恵那市の祖理見遺跡(八~十世紀)等がある程度である。散布地では、恵那市の桜本遺跡(東野)、正家八反田遺跡(長島町)、瑞浪市の公文垣内遺跡(釜戸町)、高屋遺跡(土岐町)、山野内遺跡(明世町)、土岐市の大富館跡周辺(泉町)で八世紀の遺物が比較的まとまって採集されている。また八世紀の寺院遺跡は、正家廃寺のほかは手向廃寺跡(八世紀・恵那市山岡町)があるのみで、白鳳寺院は確認されていない。

前代の古墳の構築状況を概観すると、大半は後期の小規模な円墳で、前方後円墳は存在しない。大型の古墳は戸狩荒神塚古墳(瑞浪市、円墳、直径四五㍍)があるのみで、ほかに七世紀の大型の横穴式石室を有する円墳として乙塚古墳、段尻巻古墳(土岐市)、千田十七号古墳(恵那市)が挙げられる程度である。

(2) 東山道

土岐・恵奈両郡内の東山道は、屏風山断層北側の中央自動車道やJR中央線と並行するルートを通っていた。このうち経路が比較的明確なのは、東端の神坂越えの部分のみで、落合五郎遺跡で平安時代の大型掘立柱建物が検出されているほか、湯舟沢川沿いに神坂峠に向かって平、山畑などの祭祀遺跡が点在しており、これらの遺跡に沿って東山道が通っていたと考えられている。

駅家は、土岐、大井、坂本の三駅が置かれていたが(『延喜式』兵部)、いずれも位置は特定されていない。土岐駅は瑞浪市小田町馬屋、同市釜戸町宿、大井駅は恵那市長島町正家、同市東野、坂本駅は中津川市落合、同市手賀野駒場などが候補地に挙げられている。大井駅は九世紀中ごろに廃絶し、これに伴って坂本駅の位置が移動しているとの見解もある〔宮崎 一九八三〕。

これに関連して、『続日本紀』大宝二年（七〇二）十二月壬寅条に「始開美濃国吉蘇山道」、和銅六年（七一三）七月戊辰条に「美濃信濃二国之堺、径道険隘往還艱難、仍通吉蘇路」とあり、八世紀初頭に濃信国境で官道の整備が行われている。このルートについては本来の東山道である神坂越えとする説と木曽谷とする説があるが、考古学の知見からは前者の可能性が高い。

(3) 恵奈郡の成立と変遷

奈良県飛鳥池遺跡出土丁丑年（天武六年・六七七）木簡（〔奈文研 二〇〇七〕七二一号）には「丁丑年十二月三野国刀支評次米」「恵奈五十戸造阿利麻　春人服部枚布五斗俵」とあり、七世紀第3四半世紀には恵奈郡は立郡しておらず、土岐郡の一部であった。「恵奈郡」の初見は天平勝宝二年（七五〇）四月二十二日美濃国司解（『大日本古文書』編年文書第三巻三八八頁）で、立郡はこの間七〇年余の間であるが、その契機を直接示す史料は残されていない。

この地域の七世紀後半を概観すると、前述したように、中心的な集落は明確ではなく、地域の氏寺となるような白鳳寺院も確認されていない。これ以前の古墳築造の状況も、七世紀前中葉に大型石室を有する古墳が一部で構築されるものの、前方後円墳が築造されることはなかった。これは、郡郷単位で白鳳寺院が分布する可児郡以西とは政治的状況が異なっていたのであろうこと、この地域には有力な地方豪族が存在しなかったことを示唆している。このような状況での恵奈郡の立郡は、中央の主導で進められたと見られる。

そこで注目されるのは八世紀はじめの美濃守笠朝臣麻呂の事績である。七〇六年に美濃守に選任されてから十四年の間に、吉蘇路の開鑿、不破関の整備など律令制下の関国美濃国の基礎を築いており、尾張、美濃を本格化した東北支配の後方拠点とすることを意図したものと指摘されている〔早川 一九九九〕。だとすれば、美濃から信濃、尾張から信濃の両ルートが交わる位置にある恵奈地方は、特にその整備に意が用いられたことは想像に難くない。恵奈郡の分立もこの時期とみるのが一番自然であると考える。

九世紀には六国史等に恵奈郡の疲弊を伝える記事がたびたび見られるようになる。『類従国史』延暦十九年（八〇〇）四月乙酉条を初見として、『日本三代実録』貞観十三年（八七一）六月八日条まで十件を数え、課役の減免、大井駅の衰亡、坂本駅子の逃散、国庁からの官吏派遣などを伝えている（一連の記事は〔宮崎 一九八三〕六五五頁〜六六三頁にまとめられている）。『延喜式』では「凡美濃国坂本土岐・大井・三駅、信濃国阿知駅子、課役竝免、其畿内駅子亦免課傜」（民部）「美濃国互差掾若目一人、令検校土岐・恵奈両郡雑事并駅家逓送事」（雑式）と、駅子への課役の免除と国府による駅家逓送などへの関与を定めている。

(4) 正家廃寺跡の歴史的位置

八世紀前半の正家廃寺の造営は、恵奈郡の立郡及び整備と軌を一にしており、恵奈郡の内実を整えていく一環として進められたものといえよう。前述のように、土岐・恵奈両郡域には有力な地方豪族は存在せず、その造営も国府の主導で行われたと考えられる。一方、分郡後の土岐郡では八世紀代の古代寺院遺跡は確認されておらず、本格的な伽藍を有する寺院の造営が郡の整備に必須のものではなかったことを示唆している。だとすれば、正家廃寺は、単に恵奈郡の寺院というにとどまらず、吉蘇路や大井・坂本両駅とセットで、国家にとって重要な役割を果たすことが期待された可能性がある。

九世紀の恵奈郡は、前述のように、非常に疲弊した地域であるとされてきた。しかし、正家廃寺は、２期の築地の整備に見られるように、寺勢は衰えることなく活発な活動が続けられており、このイメージを一変させるものである。中里信之は、九世紀の信濃では神坂越えの交通整備がなされており、活発な交通を想定するとともに、坂本駅の衰退は疲弊ではなく、駅の輸送労働力が増加した私的交易に充てられた結果だと推定している［中里二〇一四］。だとすれば、八世紀末から九世紀の恵奈郡では、ようやく鄙間の輸送を担う実力を有する在地勢力が台頭してきており、郡の実権は国府からこうした勢力に移っていったとみることができる。正家廃寺における2期の整備は彼らの実力を示すものと見ることもできるだろう。

おわりに

以上、正家廃寺跡の概要を紹介するとともに、その造営が恵奈郡の立郡と密接に関わっていたこと、2期の再整備および経営が新興の在地勢力に担われていたことを推定した。正家廃寺は、鎮護国家の官寺から地域の信仰の拠点へと変容しながら維持されたのである。

このような動きは正家廃寺跡にとどまらない。土岐・恵奈両郡の代表的な古代寺院遺跡である法妙寺（桜堂薬師・瑞浪市土岐町・伝弘仁三年〔八一二〕開基）、大船寺（大船神社・恵那市上矢作町・伝良弁創建）、満昌寺（飯高観音・恵那市山岡町・伝円仁創建）はいずれも八世紀から九世紀に開創したとの伝承を持つ。このうち、法妙寺と大船寺では灰釉陶器が出土または採集されており、九世紀以降に寺院として整備が進んだと推察される。満昌寺も同様とみていいだろう。また、九世紀の東山道再整備に関連しては布施屋広済院が設置されている。

こうした寺院は、郡内各地の在地勢力により造営・維持されたことが推察されるが、その実態ははっきりしない。分布調査により九・十世紀の集落遺跡を明確にしていくなど基礎的な作業を進め、神坂峠東側の伊那地方と比較検討できる資料を蓄積していくことが必要である。

参考文献

恵那市教委　一九九四年『正家廃寺発掘調査報告書』恵那市教委
恵那市教委　二〇〇〇年『正家廃寺跡Ⅱ・寺平遺跡』恵那市教委
島田敏男　二〇〇〇年「正家廃寺金堂の建築的特徴」『正家廃寺跡Ⅱ・寺平遺跡』恵那市教委
中里信之　二〇一四年「神坂峠と東麓の古代遺跡—園原杉の木平遺跡の評価を中心に—」『長野県神坂峠遺跡とその周辺』（東国古代遺跡研究会第五回研究大会レジュメ集）
奈良文化財研究所　二〇〇七年『飛鳥藤原京木簡一』奈良文化財研究所
早川万年　一九九九年「壬申の乱後の信濃と東海地域」『信濃』五一—三
早川万年　一九九九年「丁丑年三野国木簡についての覚書」『岐阜史学』九六
宮崎光雄　一九八三年「恵奈の古代」『恵那市史』通史編第一巻、恵那市
三宅唯美　一九九九年「刀支評恵奈五十戸（里）の木簡」『郷土研究岐阜』八二
三宅唯美　二〇一一年「東美濃の律宗系五輪塔とその造立の背景」『日引』十二

トピック

伊那郡　信濃国の道の口
——史跡恒川官衙遺跡（推定伊那郡衙）——

下平 博行

1　史跡恒川官衙遺跡の位置と概要

史跡恒川官衙遺跡の所在する長野県飯田市は伊那谷の南部に位置する。この伊那谷は赤石山脈と木曽山脈によって東西を挟まれ、中央に天竜川が南流する細長い盆地で、飯田市から南は三河高原と天竜川による深い峡谷によって閉ざされた、いわば北側に開口した細長い袋小路をなす。東西の山脈を横断して伊那谷に至る道は無く、江戸時代までは谷の南部から山間部を峠越えした道のみが東海地方や西日本との接点であった。

現在の行政区分では伊那谷の北部を上伊那郡、南部を下伊那郡としているが、古代においては現在の伊那市を流れる三峰川以南が伊那郡で、以北は諏訪郡に含まれていたことを郷名から窺うことができる。

史跡は飯田市の北端の天竜川右岸の座光寺地区に所在する。古代伊那郡全体から見ると南端に近い位置にある。その立地は天竜川の氾濫原から二段目の段丘面にあたり、天竜川からの距離はおよそ一キロである。史跡を含む一帯は恒川遺跡群として把握されており、遺跡内で郡衙遺構の発見された区域のうち、条件が整った箇所について「恒川官衙遺跡」として史跡指定されている。北側には国史跡の飯田古墳群を構成する高岡第一号古墳をはじめとする数多くの古墳が存在し、西側には八世紀前半の金井原瓦窯址や、定額寺に列せられた「寂光寺」とみられる遺跡もあり、古代

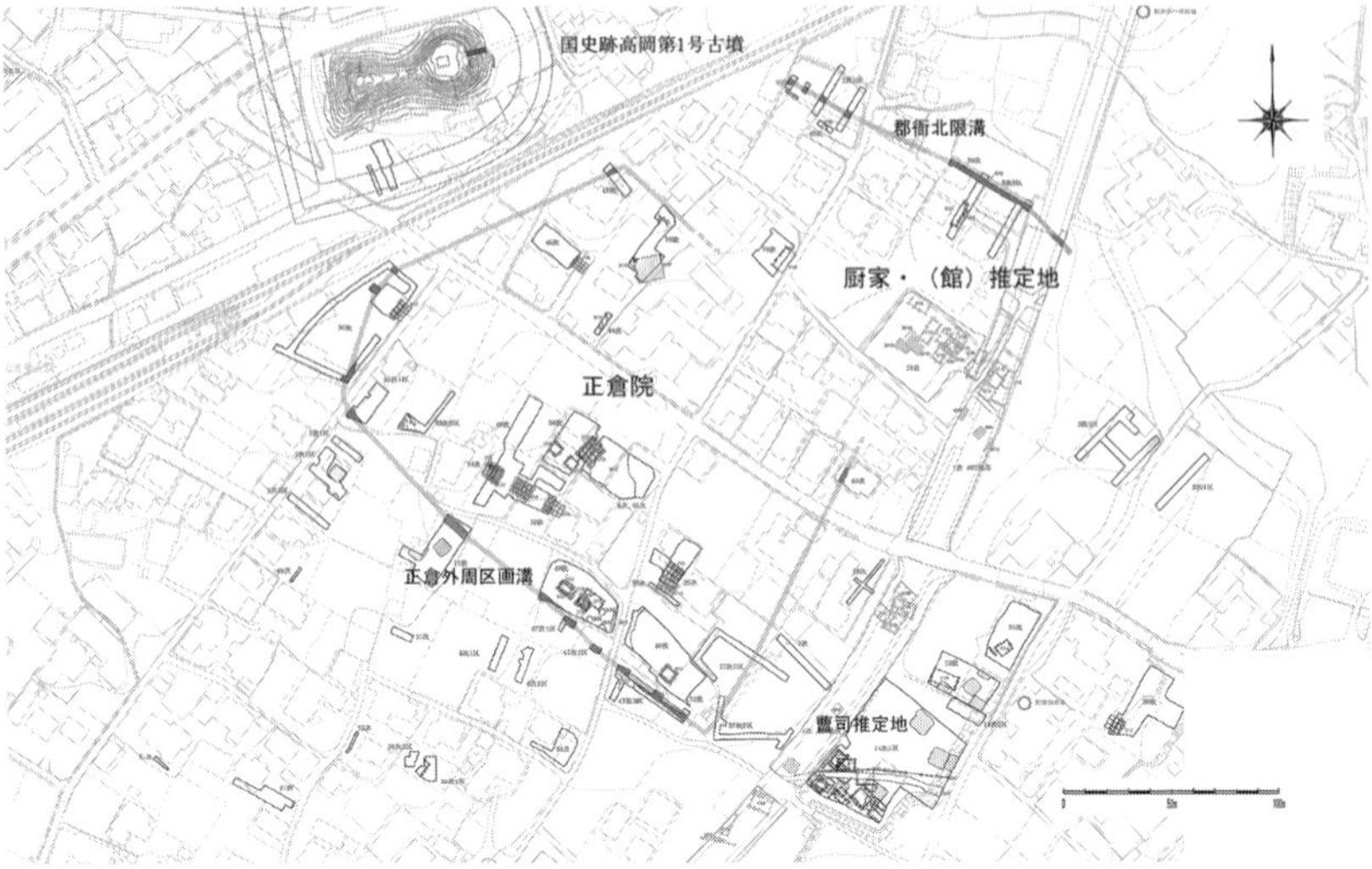

第１図　郡衙遺構の分布

伊那郡を考察する上で重要な地域である。

恒川遺跡群としては現在までに九二次に及ぶ調査が実施されており、縄文時代早期を最古とし、弥生時代中期から中世に至る間の遺構・遺物は途切れることがない。特に、五世紀中頃から六世紀後半にかけての竪穴建物の数は各時代を通じ最大であり、高岡第一号古墳をはじめとする古墳群との関連から馬生産に関わる集団の中核的な集落としてみることができる。こうした遺跡の中に郡衙遺構が発見されている。

⑴　郡衙遺構の概要

郡衙遺構は高岡第一号古墳に近接する北半部に集中し、正倉及び正倉外周区画溝からなる正倉院、掘立柱建物と竪穴建物からなり厨家または館と推定される遺構群、小型の掘立柱建物からなり曹司と推定される遺構群、郡衙の北限を区画するとみられる溝が確認されているが、郡庁は現状で未確認である（第1図）。また、遺跡群の中央に位置する恒川清水周辺からは斎串・馬形・人形等の木製品が出土しており、郡衙の祭祀空間と考えられている。遺構・遺物から七世紀後半から末頃に本格的な正倉に先立つ小規模な倉の造営がはじまり、八世紀前半には正倉院をはじめとする諸施設が整備され、八世紀後半には礎石建ちの正倉への建替えが行われ、九世紀末に郡衙の規模が縮小し、遅くとも十一世紀には機能を喪失するとみられる。その後、十二世紀には摂関家所有の郡戸荘に含まれることが『吾妻鏡』や『近衛家所領目録』の記載から想定される［飯田市教委二〇一三］。

(2) 郡衙を特徴付ける遺物

恒川官衙遺跡を特徴付ける遺物には、正倉院から出土した炭化穀類と、郡衙域全体から出土した多量の陶硯がある。これらは伊那郡衙が果たした役割とその背景を考察する上で特に注目される。

炭化穀類には穎稲・穀稲・糒とみられる炭化米と、アワとみられる雑穀がある。このうち炭化米は正倉院に広く分布し、正倉の柱掘方や正倉外周区画溝からも出土する。単粒で検出されるものと握り拳大の塊となっているものがある。これらの炭化穀類は、伊那郡衙の正倉院に、穎倉・穀倉・糒倉・義倉が存在したことを示している。交代実録帳などの古代の史料の乏しい信濃国にあって、正倉院の実態を知る手掛かりとして重要な遺物である。また、炭化米の年代測定や出土状況から、正倉院が三回以上の火災を被ったとみられる。正倉火災については、その背景に郡司の不正隠匿・政争・農民の抵抗があったとされることから、律令期の伊那郡の社会情勢が不安定であったことを示唆している。

陶硯については、律令期の文書実務に不可欠なものであり、その出土量は文書実務量を反映すると考えられる。恒川官衙遺跡からは、郡衙の施設が確認された範囲から、現状で総計六六個体の定型硯と四個体の転用硯が出土している。この量は長野県全体の定型硯出土量のおよそ二五％を占め、全国的にも郡衙としては異例の出土量である。定型硯の種類は圏足円面硯を主体とし、獣脚円面硯も一個体出土している。時期的には八世紀代を中心とし、現段階で九世紀以降に特徴的な風字硯等の出土は無く、転用硯が主体となる可能性もあるが減少する傾向にある。

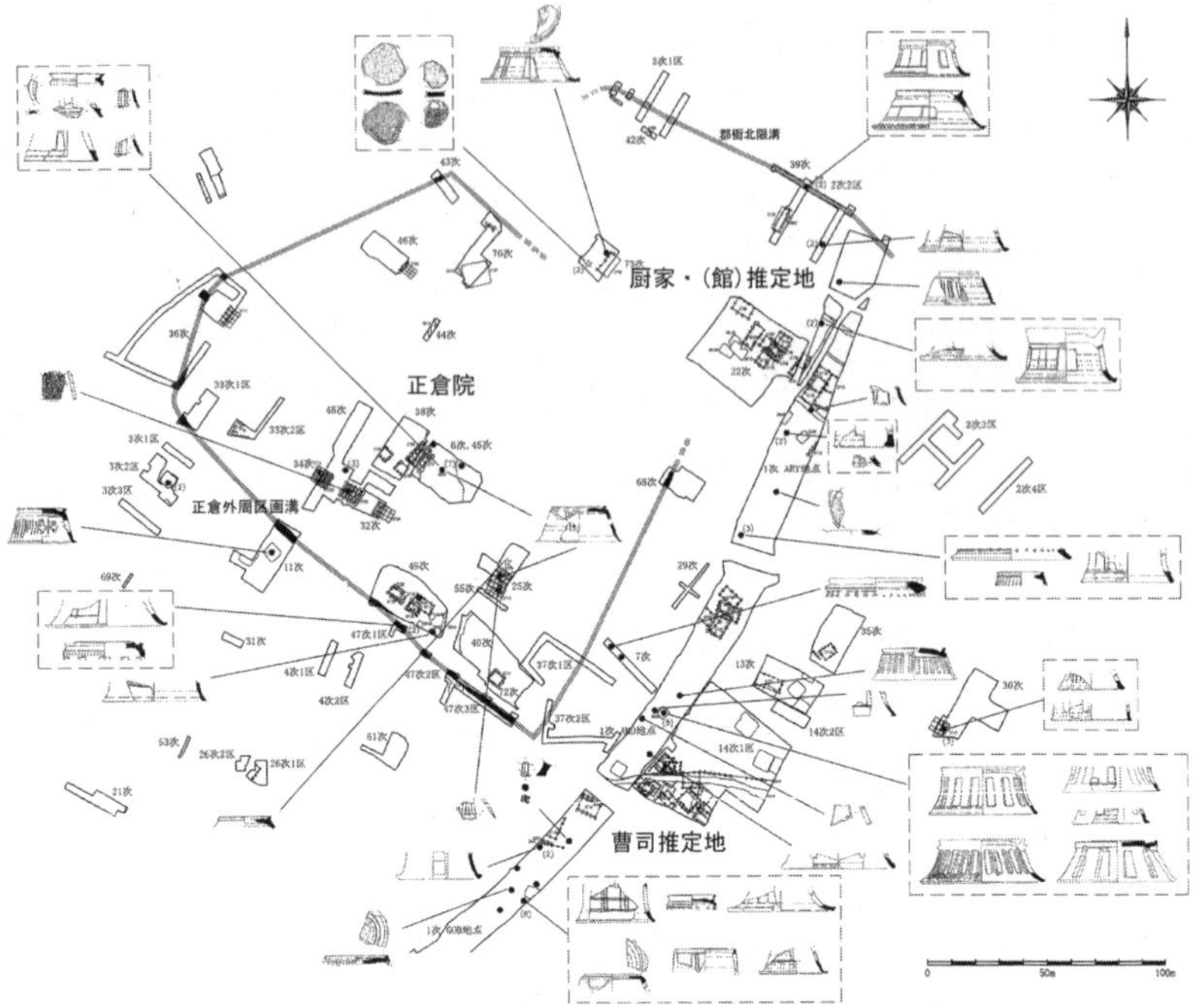

第2図　陶硯の分布

陶硯の出土分布は、厨家推定地といった遺構の性格が想定される箇所において、それぞれ一〇個体近く確認されており、特に曹司推定地では一〇個体を越える陶硯が集中している（第2図）。郡衙における陶硯分布の事例として岐阜県関市弥勒寺官衙遺跡（美濃国武義郡衙）がある。弥勒寺官衙遺跡では、総計二七個体の陶硯のうち郡庁区域からの出土量が一八個体と最も多く、武義郡衙の文書実務の中枢が郡庁にあることを示している［関市教委 二〇一二］。恒川官衙遺跡の場合、郡庁の遺構は未確認であるものの、前述の陶硯の数の分布からみれば、文書作成などの実務を受け持つ部署が郡庁以外にも複数存在し、他郡に比して多大な行政実務が行われていた可能性が高い。

2　史料にみえる古代の伊那郡

律令期の信濃国は、伊那郡・諏訪郡・筑摩郡・安曇郡・更級郡・水内郡・高井郡・埴科郡・小県郡・

佐久郡の十郡から成り、現在の木曽郡は美濃国恵那郡に属す。国衙は小県郡から筑摩郡へ移転するが、その時期や所在地には諸説ある。このうち伊那郡は信濃国の南端にあたり、国衙が所在する小県郡までは直線距離にしておよそ一〇〇㌔、筑摩郡まではおよそ八〇㌔あり、北に隣接する諏訪郡衙(岡谷市榎木垣外遺跡)からはおよそ六〇㌔離れている。

伊那郡は、『和名類聚抄』高山寺本によると、「伴野」・「小村」・「麻続(績)」・「福智」の四郷(流布本では「輔衆」を加えた五郷)から成る。恒川遺跡群の所在する座光寺地区周辺は、善光寺如来の伝説等から麻績郷に含まれると推定されている。信濃国内の他郡に比し郷数の少ない郡に属する。

伊那郡司については『類聚三代格』に、神護景雲二年(七六八)正月二十八日の格に引用された内廐寮解に、さらに引用された形で信濃国牧主当伊那郡大領外従五位下勲六等金刺舎人八麿の解がみえる。この史料により、金刺舎人八麿が伊那郡大領であり、信濃国牧主当を兼ねていたことが判明している。

伊那郡を通過する令制東山道の駅家については、『延喜式』に記された「阿知、育良、賢錐、宮田」の四駅が該当する。また、伝馬については「伊那郡十疋。諏訪、筑摩、小県、佐久郡各五疋」と記されている。信濃国においては、一つの郡内に四つの駅家が置かれた例は無く、伝馬の数も通常の倍となっている点も注目される。また、東山道最大の難所である神坂峠は、恒川官衙遺跡から南西へおよそ二二㌔の距離にあり、峠を境に美濃国恵那郡に接する。恒川官衙遺跡は、国境をなす神坂峠の足下に位置する郡衙といえる。

3　伊那郡衙が担った多大な役割

恒川官衙遺跡の調査成果や文献史料、そして郡衙の位置を考慮すると、伊那郡衙が担った多大ともいえる役割を垣間見ることができる。

先に述べた通り、八世紀代において、郡司である金刺舎人八麿は信濃国牧主当を兼務する。このことは、伊那郡衙が信濃国の御牧の管理など特殊な業務を担っていた可能性を示す。このため伊那郡衙には、通常の郡衙施設に加え、御牧の管理を行う施設の存在と、遺跡内に残る「主馬殿垣外」の地名から、主馬寮に関連する施設の存在が推定されている［田島　一九九七］。また、伊那郡衙は美濃国から神坂峠を越えて信濃国に入り、最初に通過する郡衙という立地の特性がある。このため、峠を往来する公的旅行者への給食活動、伝馬や伝路の管理等の業務量が他郡に比して大きな比重を占めていたものと考えられる。たとえば、厨家と推定される地区周辺からは比較的多くの食膳具が出土しており、官道を往来する使臣などへの食事供給の実務量が多かったことを示唆している。また、伊那郡に所在した四つの駅家についても、制度上は国衙の管理下にあったが、それらの駅家や駅路の維持管理、神坂峠を往来する駅使への食馬等の供給についても、実態としては伊那郡衙が深く関わっていた可能性が高い。さらに、信濃国の道前の郡として国内の貢納物の管理等にも関わっていたことも想定される。遺跡の特徴である多量の陶硯類の存在は、こうした伊那郡衙の実務量の多大さを反映しており、郡衙内に通常の郡衙と異なる施設が存在する可能性を示している。

一方、度重なる正倉火災の原因は、わずか四郷の伊那郡が、多大な実務を担うあまり地域へ過大な負担を強いたことが背景にあったと見ることもできよう。さらに付け加えるならば、信濃国の御牧への牧監の設置、東山道吉蘇路の本格的利用の開始、国衙の筑摩郡への移転により伊那郡衙の役割が変容している可能性もある。九世紀以降の硯の減少は、これらと関連があると見ることもできよう。

飯田市教育委員会　二〇一三年『恒川遺跡群総括編』
関市教育委員会　二〇一二年『弥勒寺東遺跡Ⅰ―郡庁区域―』
田島　公　一九九七年「古代信濃国の牧の管理・経営と金刺舎人八麻呂の申請」『市誌研究ながの』第四号

信濃国の道後　佐久郡

櫻井 秀雄

はじめに

佐久地域(以下、佐久とも表記)は、長野県の東部に位置し、群馬県・山梨県・埼玉県と接する。現在は、小諸市・佐久市の二市と北佐久郡(御代田町・軽井沢町・立科町)三町、南佐久郡(佐久穂町・小海町・北相木村・南相木村・南牧村・川上村)二町四村からなる。人口は約二一万人を数える。なお、北佐久郡北御牧村は平成十六年に小県郡東部町と合併し、現在は東御市となっている。

通称「佐久平」と呼ばれる一帯は、北に浅間山、東に荒船山や八風山などの関東山地、南に蓼科山・八ヶ岳の山々に囲まれた高原性盆地である。標高は佐久平駅付近で約七〇〇㍍である。千曲川をはさみ、右岸の佐久平北部では浅間山の火山活動により形成された地形がひろがり、約二万三〇〇〇年前の噴火で発生した塚原土石なだれの残丘である「流れ山」や後述する「田切地形」という独特な景観を生みだしている。左岸の佐久平南部には蓼科・八ヶ岳山麓から筋状にのびる尾根とそこから流れ出る小河川による扇状地からなる山地部分と、千曲川の氾濫により形成された沖積扇状地がひろがっている。一方、千曲川上流域の南佐久郡南部では標高九〇〇㍍以上の山間地が大半を占めている。そして、千曲川でつながる長野・上田方面の西方を除く三方を山で画されているのが佐久である。

1　信濃国佐久郡の誕生

律令体制下の信濃国は東山道に属し、信濃国十郡のひとつとなった佐久郡には、美理郷・大村郷・大井郷・刑部郷・青沼郷・茂理郷・小沼郷・余戸郷の八つの郷が置かれた（第1図）。中野市清水山窯跡からは「佐玖郡」と刻まれた八世紀の須恵器が、上田市信濃国分寺跡でも「佐久」と刻まれた須恵器が発見されている。また、郷に関わる文字資料としては、千曲川右岸の佐久平北部に所在するいくつもの遺跡で「佐」や「大井」と書かれた墨書土器・刻書土器が出土しており、大井郷はこの周辺に比定されている。刑部郷は佐久市野沢周辺の千曲川左岸に推定される。千曲川右岸の遺跡からではあるが「刑部」の墨書土器の出土もみられ、郷の存在を裏付ける資料となっている。なお、奈良時代の人口は五〇〇～六〇〇万人ほどと推定されているが、佐久郡では一万人ほどの人口であったと試算される［御代田町誌刊行会 一九九八］。

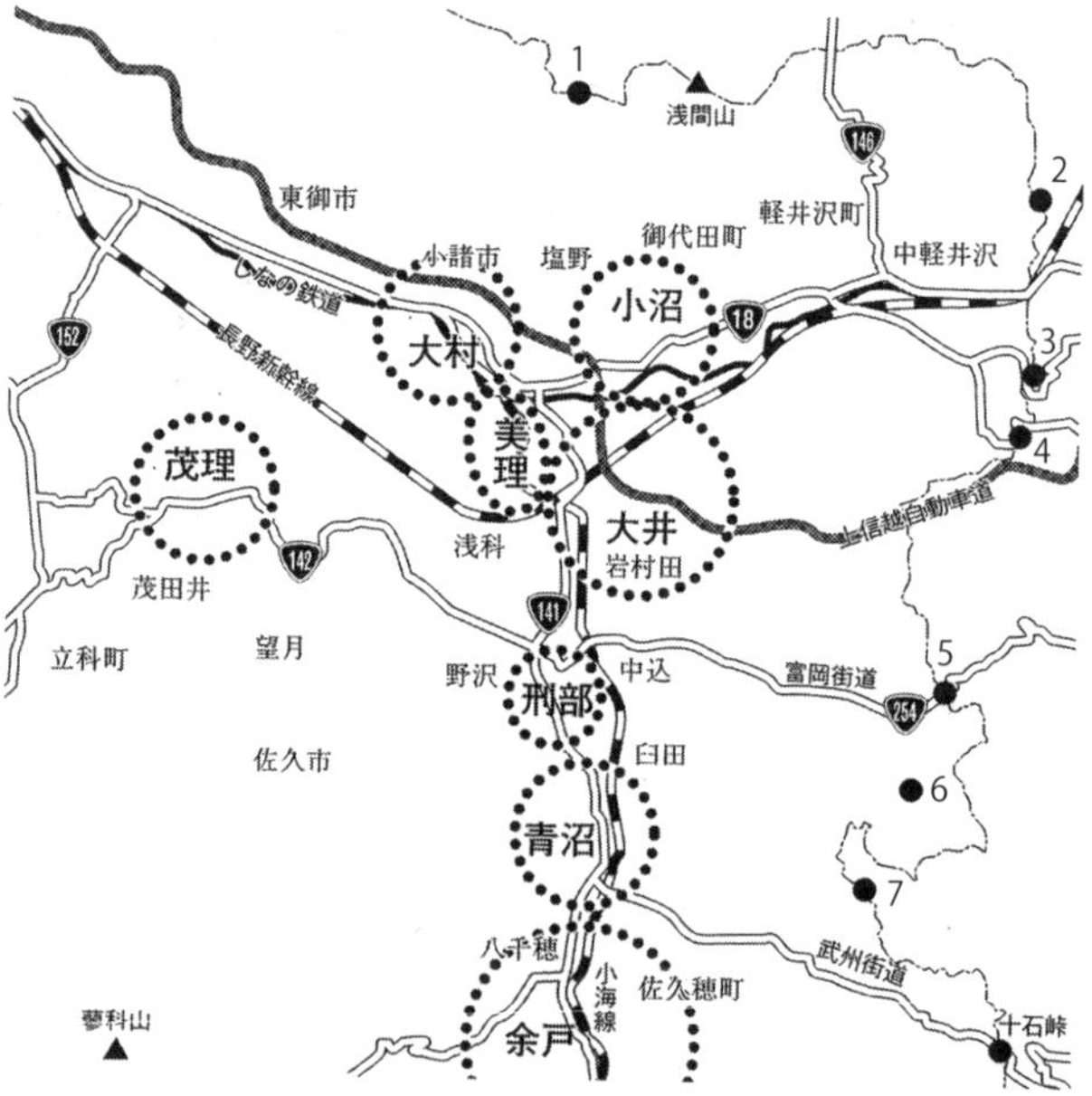

第1図　佐久郡の郷の推定地と主な峠（櫻井 2008 を加筆）
1 車坂峠　2 碓氷峠　3 入山峠　4 和美峠　5 内山峠　6 田口峠　7 余地峠

2　佐久平北部の古代集落

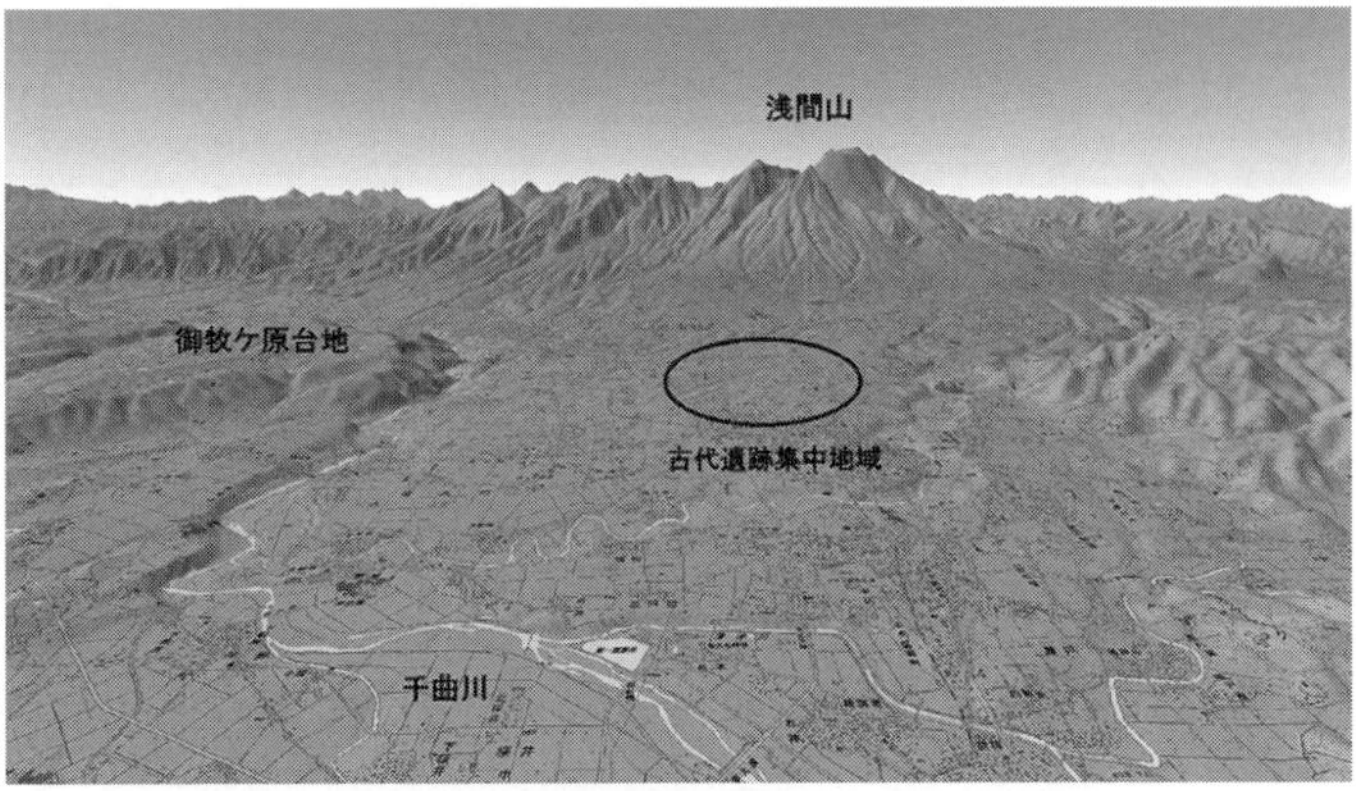

第２図　千曲川右岸の佐久平（カシミール3Dで作成）

佐久の古代遺跡は、小諸市東部から御代田町南部・佐久市北部にかけての佐久平北部に集中している(第2図)。この地域には先述のとおり、「田切地形」と呼ばれる独特な地形が展開している。これは基盤となる約一万三〇〇〇年前及び一万一〇〇〇年前の二回にわたる浅間山の噴火による火砕流堆積層が、川などの流れにより浸食されて、台地部と浸食された低地部とが箱形に切り立つ地形を形成したものである。低地部は現在水田として利用されていることが「田切」と呼ばれる所以である(写真1)。

写真１　田切地形（小諸市御影新田にて筆者撮影）

この田切台地は、六世紀中葉から九世紀には古代佐久の中核地域となる。主な遺跡としては、

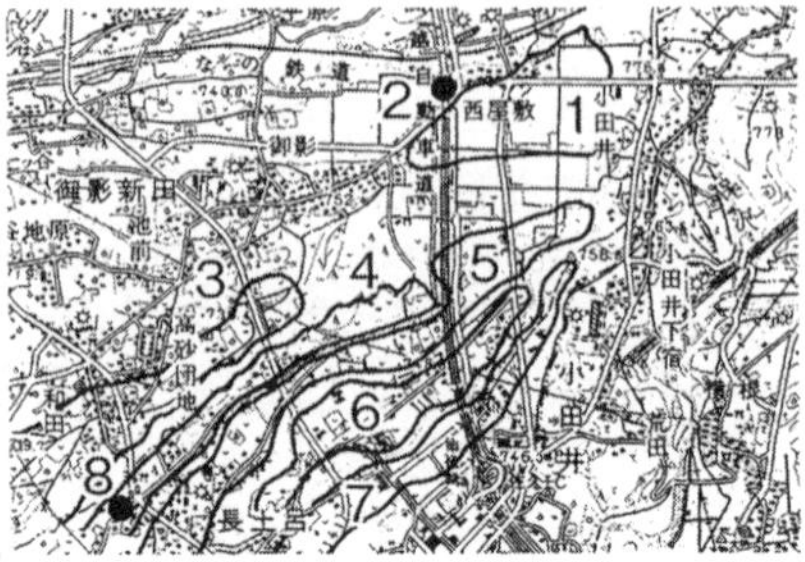

第3図　佐久平北部の集落遺跡
1 鋳師屋遺跡群　2 宮ノ反A遺跡群
3 和田原遺跡群　4 鎌田原遺跡
5 中原遺跡群　6 芝宮遺跡群
7 聖原遺跡　8 西近津遺跡群

御代田町・佐久市・小諸市にまたがる鋳師屋遺跡群の他、佐久市では聖原遺跡・芝宮遺跡群・栗毛坂遺跡群・西近津遺跡群・周防畑遺跡群・宮の前遺跡等、小諸市では中原遺跡群・大塚原遺跡群・宮ノ反A遺跡群等がみられる(第3図)。

　鋳師屋遺跡群は、野火付遺跡・十二遺跡・根岸遺跡・前田遺跡(以上、御代田町)、鋳師屋遺跡・前田遺跡(以上、佐久市)、鋳物師屋遺跡(小諸市)の七遺跡からなり、約一〇万㎡に及ぶ調査面積からは、古墳時代〜平安時代の竪穴住居跡三五七軒、掘立柱建物跡四三四棟が検出された。五世紀後半に集落があらわれ、七世紀まで小規模な集落が断続的に作られていたが、八世紀初頭に数十軒規模の大集落が出現する。計画村落と考えられ、その規模は八世紀全般にわたって維持されるが、九世紀前半には集落規模は半減し、十世紀初頭には集落は終焉を迎える。なお、三〇頭以上の馬骨や「長倉寺」と書かれた墨書土器も出土する。堤 隆はこの鋳師屋遺跡群及び隣接する宮ノ反A遺跡群について、長倉駅や駅家郷、塩野牧及び長倉牧の経営を担った人々が住む村落である可能性が高いことを指摘する〔堤 二〇一二〕。聖原遺跡は、佐久市長土呂地籍に所在し、約一〇万㎡が発掘調査された。検出された遺構には総数八一八軒の竪穴住居跡、八六九棟の掘立柱建物跡などがある。六世紀中頃に集落が出現し、八世紀から九世紀前半に最盛期を迎え、九世紀には規模が縮小していく。

　この他の遺跡でも古墳時代後期から平安時代前期の遺構としては、栗毛坂遺跡群で竪穴住居跡約一五〇軒・掘立柱建物跡約一四〇棟などが、芝宮遺跡群で竪穴住居跡約二五〇軒・掘立柱建物跡約九〇棟などが、中原遺跡群で竪穴住居跡約一四〇軒・掘立柱建物跡約九〇棟などが、西近津遺跡群で竪穴住居跡約四三二軒・掘立柱建物跡約一二二棟などがみられ、佐久平北部の田切台地上での集落遺跡の密集度がわかる。また宮ノ反A遺跡群からは佐久地方で唯一の官衙跡が発見されている。これらの大規模集落遺跡は九世紀代には住居数の減少がみられ、解体の道をたどる。一方、千曲川左岸地域では水田に適した扇状地がひろがるが佐久平北部ほどの大規模集落は確認されていない。そして、佐久平北部で大規模集落がみられなくなるのに呼応し、九世紀後半以降には浅間山南麓や南佐久郡南部などの山間地にも小集落が点在するようになるのが佐久の古代遺跡のおおよその推移である。

なお、佐久郡の郡衙はいまだ発見されていない。宮ノ反A遺跡群から発見された官衙跡は、駅家や駅倉に関連したものとみられ、郡衙とは考えがたい。ただし、佐久平北部の集落遺跡からは、円面硯(鋳師屋遺跡群前田遺跡、聖原遺跡)、風字硯(周防畑遺跡群)等の硯や漆紙文書(竹花遺跡)、墨書・刻書土器の文字資料が出土し、その数は佐久の他地域を圧倒する。また、役人の帯金具も聖原遺跡からの一九点をはじめとして、鋳師屋遺跡群前田遺跡、栗毛坂遺跡群などから出土しているため、佐久平北部に郡衙が存在することは間違いないだろう。

また、佐久平北部における遺跡群では他の出土遺物にも注目されるものが多い。古印は、県内で一〇例発見されているが、そのうち佐久から三例の出土をみる。西近津遺跡群の銅製の「鋅子私印」や聖原遺跡からは石製の「伯万私印」が出土しており、もうひとつは佐久市常和で江戸時代に出土したといわれる「物部楮丸」銅印である。この他にも稀少品の出土は多くみられる。聖原遺跡では平安時代の住居跡から八稜鏡が、芝宮遺跡群からは海獣葡萄鏡が出土している。聖原遺跡では他にも馬鈴、金銅製鈴、銅碗片の銅製品、緑釉陶器や白磁などが出土する。鋳師屋遺跡群前田遺跡では全国的にも出土例が少ない唐三彩の陶枕片が発見されている。また、小諸市中原遺跡群の七世紀の竪穴住居跡から県内最古となる鉄鐸が出土していることも特筆できる。

3　佐久の古代社会を支えた二つの要因

前節でみたように佐久においては古墳時代後期の六世紀後半以降に大規模集落が形成されるようになり、質量ともに豊富な出土品も多くみられるようになる。これは前代までの状況を大きく変えるものであった。弥生時代後期には、主軸長約一八㍍もの超大型竪穴住居跡が発見された西近津遺跡群をはじめとする大集落からなる弥生遺跡密集地帯が佐久平北部に形成されるが、古墳時代にはいるとこうした大規模集落は解体し、小規模な集落遺跡がより広い範囲に数多く点在するようになってしまう。この集落の「小規模化」と「広域拡散」という現象について小山岳夫は、佐久平北部の田切地形では、①基幹水路が未開削であったこと、②火山灰質土であるためもともと肥沃とはいえない地力が疲弊してしまったこと、③古墳時代前期には気候が冷涼化したため標高七〇〇㍍前後の地力の衰えた佐久平北部では生産力が急速に落ち込んだことの三点が要因であるとする。そしてこれらの要因が佐久では、千曲川左岸で古墳時代前期に全長二〇㍍程度の小規模な前方後方形墳丘である瀧の峰1号墳・2号墳が築かれるにすぎず、前方後円墳は築造されなかったことにつながり、同じ千曲川流域であっても、古墳時代にはいってからも集落規模が衰えなかった善光寺平地南部や上田地域と大きく異なる点であることを指摘する［小山二〇一六］。

このように生産力の低下により集落の小規模化と広域拡散を余儀なくされた古墳時代の佐久であったが、一方では新たな展開も生まれた。古東山道・東山道という「道」と馬の生産を担う「牧」である。それが前節で述べたような佐久の古代社会の繁栄を支えた要因である。新規産業といってもよいだろう。

4　古東山道と東山道

(1) 古東山道

「古東山道」は古墳時代の峠祭祀の遺跡を結ぶルートから想定されてきたものである（第4図）。日本には約一万におよぶ峠が存在するが、古墳時代に祭祀の痕跡が考古学的に認められるのは、美濃国との国境にある神坂峠、佐久と諏訪の郡境にある雨境峠、上野国との国境にある入山峠、これに佐久の瓜生坂をいれた長野県の四つの峠を数えるにすぎない。このうち佐久には三つの峠が所在する。

入山峠は、軽井沢町と群馬県安中市との県境に位置し、標高は約一〇三四㍍をはかる。昭和四四年に行われた発掘調査では、遺構は検出されなかったが、石製模造品・鉄製品・土器片などが出土した〔軽井沢町教委一九八三〕。石製模造品は勾玉五点、臼玉二七三点、有孔円板四〇点（双孔二五点、単孔一五点）、無孔円板二二点、剣形品約一七〇点、刀子形模造品一点がみられ、他にも未製品とみられるもの約八五点が認められ

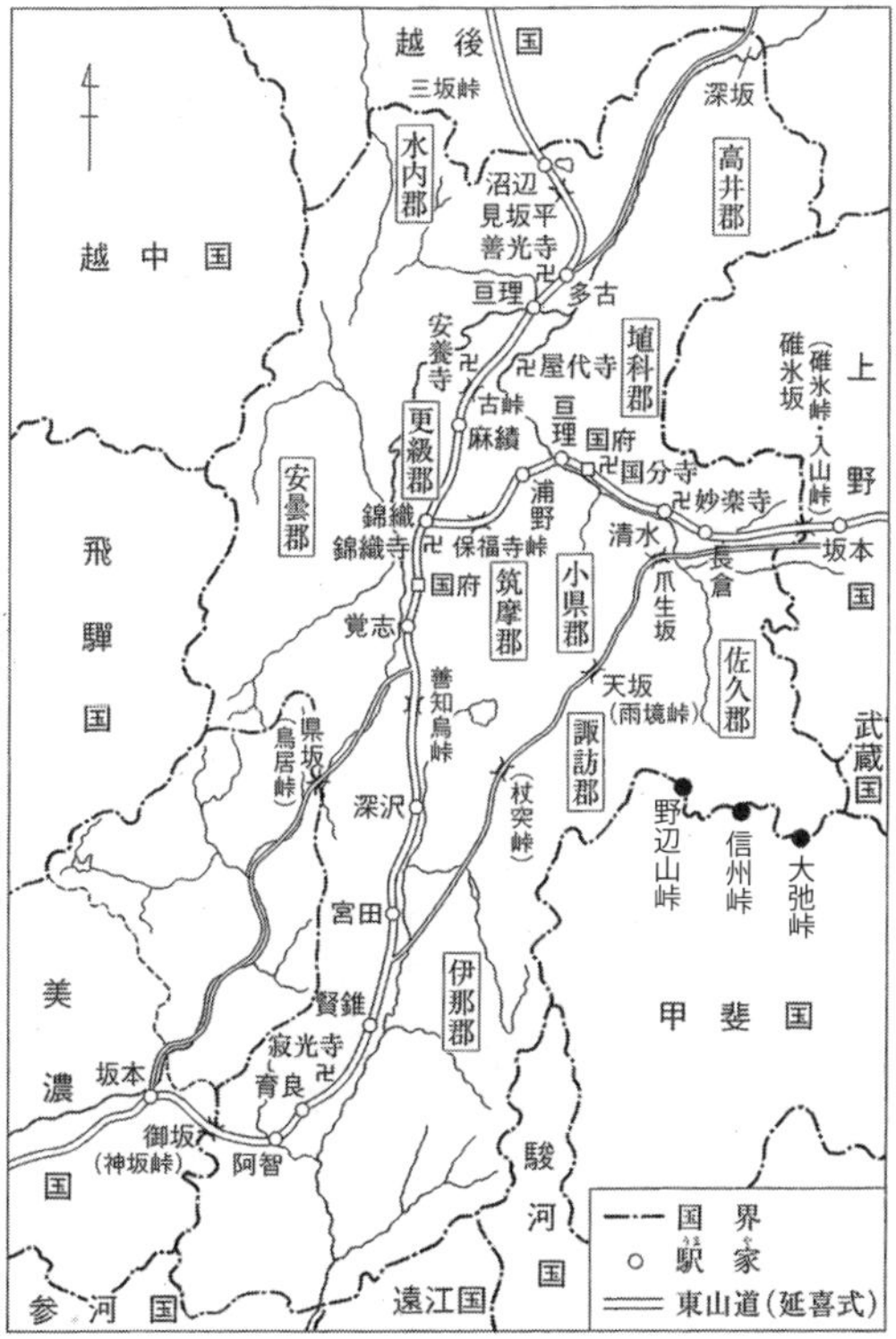

第４図　古東山道と東山道（古川他 1997 に加筆）

写真2　立科町の鳴石（筆者撮影）

ている。鉄製品としては刀子や鋤先と思われる小破片がある。土器は、土師器の二〇〇〇点を超す破片資料のみであるが、碗、高坏、壺、S字状台付甕などが図化されている。ただし、神坂峠とは異なり、古墳時代より新しい時期の土器は認められていない。

　雨境峠は、蓼科山麓の佐久と諏訪を結ぶ一鞍部にあたり、北佐久郡立科町に所在する。標高は約一五八〇㍍をはかる。雨境峠には古墳時代に比定される五遺跡（鳴石・勾玉原・赤沼平・鳴石原・鍵引石）と中世の積石塚である四遺跡（法印塚・中与惣塚・与惣塚・賽の河原）からなる遺跡群が存在する。昭和四一年に桐原健による踏査及び平成五・六年には発掘調査が実施されている［桐原 一九六七、立科町教委 一九九五］。鳴石遺跡には「鳴石」と呼ばれる鏡餅状に重なった二個の巨石と周囲に築かれた方形の集石遺構が存在し、勾玉原遺跡とともにかつては多量の石製模造品が採集できたという。発掘調査報告書によれば、六世紀以降の遺物が伴うということである（写真2）。

　瓜生坂は、佐久市（旧望月町）に所在する。小規模ながら尾根筋を通る峠である。昭和四二年にかつて採集された臼玉七〇点と手捏土器五点、それらに伴出したと伝えられる土師器三点の報告が藤沢平治により行われている［藤沢 一九六七］。臼玉は大型化・粗製化の進んだものであり、六世紀後半～七世紀代に特徴的なタイプである。

　この神坂峠―雨境峠―瓜生坂―入山峠を結ぶ古墳時代のルートを大場磐雄は、律令期に整備された東山道の前身にあたるものととらえ、「古東山道」と命名した。「古東山道」は発掘調査により確認されたものではないが、峠祭祀を結ぶルートが東山道以前の古墳時代にさかのぼる重要な幹線道路であることは首肯してよいと考えている。交通の要所としての役割が古墳時代にはすでに、佐久には求められてきたのである。また、東山道が整備された後にもこの古東山道ルートの重要性は変わらなかったと考えられる。

なお大場磐雄は、この古東山道は軍事的性格が強く、大和政権による東国経営に重要な意義を持つものと論じたが、峠祭祀で用いられる石製模造品には東国に多くみられる剣形品が特徴的であることなどからすれば、再検討の余地もあるだろう［中里二〇一五］。

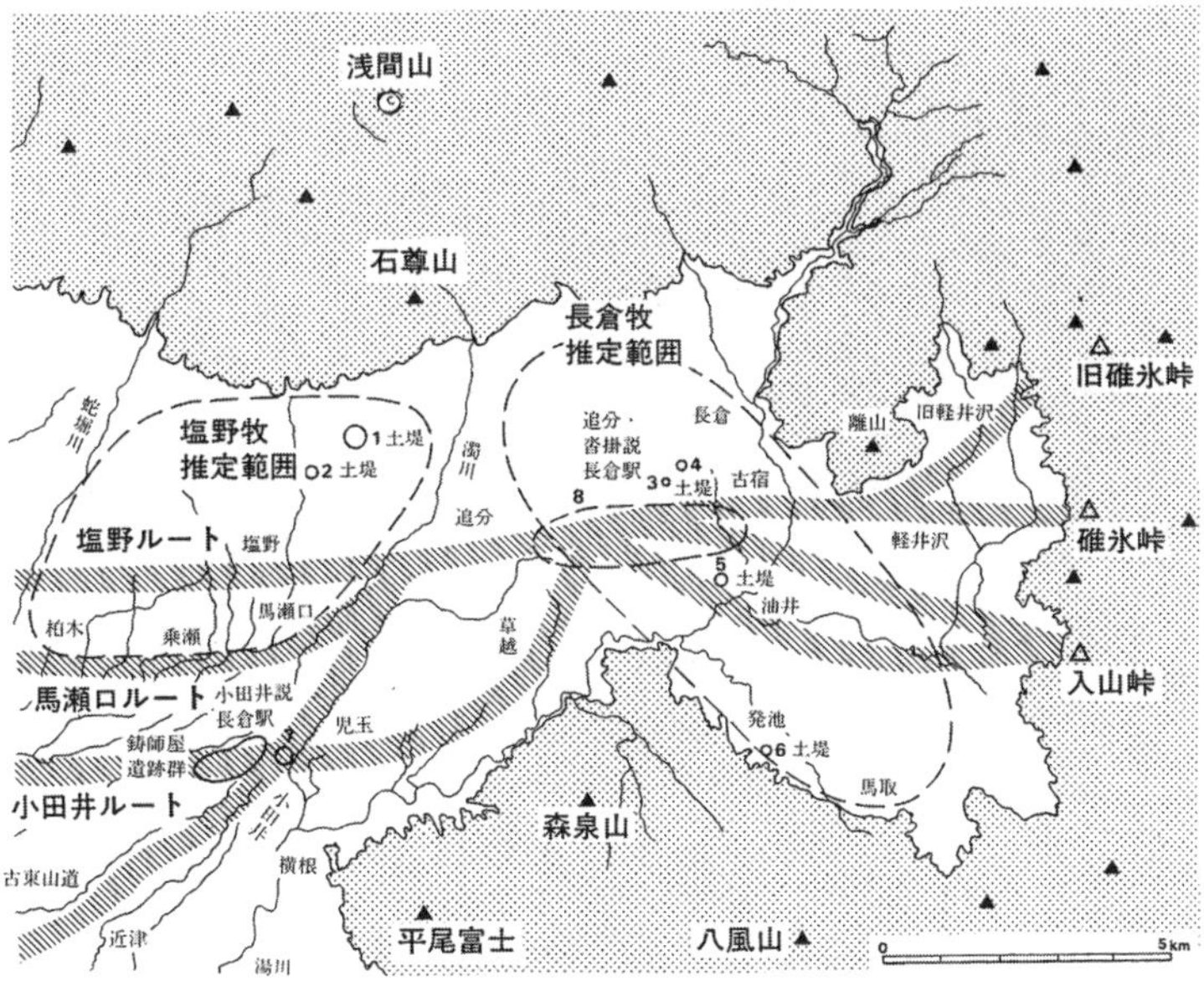

第５図　佐久平北部の東山道と牧（御代田町誌刊行会 1997）

⑵ 東山道

佐久は、東山道において信濃国の道後となる。古東山道が伊那から諏訪へ抜けていたのに対し、東山道は、伊那から松本、上田を経て佐久へ進む。『延喜式』に記載される佐久郡の東山道の駅には、清水駅と長倉駅がある。清水駅は、一志茂樹により小諸市西部の諸地籍に推定されている。発掘調査によって駅に関連する遺構が発見されたわけではなく、地割や飲堰などの存在から推定されたものであるが、この周辺に推定地を置くことに対する異論は出ていない。

一方の長倉駅については、御代田町の小田井周辺に置く説と、軽井沢町の追分説と沓掛説があり、そのためルートも三つの説があるが、考古学的知見からは小田井周辺に比定することが妥当である。その理由としては以下の三点があげられる（第5図）。

①　長倉駅を追分あるいは沓掛に置く説では、標高一〇〇〇㍍前後となり水田稲作の標高限界を超えてしまうこと、また周辺には奈良時代の集落跡も見あたらないため、駅田や駅戸の確保が難しいこと。

②　奈良時代の大集落跡であり、また、馬骨が三〇頭以上もみつかった鋳師屋遺跡群が存在すること。

③　駅家もしくは駅倉とも考えられる遺構や東山道の可能性が高い幅九㍍前後の二本の溝が発見された宮ノ反A遺跡群が存在すること。

長倉駅を小田井に置く小田井ルートは、小諸市乙女、三岡、御影、佐久市西屋敷、御代田町小田井から、後の中山道沿いに追分へと進むものである。なお、駅馬は、清水駅が一〇頭、長倉駅が一五頭となっていた。

5　佐久の三つの牧

信濃国は一六の御牧と貢馬八〇匹を数える。牧数も貢馬数も全国一位を占める。このうち佐久には三つの牧が置かれた。望月牧、塩野牧、長倉牧である。

望月牧は、小諸市、東御市（旧北御牧村）、佐久市（旧望月町、旧浅科村）にまたがる御牧ヶ原台地一帯に置かれていた（第2図）。野馬除も断続的に残る（写真3）。周辺には御牧ヶ原古窯址群もみられる。塩野牧は、小諸市柏木から御代田町塩野にかけての浅間山麓に比定地が推定されている。塩野山遺跡では一辺約五〇㍍の土堤囲いが残され、また周辺には、馬瀬口や駒込などの地名も残る。長倉牧は、軽井沢町発地から長倉周辺の浅間山麓に置かれたものと推定されている。時期は不明だが、土堤状の遺構も認められている（第5図）。

写真３　御牧ヶ原台地の野馬除（筆者撮影）

このうち、望月牧は信濃国の他の牧とは別格の扱いであった。御牧を管理する牧監は信濃国のみ定員二名であったが、これは望月牧の担当がその他の諸牧の担当と分けて別に置かれていたからである。毎年の貢馬は二〇匹と信濃国最大の御牧であり、全国的にも名馬の産地として誉れ高く、「望月の駒」は駒牽の歌枕にまでなっていた。『拾遺和歌集』の紀貫之の歌に「相坂の関の清水にかげみえていまや引くらん望月の駒」というものもある。この駒牽とは、毎年八月十五日に各国の御牧から決められた数の牧馬を天皇の御覧にいれる行事である。「望月の駒」はその歌枕になっていたのであり、全国的にも名馬の産地として評価されていたことがわかる。なお、望月牧からの駒牽は八月二十三日であり、諸牧とは異なるのも特徴である。焼印も諸牧が「官」字の印であったのに対し、望月牧では「牧」字の印を使用していた。山口英男は、望月の牧の前身は、後院牧のような、なかば私的な牧であり、信濃国に牧監が二人おかれるようになったのも、諸牧とは性格の違う望月牧を御牧に編入した結果であると指摘し、またその編入の時期は延暦十六年以降とみる［山口　一九八九］。さらに、信濃国の貢馬のうち望月牧を除く六〇頭は、その他の一五牧でまかない、望月牧のように毎年決まった貢馬数はなかったようである。佐久における牧の存在は極めて大きいものであったことが指摘できる。

聖原遺跡からは「金」と記された焼印が出土している。小型なものであるため馬の焼印ではないとみられるが、ここから「金」という渡来系の人物の存在が浮かび上がってくる。馬を熟知した技術を持つ渡来系の人々の関与が想定されよう。

6　七・八世紀の佐久の特殊性・独自性

佐久で古代集落が規模を拡大し、その数も増大するのは古墳時代後期以降の特に七・八世紀のことである。なかでも先述の通り佐久平北部の「田切地形」の台地上に大規模集落が密集するようになる。この佐久平北部の遺跡からの出土品をみるときわめて特徴的なありかたを呈するものがある。

(1) 外来系土器の多出

佐久においては、六世紀後半頃から畿内や東海西部系の刷毛目調整の甕が搬入品として出土しはじめ、七世紀第2四半期からは畿内産・畿内系暗文土器もみられるようになる。これは県内で最も早い時期での移入である。佐久ではさらに八世紀第2四半期には在地産暗文土器が県内の他地域に比べて多く用いられるようになる。その出土は佐久平北部の遺跡群に集中する。西山克己は、この地域が佐久郡衙推定地の可能性があるとし、「佐久郡衙設置前段階から都との関わりが強く、九世紀に至るまで重要視されていた」ことを指摘する[西山 二〇一二]。なお、土器に畿内系のものが認められるのは七世紀後半頃までであり、それ以後は北武蔵の影響が前面に出てくるようになるのも注意しておきたい現象である[市川 二〇一一]。

(2) 皇朝十二銭

西山克己の集成によれば長野県内の皇朝十二銭は一〇一点出土しているが、このうち佐久では一九遺跡三四点が認められる。西山は先述した暗文土器等の多量に出土する事象も含めて「律令国家形成時期の早い段階から明日香諸宮以降の宮都での生活や文化を知り得た人々の往来が多かった地域」であると論じる。聖原遺跡では、帯金具二四点、皇朝十二銭は六種一二点（和同開珎一・神功開寶一・隆平永寶四・富壽神寶三・承和昌寶二・長年大寶一）の出土をみており、県内最多枚数及び銭種である。鋳師屋遺跡群では一二遺跡から萬年通寶、根岸遺跡から隆平永寶と饒益神寶が、西近津遺跡群でも隆平永寶がみつかっている。こうした土器や皇朝十二銭のありかたから佐久は、都と東国を結ぶ玄関口としての役割を果たしていたとみる意見もある［西山 二〇一二］。

(3) 武器と馬具の集中～武力の偏在～

七世紀後半から八世紀前半の佐久では、武器（鉄鏃）や馬具の出土が信濃国の筑摩郡や北信四郡（更級郡・埴科郡・高井郡・水内郡）と比べて多いことが指摘できる［市川 二〇一一、原 二〇一一、桐原 二〇一四］。鉄鏃については、信濃国の他地域では野矢中心であるのに対し、佐久では戦闘用の征矢が多く、七世紀後半から増加して七世紀末～八世紀初頭頃に出土数のピークを迎える。他地域では九世紀以降の出土が大半である馬具についても、佐久では六世紀中葉～後半頃から出土しており、八世紀前半以前の馬具の出土の多さは佐久の特徴である。市川隆之は、こうした鉄鏃や馬具の出土が佐久平北部の遺跡に集中することから、古東山道及び東山道沿いの重要な地点に東国・東北との連絡や物資・人間の移動をスムーズに進めるための交通施設、あるいは一定の領域を統括する行政施設があった可能性も考えられるとし、そうした施設の設定のために律令体制移行前夜に佐久が重視されたと論じる。原明芳は、佐久郡への「武力の偏在」という言葉でこの現象を読み取り、馬具の出土量の多さや御代田町の野火付遺跡から発見された埋葬馬から して、馬の飼育や生産にも大きく関わっていた可能性も指摘する。また、佐久市の石附窯跡では七世紀末の製鉄用炭を焼く木炭窯が県内で唯一確認されており、鉄生産を支える体制の一端を知ることができる。

こうした土器や鉄鏃、馬具の特徴的なありかたは、七・八世紀における佐久が信濃国のなかでもきわだった特殊性・独自性を呈していたことを如実に示しているといえよう。

7　佐久の古代氏族

佐久の独自性をあらわすものとして古代氏族についても触れておきたい。

信濃国では、六世紀半ば頃の欽明天皇の磯城嶋金刺宮にちなむ金刺舎人と六世紀半ば頃の敏達天皇の訳語田幸玉宮にちなむ他田舎人が郡司として八世紀以降の史料に多く登場する。両者とも信濃国造の一族とみられ、金刺舎人は埴科郡、伊那郡、水内郡に郡司や采女としてみられ、他田舎人は筑摩郡と小県郡に郡司としてみられる。金刺舎人と他田舎人の両方の名がみられるのは埴科郡と伊那郡であり、更級郡にも両者が存在した可能性が高く、これらの七郡には金刺舎人または他田舎人が有力首長として存在していたことが確認もしくは推定できるという［傳田 二〇〇二］。

一方、佐久郡は安曇郡・高井郡とともに信濃十郡のうちで金刺舎人や他田舎人の存在が確認できない三郡のひとつとなっている。佐久郡の郡司では九世紀の史料に主政・主帳として大坂氏の名前がみられる。この大坂氏については在地の豪族ではなく大和政権が碓氷坂の管理者として派遣した氏族の後裔とする平田耿二の説がある［平田 一九八九］。また、井出正義は大坂臣が中央豪族の和珥氏と同祖の族である可能性があるため、佐久の大坂氏も和珥氏との関連が深いものと指摘する［井出 一九九七］。いずれにせよ、限られた史料の範囲ではあるが古代氏族のありかたからみても佐久は信濃国のなかでやや異質な郡であったと考えられる。

8　信濃国のなかの佐久

六世紀後半から八世紀前半という時期において、佐久が信濃国の他地域とは大きく異なるありかたを示し、かつ重要視された地域であったことをみてきた。ところで古代の佐久平北部では稲作農耕の比重はごく低いものであったと考えられる。これは沖積地で水田地帯が広がる千曲川左岸地域とは対照的である。というのは佐久平北部にひろがる田切台地は火山灰土であり、御影用水や常木用水など近世の基幹用水開削に伴う新田開発まで水田耕作は難しい土地であったからである。それにもかかわらず大規模集落が多数みられることは、水田以外の生業に頼っていたということになろう。それがすでにみてきた「道」と「牧」である。

佐久は、古東山道や東山道の入山峠・碓氷峠を通じて群馬県と通じる。当該時期の群馬県とのつながりは、土器のありかたなどからみて、長野県内の他地域と比べて強いことは間違いない。

また、六世紀後半の佐久市北西の久保遺跡第17号古墳では長野県内では出土例が僅少な形象埴輪が多量に出土しており、これらの埴輪は形態などから群馬県との関連性が指摘されている。また、六世紀後半に佐久にも導入された横穴式石室も、七世紀中葉からは群馬県の影響で成立した立柱石をもつ両袖型石室にほぼ統一されるようになる［富沢二〇〇二］。

ただし、群馬県との交流には入山峠・碓氷峠ルート以外の峠を利用したことも忘れてはならないだろう。たとえば、奈良時代から平安時代初期の所産である蕨手刀の出土は、長野県内で一七振りみられるが、佐久地域で五事例あり、諏訪地域と並び出土事例が多い［桐原 二〇一四、臼田町誌刊行会 二〇〇七］。長野県内では古東山道の諏訪—佐久ルート上に多くあることが理解できるが、佐久では雨境峠付近で二振りが出土したといわれるほか、古東山道ルートからはずれた佐久市臼田や田口の蛇塚古墳、法印塚古墳、英田地畑遺跡などからも五振りが出土している。内山峠や田口峠などの利用も考えるべきであろう（第1図）。なお、伝教大師最澄は弘仁六年（八一五）に東国への布教の旅へ出かけたが、その際には佐久の田口峠を越えて上野国へ向かったといわれている［沖浦 一九九四］。

また、上野国以外にも、武蔵国(埼玉県)や甲斐国(山梨県)とのつながりも看過できない。佐久では八世紀後半以降には甲斐型土器の出土が一五遺跡から認められている。聖原遺跡からは仏鉢形の甲斐型土器が出土しており、暗文の手法で文字が書かれている。冨沢一明によれば、佐久市・小諸市・小海町・川上村で甲斐型土器の出土があり、これらを結ぶルートは近世の佐久甲州街道と重なることが指摘されている[冨沢 二〇〇八]。山梨県境には野辺山峠や平沢峠、信州峠、大弛峠などがある。また埼玉県とも三国峠などで通じている(第4図)。

西近津遺跡群からは、岐阜市や各務原市の須恵器窯で八世紀前葉に限り生産された「美濃国」と刻印された須恵器が発見された。長野県内では飯田市・岡谷市・松本市の六遺跡から七点がみつかっているが、本例は全国の北東限にあたる。長野県内での出土遺跡はいずれも郡衙推定地や東山道沿いの拠点集落であることは興味深い。

牧については先述したように佐久には三つの牧が置かれた。このうち望月の牧は、全国的にも名高い名馬の産地であり、信濃国最大の生産数を誇った。馬の生産力の高さとそれを運ぶ古東山道・東山道という道の存在が佐久を重要視する一因となったのではなかろうか。西山克己は、佐久では遅くとも七世紀前半頃には初期牧が形成されていたと論じている[西山 二〇一五]。

律令体制以前の六世紀後半から七世紀代には、伊那から諏訪を経て佐久へ至る古東山道が大動脈であったと考えられている。それが八世紀にはいり整備された官道の東山道は、伊那から松本、上田を経由して佐久へ進むようになる。信濃国においては、律令体制に基づく国府は、国分寺のある小県郡(上田)から『和名類聚抄』に記載のある筑摩郡(松本)へと移動したとの説が強いが、古東山道は両者とも通過していない。これは交通の要所として佐久が古墳時代以来、極めて重要な位置を占めていたことを物語っている。これに関連して想起されるのは佐久平北部の小諸市宮ノ反A遺跡群の溝に囲まれた掘立柱建物群である。これは調査時には豪族居館とみられたが、報告書では、二期にわたる郷衙クラスの官衙跡とされたものである。その後、田中広明により駅稲を納める駅倉であるとの説が提起され、また

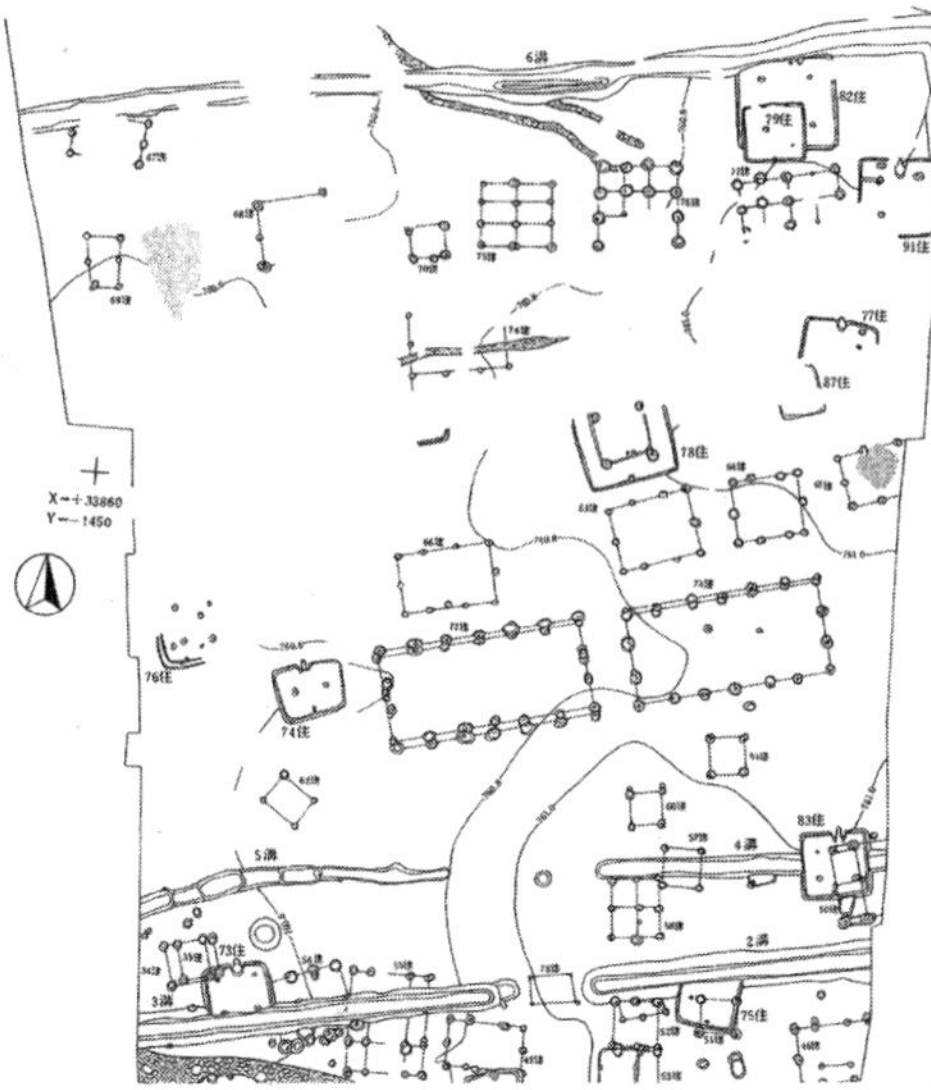

第６図　宮ノ反Ａ遺跡群の官衙跡

堤隆は、建物群の区画溝と考えられてきた約九メートル幅の二本の溝は東山道の側溝であるとの説を提出している〔田中二〇〇九、堤二〇一二〕。

　この官衙跡は、七世紀末と八世紀前半の二時期にわたる遺構であるが、八世紀前半をもって廃絶される（第6図）。存続した期間は短いが、これは佐久の特殊性・独自性が色濃く出ている時期にあたる。私もこの二本の溝を東山道とみることに賛成であり、この官衙跡を駅家や駅倉など交通に関する施設とみてよいと思う。これを先述のような中央政権の坂東（関東）への橋頭堡的役割を果たした交通施設とみることもできようが、いずれにせよ、この時期の佐久の独特なありかたやこの官衙跡が短期間で廃絶されたことを踏まえるならば、佐久の独自性が顕著となる時期に置かれた特命的な施設であったのではないかと私は考えている。そして、そこには坂東（関東）との強い結びつきという観点を重視する必要があると思う。小県郡に最初の国府が置かれた理由のひとつには、律令体制成立の際に、信濃国のなかできわめて関東に近く独自性の強い佐久に対して、より近い場所に国府を置く必要があったからということもあげられるかもしれない。

　このような佐久の特徴的事象が終息してくるのは八世紀前半から中頃である。これは佐久に隣接する小県郡に国府を置いた成果であろうか。こうした佐久の独自性のある特徴的事象が終息したからには、小県郡に国府がある必然性もなくなり、そのため遅くとも平安時代初期に編纂された『和名類聚抄』の時期にはすでに国府は筑摩郡へ移動していったとみることもできるのではないだろうか。

おわりに〜道でつながる坂東と甲斐〜

佐久は、信濃国の「道後」である。これは一方では坂東(関東)への「道口」でもあり、交流の拠点地として重要な位置を占めていた。佐久は東・北・南の三方を山で囲まれ、峠でつながる。峠は国堺・郡堺となり境界を隔するものであり、そこを越える際には峠祭祀を行う必要があった。一方では、隣接する上野国、武蔵国、甲斐国とを結ぶ峠道でもある。古代の佐久をみてみると、峠で隔絶されたというよりも、むしろ峠を越えて活発に交流していた姿がある。その峠も古東山道や東山道を越える入山峠・碓氷峠だけでなく、いくつもの峠により多方面へとつながっているのが佐久の特徴である。もちろん、信濃国のなかの佐久郡ではあるが、特に坂東を背後に有するという立地条件が律令体制成立直前において信濃国で際立った独自性を発揮した一因であると私は考える。

畿内との関係については古墳時代から深いつながりがみられるが、その一方で佐久には前方後円墳が築かれなかった。前中期においては気候冷涼化などに伴う生産力の低下という要因があったためそれは自然なこととも考えられるが、佐久平北部での後期以降の集落の大規模化と密集度からすれば、前方後円墳が築造されてもおかしくはないほどの勢力をもつに至っているといえよう。とりわけ六世紀代にはそれまで前方後円墳がみられなかった上伊那地域や諏訪地域、上田地域でも前方後円墳が築造される。上伊那郡箕輪町の松島王墓古墳、諏訪郡下諏訪町の青塚古墳、上田市の二子塚古墳である。なかでも東山道沿いの箕輪町と上田市で前方後円墳が出現する一方で、同様に東山道沿いにある佐久では築造されなかったという事実のもつ意味は深いと私は考える。「前方後円墳体制」のなかでも独自の位置にあったのであろうか。畿内系の遺物が多出するものの、大和政権との関係が他地域とはかなり異なっていたのではないかと考えるものである。先に望月牧は当初は私的な牧であったとの山口英男の論を紹介した。また郡司層も信濃国で主流となる他田舎人や金刺舎人の存在は見いだせない。佐久は、大和政権のなかでも他地域とは異なる中央豪族の影響が強い地域であった可能性が高いといえるだろう。信濃国のなかでの佐久の独自性のひとつの要因になるかもしれない。

七世紀を中心にみられる佐久の特殊性・独自性には、「坂東」という言葉にあらわれるように、峠(坂)を背後にもつ坂東への最前線の「信濃国の道後」という地理的・歴史的な環境が大きいと考える。そしてそれは単一的ではなく、馬生産を基軸とした多元的なチャンネルでつながる交通の要所であったということでもある。

引用参考文献

市川隆之　二〇一一年「律令揺籃期の佐久地方の特殊性(予察)」『長野県考古学会誌』一三五・一三六
井出正義　一九九七年「第五章第一節　律令制社会と佐久」『佐久市志歴史編』(一)
沖浦悦夫　一九九四年「田口峠・余地峠」『信州百峠』郷土出版社
桐原　健　一九六七年「長野県北佐久郡立科町雨境峠祭祀遺跡群の踏査」『信濃』一九巻六号　信濃史学会
桐原　健　二〇一四年「蕨手刀の周辺」『佐久考古通信』一一二号
小山岳夫　二〇一六年「前方後円墳未築造地域における弥生から古墳時代前期の集落」『専修考古学』第一五号
桜井秀雄　二〇〇八年「信濃国佐久郡に暮らす人々」『佐久の古代史』ほおずき書籍
田中広明　二〇〇九年「信濃の道後、坂東の道口」『佐久考古通信』一〇二号　佐久考古学会
堤　隆　一九九二年「信濃国佐久郡における奈良・平安時代の集落構造」『長野県考古学会誌』六四
堤　隆　二〇一二年『浅間』ほおずき書籍
傳田伊史　二〇〇一年「五・六世紀のシナノをめぐる諸問題について」『生活環境の歴史的変遷』雄山閣
冨沢一明　二〇〇一年「佐久の横穴式石室」『佐久考古通信』八一号　佐久考古学会
冨沢一明　二〇〇八年「反田遺跡出土の甲斐型土器について」『反田遺跡』佐久市教育委員会
中里信之　二〇一五年『石製模造品と神坂峠越え』阿智村東山道・園原ビジターセンター　はゝ木館

西山克己　二〇一二年『シナノにおける古墳時代社会の発展から律令期への展望』雄山閣
西山克己　二〇一五年「シナノの初期「牧」を考える」『長野県考古学会誌』一五一号
原　明芳　二〇一一年「甲信地方の古代生業」『日本考古学協会栃木大会　研究発表資料集』
平田耿二　一九八九年「第二章第三節　科野国の成り立ち」『長野県史　通史編第一巻』
藤沢平治　一九六七年「中山道瓜生坂祭祀遺跡」『信濃』一九巻四号　信濃史学会
古川貞雄・井原今朝男他　一九九七年『長野県の歴史』山川出版社
山口英男　一九八九年「第四章第三節　駅と信濃布」『長野県史　通史編第一巻』
臼田町誌刊行会　二〇〇七年『臼田町誌　第三巻　考古・古代・中世編』
軽井沢町教委　一九八三年『入山峠』
小諸市教委　一九九四年『東下原・大下原・竹花・舟窪・大塚原』
佐久市　一九九五年『佐久市志　歴史編（一）原始古代』
佐久市教委　二〇〇五年『聖原　第五分冊』
立科町教委　一九九五年『雨境峠』
長野県埋文センター　一九九九年『栗毛坂・長土呂・宮ノ反Aほか』
長野県埋文センター　二〇一五年『西近津遺跡群』
御代田町誌刊行会　一九九八年『御代田町誌　歴史編上』

トピック

御浦郡走水——小荷谷戸遺跡と海の道——

中三川 昇

はじめに

小荷谷戸《こにやと》遺跡の所在する三浦半島は神奈川県の東端に位置し、半島基部を除く三方を相模湾と東京湾などの海域に取り巻かれている。古代にはその大半が相模国御浦郡の領域であった。東京湾は横須賀市走水付近と対岸の千葉県富津市の富津岬との間にある狭隘な浦賀水道で内湾と外湾とに画されている。この海域は古くは「記紀」に「馳水」や「走水海」などとして登場し、宝亀二年（七七一）以前の東海道駅路はこの海域を経て相模国より上総国へと繋がっていた。また東京湾は外海と内陸の河川を繋ぐ海域でもあった。三浦半島内の駅路は、相模湾岸の鎌倉市域から逗子市・葉山町域を経て横須賀市域に至り、七世紀後半創建ともされる宗元寺跡近くを通り、走水付近に至ると考えられている（第1図1）。まさに走水地域は相模国の東の堺で、渡海のための駅家も想定されているところではあるが、発掘調査事例が少なくその実態は不明である（第1図1・2）。そこで本稿では走水に近接した横須賀市鴨居の小荷谷戸遺跡を中心にその様相を紹介することにしたい。

なお「相模国天平七年封戸租交易帳」には山形女王の封戸として「御浦郡走水郷」の郷名があり、この時期においては本遺跡もまた「走水郷」に含まれていたと考えられるところである。

1　小荷谷戸遺跡の概要

小荷谷戸遺跡は房総半島を間近に望む鴨居港に面した、標高四㍍前後の砂堆に立地する遺跡である（第1図1・2）。平成四年（一九九二）度の発掘調査地点（第1図3）では、古墳時代前期から平安時代の遺構・遺物が発掘されているが、ここでは古墳時代後期後半から平安時代にかけての遺構（第1図4）・遺物（第2図）について紹介する。

発掘された遺構は概ね七世紀から八世紀中葉の1期と九世紀後半以降の2期とに分かれ、1期の遺構はさらにa・b2小期に細分されている［横須賀市教委 一九九四］。

1a期の遺構は主軸が東に振れる一群で、布掘り建物SB06・竪穴状遺構SX01・倉庫と思われる総柱建物SB01・02等である。西側に布掘り建物や竪穴状遺構があり、空間を置いた東側に総柱建物群がある。1b期の遺構は主軸がわずかに西に振れる一群で、側柱建物SB05・総柱建物SB03・04・柱穴列SA01〜04等である。西側の側柱建物と東側の総柱建物の間が複数の柱穴列で画されている。いずれも小規模ではあるが、同時期の一般的な集落とは様相を異にする遺構群と言えよう。

第2図1〜41は1期に該当する土器類である。土師器では七世紀代を中心とした時期は多方面との繋がりを示す1〜14等がみられるが、その後は北武蔵型坏が卓越する状況になる。この傾向は土師器甕類も同様である。この背景としては相模国分寺創建期瓦（第1図1①②）を生産した乗越瓦窯の存在が示唆的である。乗越瓦窯では瓦と共に武蔵国系の技法である底部静止糸切り離しの須恵器坏・椀類も焼成しており、八世紀中頃でも令制国の枠組みを超えた緊密な繋がりを示している［横須賀市教委 二〇一二］。しかし、1期の須恵器は第2図22〜40に示した通り、湖西窯ほかの東海地方産の須恵器が主体的である。

第1図　小荷谷戸遺跡の位置と遺構配置

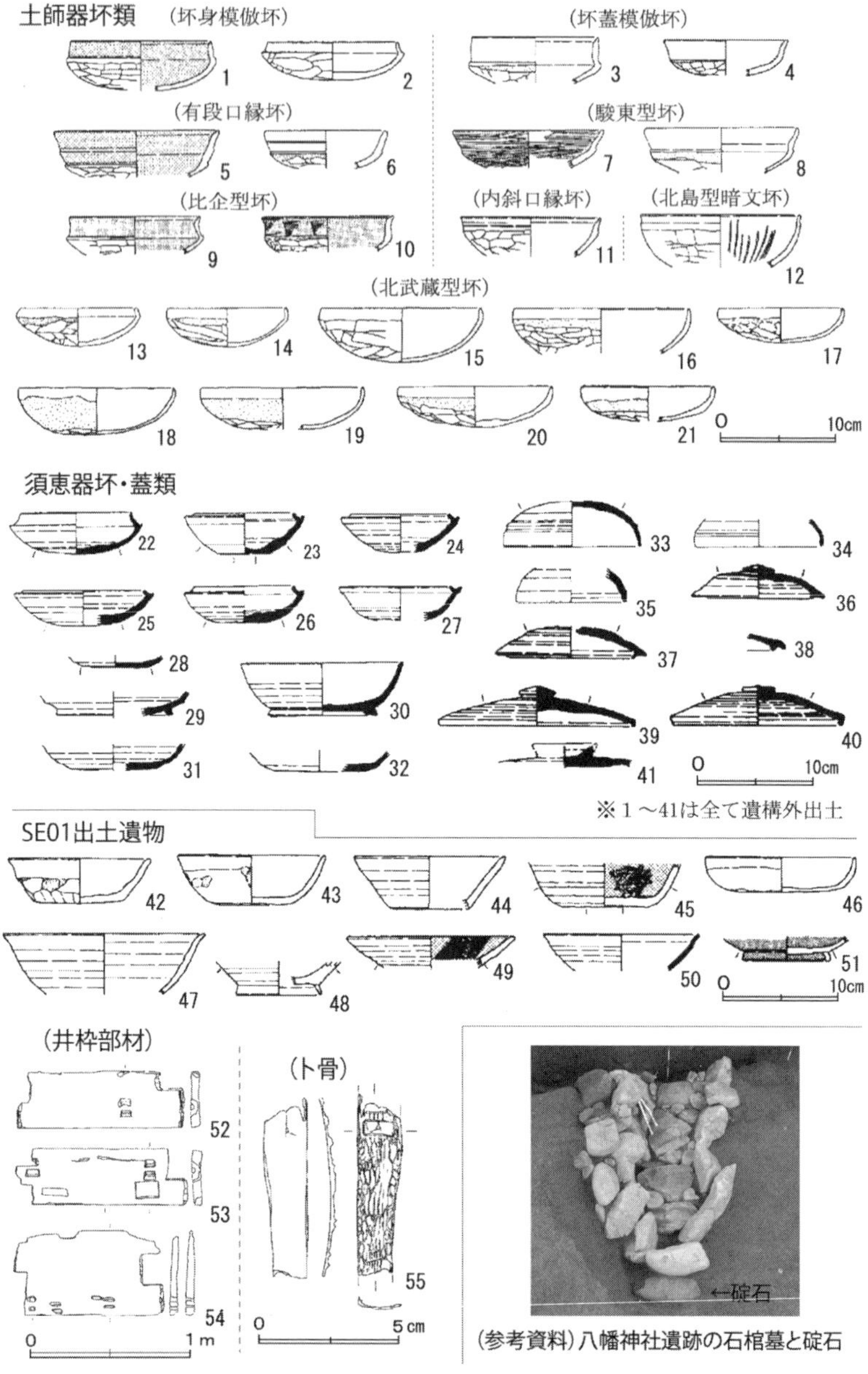

第2図　小荷谷戸遺跡出土遺物

2期の明確な遺構は、横板井籠組の井戸跡ＳＥ01のみだが、調査区南東側に建物群の存在を示唆する柱穴群がある。第2図42～55はＳＥ01からの出土遺物である。42～45は掘り方出土で42は相模型坏、43は南武蔵型坏、44・45はロクロ土師器である。48～51は覆土出土で46は北武蔵型坏、47～49はロクロ土師器、50は南比企産の須恵器坏、51は東海地方産の緑釉陶器である。このように2期には再び多方面との繋がりが窺われる状況となる。なお52～54は船材の転用とも思われる井枠部材、55は卜骨である。この他、本遺跡では多様な魚介類や海棲動物の遺存体も出土している。

2　小荷谷戸遺跡存立の背景について

小荷谷戸遺跡1期の遺構群と出土遺物の様相は、宝亀二年に廃される古東海道駅路の盛衰とも重なるが、出土遺物では房総半島との関連は希薄で、東京内湾と河川を介した内陸部との強い繋がりが窺え、駅路の存在のみでは表せない河川も含めた陸と海の道の存在が示されている。この時期以降、遺構・遺物は極めて希薄となるが、九世紀後半には井戸を伴う遺構群が形成され、再び多方面との繋がりを示す遺物が出土してくる。このような動向は三浦半島の東京湾沿岸遺跡に共通する事象である。本遺跡を含む走水地域は東海道駅路の相模国と上総国の陸路を繋ぐ海の道の要衝地であったとともに、東京湾に流入する河川流域との活発な交通・物流の拠点的な地域であったと考えられるのである。

相模国「御浦郡」は、その文字と「みうら」の読み、山形女王ほかの封戸の存在、奈良県王寺町の西安寺跡出土瓦と同笵瓦（第1図1①）〔河野二〇〇〇〕が出土する宗元寺跡の存在などから、中央勢力との強い繋がりが指摘されるところであるが、その背景には東京湾を介した多方面との繋がりの拠点でもあったことにこそあったと思われる。ちなみに横須賀市久里浜の八幡神社遺跡では舟運を担ったと思われる男性を埋葬した、碇石を伴う七世紀後半頃の石棺墓が発見されている(第2図参考資料)。

おわりに

三浦半島は陸路や海路においても相模国の東の堺に面する場であったが、堺となる東京湾は相模国と上総国とを画す堺であるとともに、多様な地域を繋げる海の道でもあった。また地域を画する堺であるが、必ずしも閉鎖的ではなく、多方面に開かれた堺であったと思われ、時間や気象条件により容易に遮断される堺でもあった。同時期、三浦半島の海浜各所で卜骨・卜甲の祭祀が行われている。それは豊穣や時に遭難をもたらす海神への祭祀かと思われるが、八幡神社遺跡の石棺墓が示唆するような船で往く常ならぬ領域との堺も意識した祭祀でもあったのではとも思われるところである。

参考文献
河野一也　二〇〇〇年「相模宗元寺の西安寺式鐙瓦について」『日本考古学協会第66回総会研究発表要旨』
横須賀市教委　一九九四年『小荷谷戸遺跡』横須賀市埋蔵文化財発掘調査報告書第3集
横須賀市教委　二〇一二年『乗越遺跡』横須賀市文化財報告書第49集
横須賀市教委　二〇一五年『八幡神社遺跡』横須賀市文化財報告書第52集

那須・白河と建鉾山～東北への口～

金子 智美

はじめに

栃木県那須地域と福島県白河市は隣り合う身近な地域だが、現在は栃木県と福島県に属し、栃木県は関東地方、福島県は東北地方と、この二つの地域の間には様々な線引きがなされている。しかし、本来那須と白河は、東北と関東の中間に位置する地理的環境を活かして周辺地域と積極的に交流を図り、密接にかかわり合いながら、歴史と文化を育んできた地域である。海老原郁雄は「考古学上の対象となる時代を通じて相互に文物の交流が行われ、その影響下に新たな地域文化が醸成される、一まとまりの文化圏である」この地域を「接圏」と呼んでいる[海老原 二〇〇六]。那須と白河は、やがてこの「接圏の地」から「境界の地」へと姿を変えていく。奈良時代、律令国家の地方支配が整うと、それぞれ下野国那須郡、陸奥国白河郡となり、都から北へと向かう東山道が通り、その国界には白河関が置かれた。白河関は坂東と陸奥の境界として、国家の蝦夷に対する政策を象徴するものとして位置づけられる。この時できた境界への意識は現在でもはっきりとした形で残っている。今回は、那須と白河の間にみられる「堺」について注目し、その様相について概観していく。

1　東北との堺

(1) 那須と白河

那須地域と白河は同じ文化圏として交流・交易を行ってきた。このことは発掘される各時代の遺跡やそこから出土する土器などの遺物の特徴からうかがい知ることができる。それが古墳時代になると、自然・地理的条件に加え、意図的な力の介入が見えはじめ、古墳の形態や副葬品から両地域の文物の流通や文化の伝播に違いが生じてくる。そして大和政権の下で地域の豪族が国造に任命され、それぞれに那須国造、白河国造が置かれる(第1図)。大田原市湯津上に位置する那須国造碑からは、那須国が新しい国家体制の確立に伴って、変化していく過程がうかがえる。下野国と陸奥国となった両地域は、ともに国家による東北政策の最前線拠点として、接していくこととなる。

第1図　国造の配置（栃木県教委 2011 より）

那須と陸奥国をつなげる史料がいくつか見受けられる。多賀城跡第83次調査では「奈須直廣成」と記された木簡が確認されている。この木簡は表に人名の記載、裏に天平神護年間(七六五～七六七)の年紀・日付と奈須直「廣成」の自署があるもので、人の進上等に関わる文書と推定されている。表に進上する人の名前を列挙し、裏には進上の日付と責任者が自署を加えたものであり、「廣成」は責任者の地位を持つものと考えられる〔宮城県 二〇一三〕。さらに『続日本後紀』嘉祥元年(八四八)五月十三日条に「陸奥国白河郡大領外正七位上奈須直赤龍に阿倍陸奥臣の姓を賜う」の記事がある。多賀城跡の木簡と同様、奈須直は那須国造碑に見られる「那須直韋提」にもつながる氏姓である。国造碑の建立は七〇〇年頃、赤龍の記事は八四八年と約一五〇年の隔たりがあるが、この那須直の流れを汲む者が白河郡で見られることや、多賀城において奈須姓の人物が活動していたことは注目される。

(2) 陸奥国への道

律令国家の蝦夷政策にとって、人と物を移動させる道路の確保と管理は、重要なことのひとつに挙げられよう。陸奥国は東山道に属し、その国府への道路には東海道と東山道があった。税だけでなく、地域の特産品など多くの物資がこの道路を通って都へ運ばれた(第2図)。養老三年(七一九)には、石城国(現福島県いわき市)に始めて駅家一十処が置かれており(『続日本紀』)、東海道を延長した海側の交通路が整備されている。蝦夷への対策として、物資の供給や兵士の速やかな移動には、道路の整備が必要不可欠であっただろう。坂東諸国からは農民の東北への移住や兵士の移動など、道路を通じた往来が多くあり、段階的に北へ支配が広げられていった。しかしその後、陸奥国の反乱が相次ぎ、延暦二十四年(八〇五)十一月には陸奥国の部内、海道諸郡の伝馬が廃止される。さらに、弘仁二年(八一一)四月には「陸奥国の海道十駅を廃す。更に常陸国に通ずる道に長有・高野の二駅を置く。機急を告ぐる為なり」(『日本後紀』)とある。蝦夷に対する政策のひとつとして、「機急を告ぐるため」として海側の駅を廃止し、常陸から陸奥へ向かう道を一本化することで速やかな連絡の確保を図ったと考えられる(第3図)。弘仁二年はそれまで続いた東北三十八年戦争と呼ばれる蝦夷との衝突が収束していく年で、蝦夷政策の転換に伴う陸奥国への施策として進められたとい

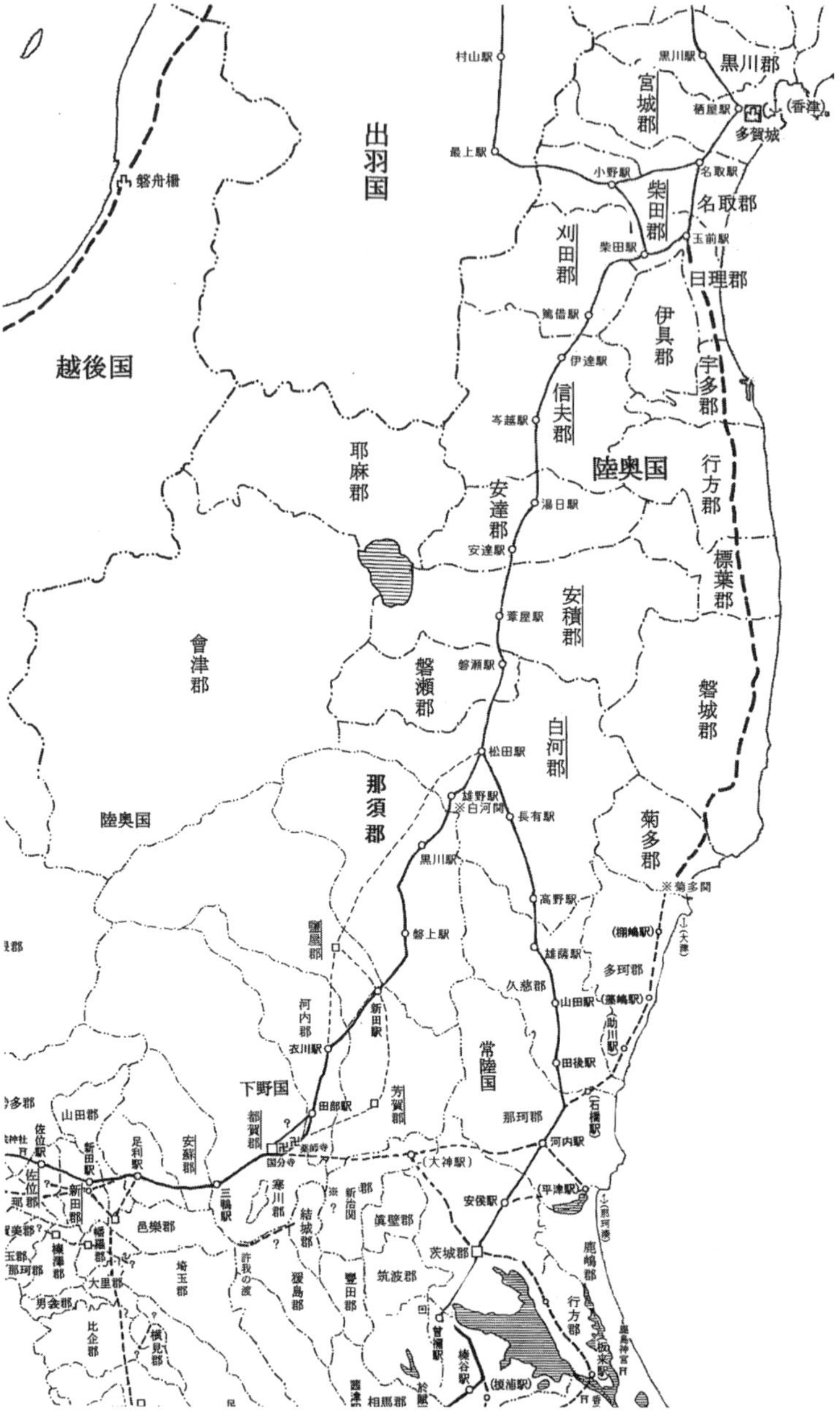

第 2 図　駅路と伝路（木下 2009 に加筆）

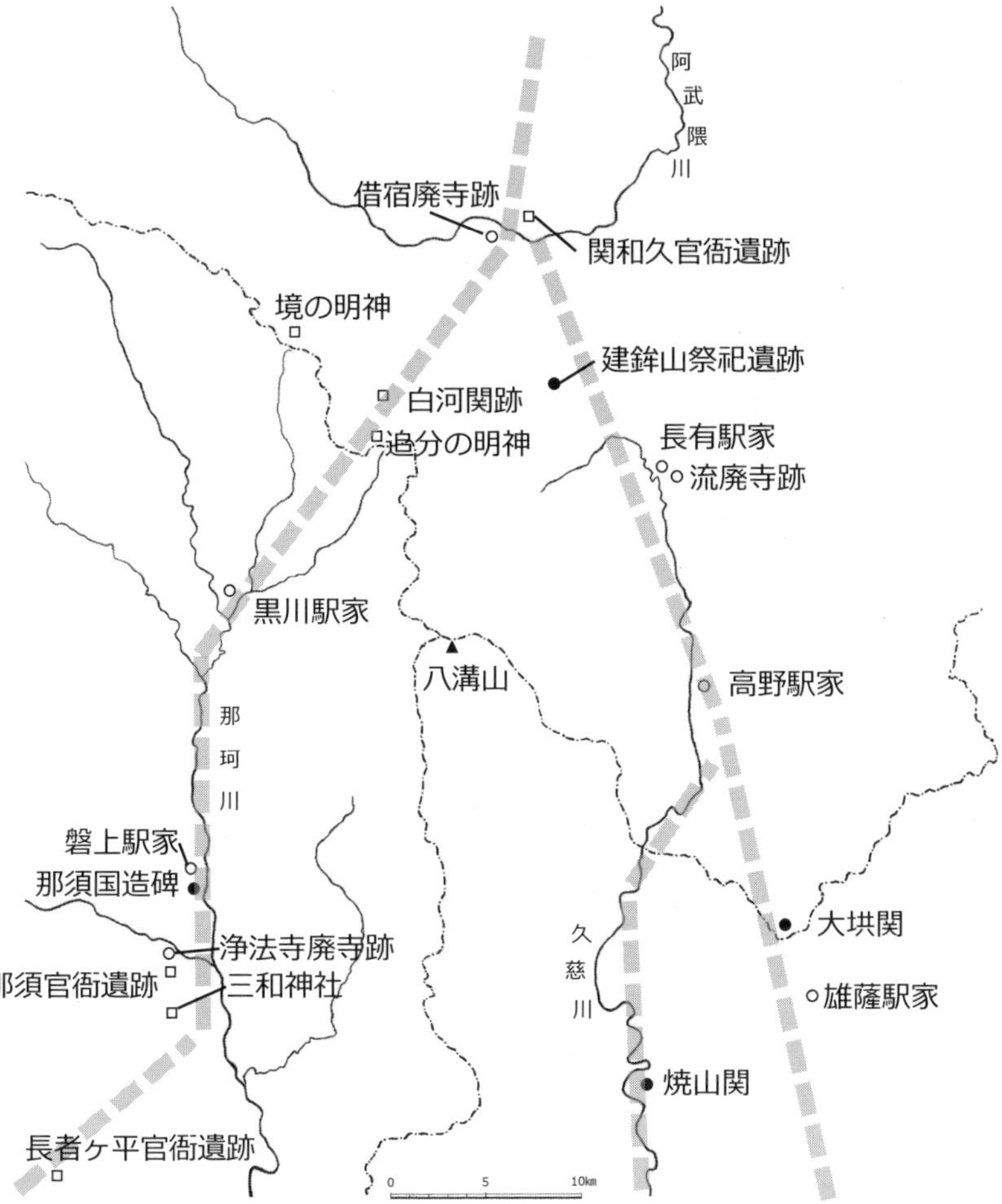

第３図　那須と白河周辺遺跡位置図

える。翌年には常陸国側に「小(山)田」「雄薩」「田後」の三駅が置かれ、道路の再編が行われている。各地で八世紀末ころを境として、ルートの変更や幅員を狭めていることが発掘調査などで明らかになっている。

(3) 建鉾山における祭祀

延暦二十四年に一本化された東北への道は、茨城県北部を流れる久慈川流域を通過し、東山道へ合流したものと考えられる。ここで注目されるのが、建鉾山である。

建鉾山は、白河市表郷高木に位置する。この建鉾山(武鉾山)は、標高四〇三・八㍍(比高九〇㍍)の円錐形の整った山で、山頂には「建鉾岩」と呼ばれる露出した珪質岩の母岩があり、祠が置かれ、古来より信仰の山とされてきた(写真1・2)。建鉾山の中腹には、都々古別神社が位置している。文禄三年の社記によれば、日本武尊が東征の折、奥羽に至り、都々古山(建鉾山)に鉾を建てて、農業神である「味耜高彦根命」を地主神として祀ったことからはじまったとされる。

周辺では古くから石製模造品が出土することが知られ、昭和十三年首藤保之助によって遺跡の踏査と表面採集が行われ

写真１　建鉾山

写真２　建鉾山山頂の巨石

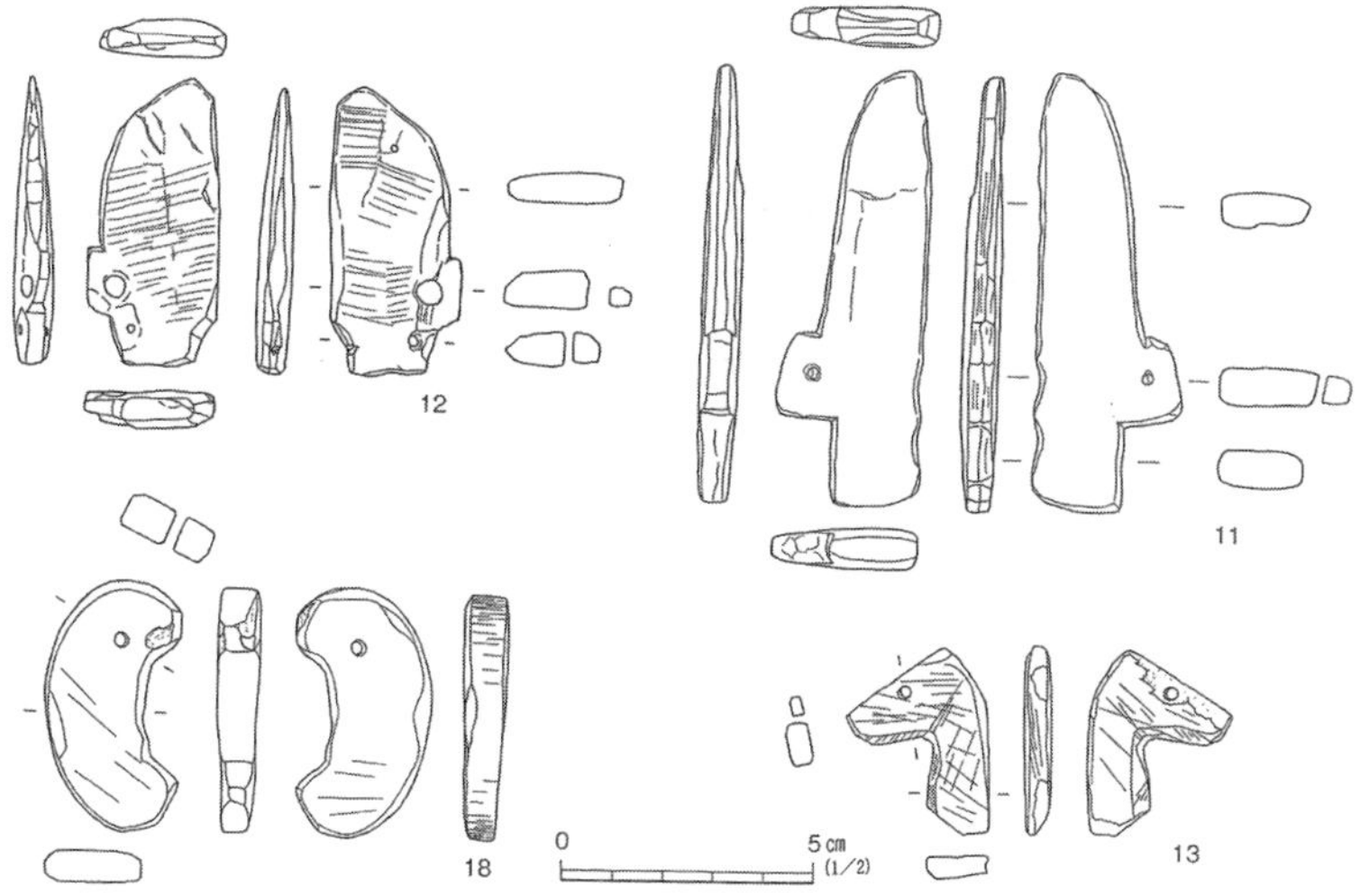

第４図１　建鉾山　高木地区出土の石製模造品

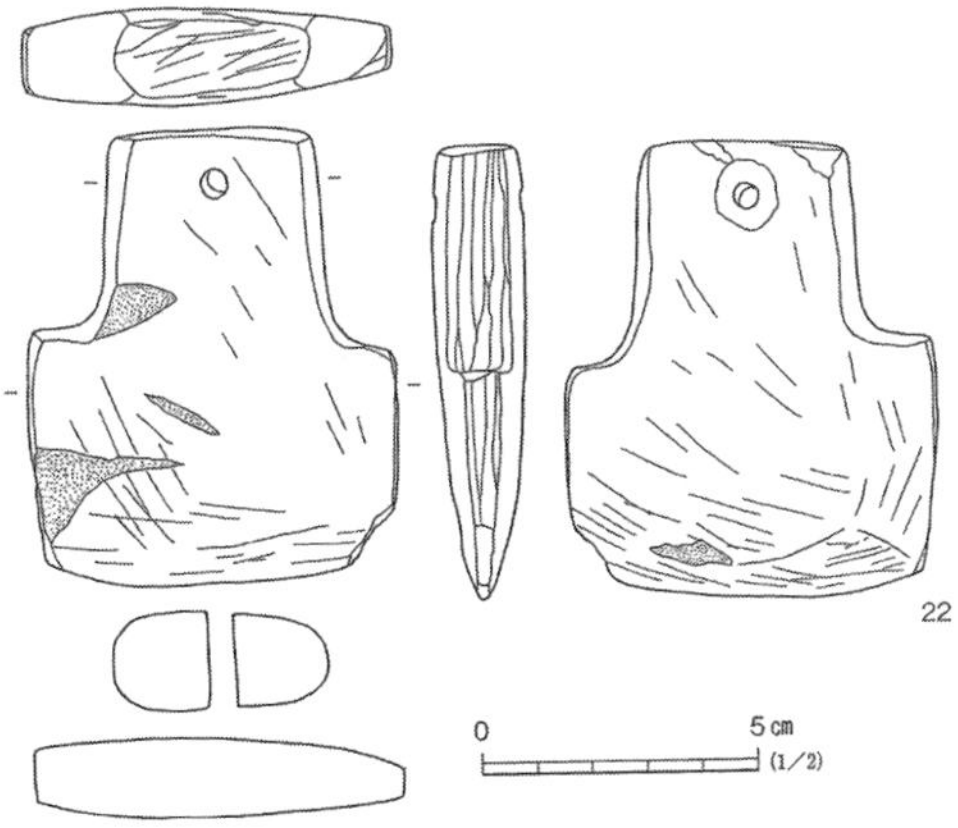

第４図２　建鉾山　高木地区出土の石製模造品
（白河市 2004 より）

た。昭和十四年には大場磐雄が現地を踏査するなど、祭祀遺跡として紹介され「建鉾山遺跡」として知られるようになる。発掘調査は三森地区と高木地区の二地区で実施されている。高木地区は建鉾山の北側斜面中腹の平坦面に位置する。大量の石製模造品が採集され（第４図）、國學院大學の亀井正道によって昭和三十三年に発掘調査が行われた。調査によって、五世紀のものとされる土師器のほかに銅製儀鏡、鉄鏃、鉄剣、鉄刀、石製

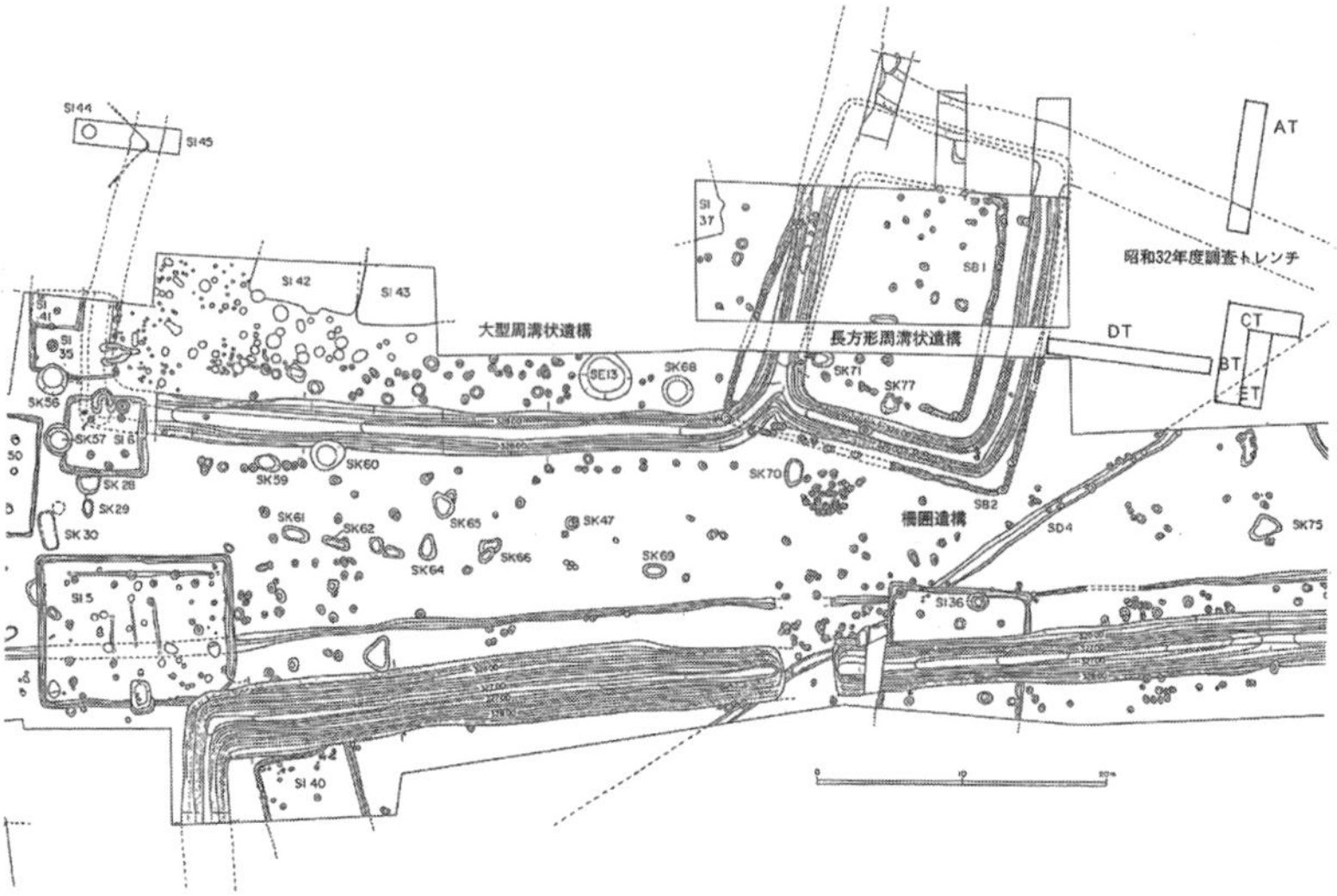

第5図　建鉾山　三森地区遺構図（戸田編 1998 より）

模造品などが出土している［亀井 一九六六］。

三森地区は建鉾山の東方山麓に位置し、昭和三十二年國學院大學の亀井正道による調査で溝状遺構と竪穴住居跡2軒、子持勾玉片や勾玉、有孔円板などの石製模造品が検出されている。村教育委員会による平成五～七年の発掘調査では、方形区画施設のほか、竪穴住居跡43軒、土坑82基、井戸跡8基などが確認されている。また、五世紀前半代の方形区画施設や付属祭場からなる集落が確認された（第5図）。羽口や鉄滓なども出土しており、鋼の製造及び小鍛冶も行われるなど先進的な集団がいたことがうかがえる。古墳時代以降では方形区画施設や祭場は消え、住居跡数は減少し、住居を中心とした集落構成に変化している。それまでの鉄生産に加え、銅製品の製作も行われている。七世紀から九世紀にかけては、各時期数軒の竪穴住居跡が確認されている。遺物も多く出土しており、集落が構成されていたと考えられる。その後の遺構としては、中世の三森館跡に関する遺構が確認されている［白河市 二〇一一］。

古代の祭祀遺跡としては東北最大の遺跡であり、その祭祀のあり方は畿内や西日本などと同じ形態と考えられ、五世紀前半代後葉には大和政権がこの地に到達していた可能性をしめしている。このような祭祀遺跡は美濃国鈴鹿国と下岩陰遺跡など、交通の要衝に位置することが多く、同遺跡の周辺に古くから使われていたルートがあったと考えられる〔白河市 二〇〇四〕。

また、『今昔物語集』巻二十七「近衛舎人、常陸国の山中に歌をうたひて死にし話」では、陸奥国から常陸国へ向かう道中で「焼山関」と呼ばれる「とても深い山」を通過したことが記されている。この焼山関は大子町頃藤に位置している関戸神社付近と推定されており、社伝によると、大同元年(八〇六)に創建され、源義家の東北侵攻にあたり、この地を白河郡と久慈郡の国境と定め、関戸米神社を祀り、戦勝を祈願したといわれる〔大子町 一九八八〕。大子町周辺は、古代において白河郡依上郷として陸奥国に属している。焼山関が実在したかは定かではないが、周辺が常陸国と陸奥国の堺と認識されていた様子がうかがえる。この焼山関や建鉾山へ至る久慈川に沿って北上するルートは、左右に山が迫る地形ではあるものの、古くから利用されていたと考えられる。

さらに、天平十年(七三八)の『駿河国正税帳』では、「小野朝臣某」が駿河国を通って「那須の湯」へ向かっていたことが記されている。同じく、下野国内の下野薬師寺に向かう僧や陸奥国へ向かう者のなかにも東海道を使用している事例がみられる。駿河国は東海道に属しており、本来であれば下野国、陸奥国へ向かうためには駿河国は通過しない。しかし、この『駿河国正税帳』からは目的に応じて両方の道路を利用し、東山道と東海道をつなぐ連絡路の存在があったことが推定できる。久慈川流域のような古くから使われた枝道が利用され、人々の往来を助け、時代とともに支配の一端を担うまでに発展していった可能性も指摘できよう。

3　白河関と境界の地

(1) 関の役割

支配のために整備された官道は、同時に官人以外の通行者を取り締まる必要にも迫られた。そこで設置されたのが関である。古代の関は軍事・交通の要衝に設置され、関市令によって規定されていた。通行者を取り締まる施設として、また防御施設として、律令体制を維持していく上で大切な役割を担っていたといえる。なかでも鈴鹿(伊勢国)、不破(美濃)、愛発(越前)の三関は、畿内からの反乱勢力を東に逃がさないための備えとされ、近江国から東海道、東山道、北陸道のそれぞれへの出入り口として重視されていた。そのほか、北の蝦夷へ向けて設置されたのが、出羽国と越後国の境界である念珠関、陸奥国と常陸国境の菊多関、そして下野国と陸奥国境の白河関であり、この三か所は奥州三関ともいわれる(第6図)。なお、白河・菊多の両関は九世紀半ばまでは「剗」と記されているが、本稿では史料からの引用箇所以

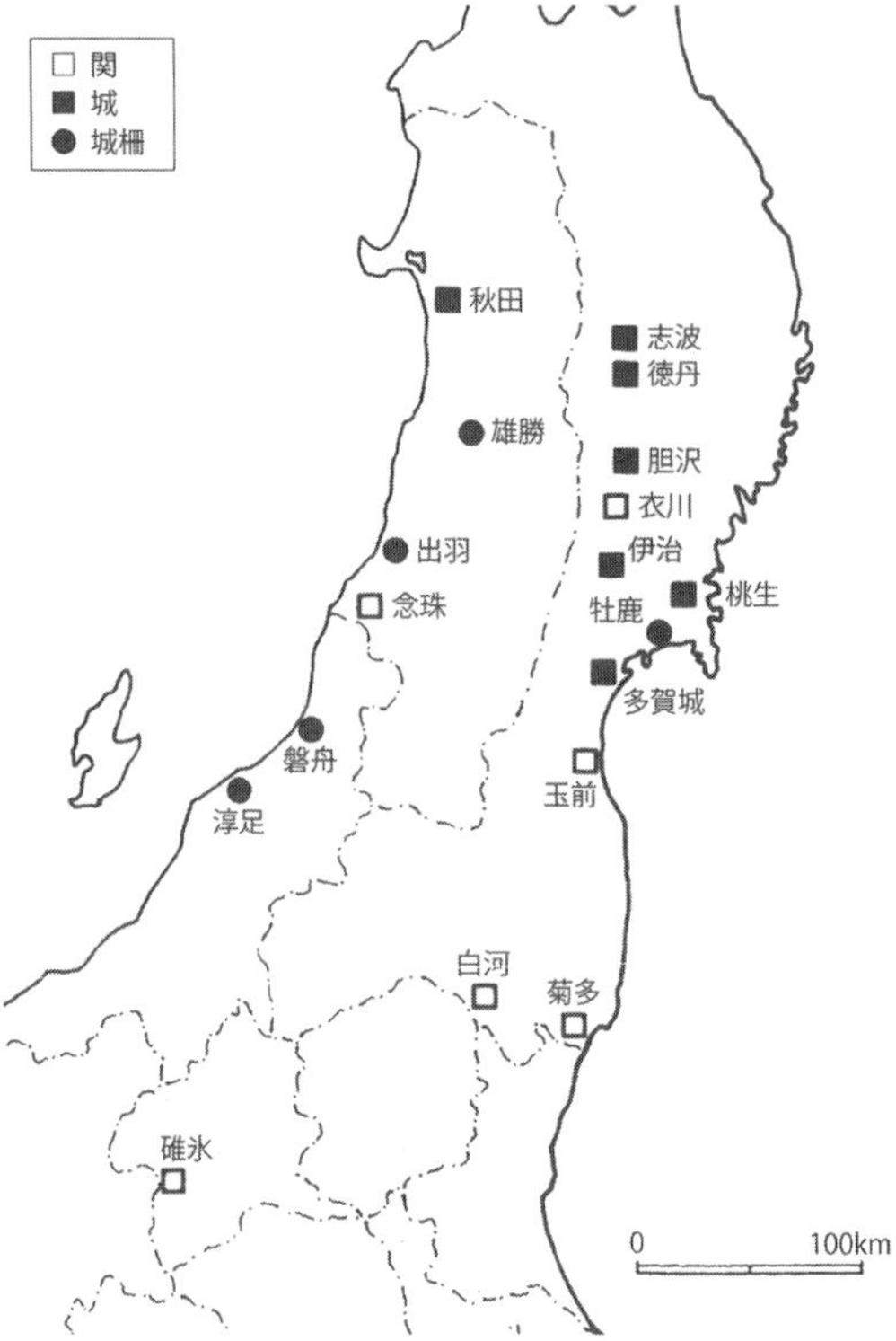

第6図　陸奥に置かれた関と城柵
(栃木県教委 2011 より)

外は「関」で統一している。

陸奥国府であった多賀城跡にある、天平宝字六年(七六二)に建立された多賀城碑の碑文の一節には「多賀城　下野国界より去ること二七四里(約一四五㌔)」とある。これは多賀城と白河関間の直線距離、約一五〇㌔とほぼ同じであり、白河関が下野国との堺と考えられ、重要な場所として認識されていたことがうかがえる。当時、坂東諸国から人や物資を補っていた陸奥国にとって、これらの国外への流出は深刻な問題ともなった。そのため、厳しい取り締まりが行われ、陸奥国からの逃亡者は捜索して連れ戻され、陸奥の名産であった馬などの物資を国外へ持ち出すことは取り締まりの対象となった。白河関は、陸奥国内外の人や物が国外へ流出するのを防ぐ施設であったと考えられている[永田 二〇〇七]。

(2) 史料にみる白河関

白河関の初見である『河海抄』によると、延暦十八年(七九九)の太政官符が引用されており、「白河・菊多剗に散位が六〇名いた」ことが記され、八世紀末には関が機能していたことが確認できる。また、承和二年(八三五)十二月三日付太政官符の「白河・菊多の両剗は設置以来四百余年」の記述によれば、五世紀前半頃にはすでに白河・菊多の両関が存在していたことになるが、現在のところこの時期の遺構・遺物は確認されていない[白河市 二〇〇四]。同じく、承和二年の太政官符では「関を通らない者は重く処罰しなければならないが、白河剗について条例がないため、法令違反があっても取り調べができない。この国は俘囚が多くいるので、通行取締りができなければ、何のための守固なのかわからない」として、「通行取締りを長門国と同様にしてほしい」と訴えている(『類聚三代格』)。この記述からは、白河・菊多の両関が北に向けての警戒・通行の取締まりという役目を持っていた様子をうかがうことができる。また、元慶四年(八八〇)太政官符には「承和二年以来取締りを続けているが、近年遊蕩の輩が勝手に往還しており、役人が

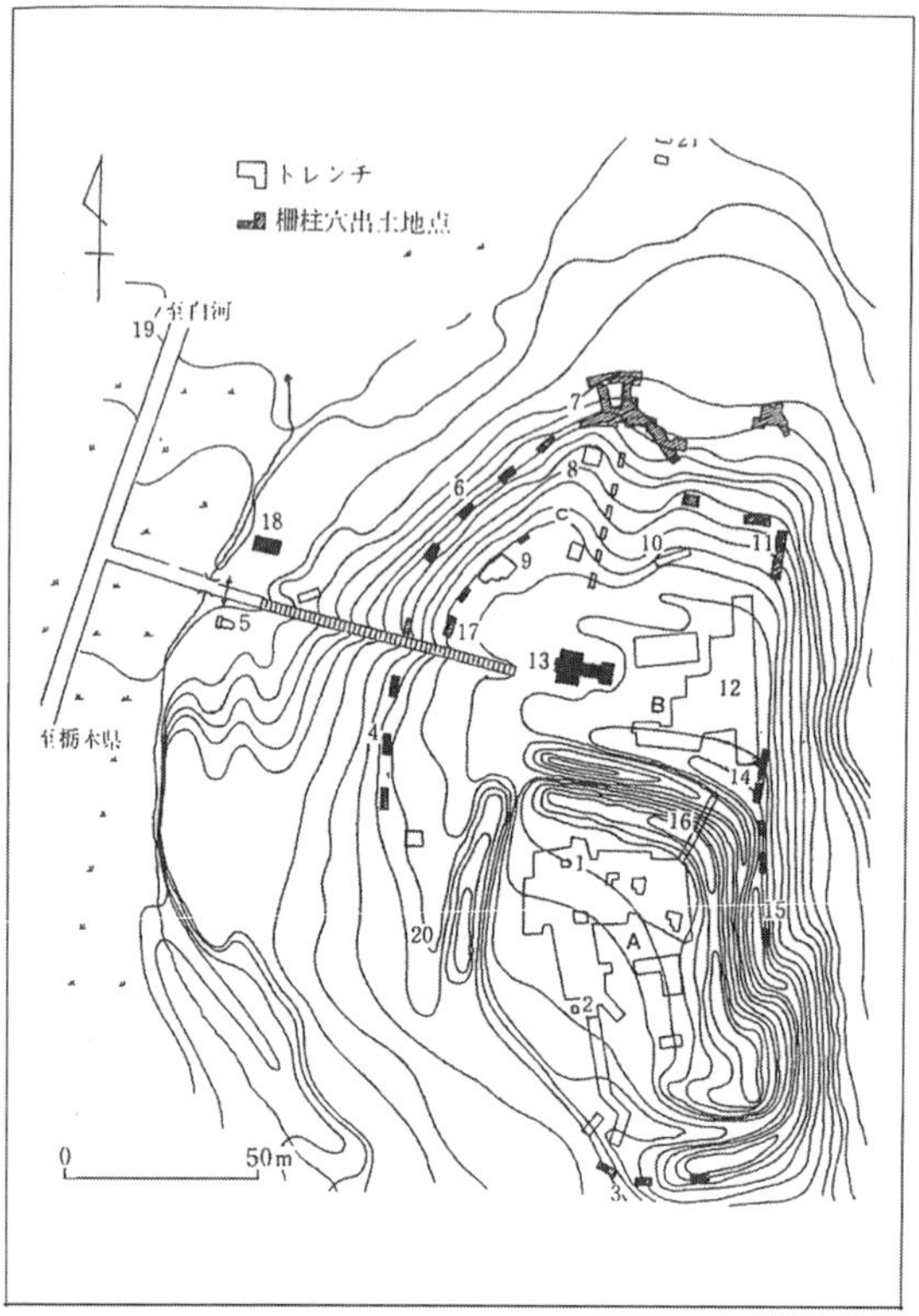

1…A 地区柱穴群
2…柱列跡
3…南門（推定）付近柵列
4…二門跡（推定）
5…古関蹟碑と参道
6…第2柵列
7…北門跡（推定）と柵列
8…C 地区柱穴群
9…C 地区炉跡
10…堀跡
11…柵列
12…B 地区竪穴住居跡
13…白河神社
14…第1柵列（東部）
15…外側土塁と柵列・空堀
16…空堀部トレンチ
17…第1柵列（西部）
18…宮司宅
19…旧奥州街道と棚倉街道辻
20…西側土塁と空堀
21…小石敷路面

第7図　白河関跡丘陵部の遺構全体図（文化庁 1991 より）

厳制しても改善されない。法を犯して出入りする者を取り締まるため、多賀城より月ごとに分担して国司一人を関司として派遣する」（『類聚三代格』）という陸奥守からの上申がある。規定によれば、関司として国司が派遣されるのは三関のみであるので、このことにより白河関が不破・鈴鹿・愛発の律令三関と同様に、取り締まりを重点的に行うものと認識されていたことがうかがえる。

(3) 白河関跡の調査

白河関の場所については、旧奥州街道沿い（国道二九四号線）や県道七六号線沿いなどいくつかの説があったが、江戸時代、白河藩主松平定信によって考証され、絵図や地形、古老の話をもとにして現在の白河市旗宿が白河関であるとし、寛政十二年（一八〇〇）に「古関蹟碑」が建立

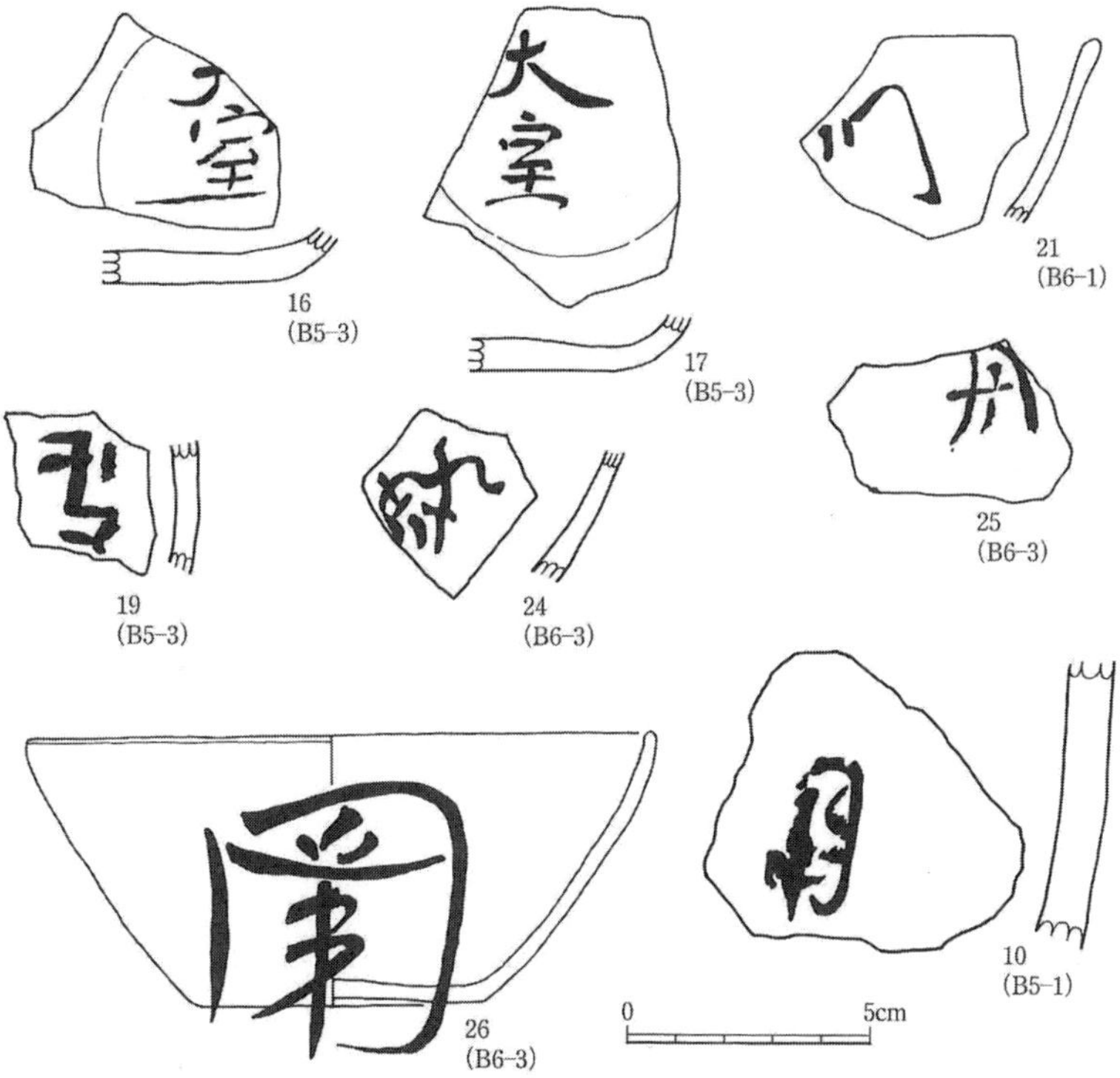

第８図　白河関跡出土の主な墨書土器（白河市 2001 より）

されている。現在は「関の森」と呼ばれ、比高一三㍍ほどの独立丘陵上に立地し、山に囲まれた平野部の最も狭い場所で、昭和四十一年（一九六六）九月に国史跡に指定されている。

国史跡の指定に先立ち、昭和三十四年（一九五九）から三十八年（一九六三）にかけて、丘陵の五地点に集中して発掘調査が実施され、丘陵全体を利用して空堀、土塁、柵列、門跡が構築されていることがわかった（第7図）。南、北、西の三方に門を設けた形跡、内柵や堀に囲まれた中に竪穴住居跡や掘立柱建物跡、鍛冶工房跡が確認されている。しかし、空堀や土塁、遺構の多くはその形状から中世以降のものと考えられ、古代白河関の解明には至っていない。ただ、出土した土師器、須恵器のなかでも奈良時代末から平安時代初期に位置付けられる墨書土器が確認されている。判読できるものには「大室」「厨」「門」、「圍」または「圉」と読めるものもあり、この場所にあった施設の性格をうかがうことができる(第8図)。縄文土器、弥生土器、中世のかわらけなども出土しており、古くから人々が暮らす地域であったことがわかっている[白河市二〇〇二]。

文献でみてみると、律令三関は延暦八年(七八九)七月、桓武天皇時に停廃される。その理由は、非常時に備えることを目的として設置された関が軍事的防禦に用いることがなく、交通にとって阻害要因になっているためとされている(『続日本紀』)。兵器類は国府に運び、その他の官舎は近くの郡に移されており、三関以外の関も順次廃止されていったと考えられる。ただし、元慶四年の太政官符にもあるように、白河・菊多関は九世紀にも存続していた。他にも多賀城跡出土木簡により、陸奥国玉前関も九世紀に存続していたと考えられ、三十八年戦争が終結した後も東北への備えは続けられていた。

また、『今昔物語集』巻二十六「陸奥守に附きける人、金を見つけて富を得し話」では、陸奥国司が白河関を通過する際は、供の者の名前を書き、それに従って順々に関所に入れ、入れ終わると木戸が閉じられるという手順が記載されている。これによれば、十二世紀前半ころまでは関が機能していたと考えることができる。その後、文治五年(一一八九)、源頼朝が奥州合戦のために付近を通過し、関の明神に幣帛を捧げた際には関守は居なかったことが、『吾妻鏡』に記されている。平安時代以降、白河関は歌枕としても著名であるが、関の実態を詠んだものではなく、掛詞や縁語として詠んだものが中心である。都から遠く離れた地、異国への入口として詠まれた歌枕としての白河関からは、明らかな境界への意識がみてとれる。歴史的な背景とともに、人々の心情の中にも関東と東北を隔てる「白河関」への意識が強く反映されているといえる。

4　白河関の周辺

白河関周辺での堺の意識として、現在栃木県と福島県境には「境の明神」と呼ばれる神社が確認されている。旧奥州街道である国道二九四号線沿いでは、現在の県境を挟んで那須側に住吉神社(男神)、白河側に玉津島神社(女神)が位置している(写真3・4)。道路の拡張工事などで数回の調査が行われているが、近世の遺構、遺物が中心であり、古代の遺構は確認されていない。さらに、白河関跡東側約四キロの県道七六号線沿いには、県境の那須側に「境の明神」または「追分の明神」と呼ばれる玉津島神社がある(写真5)。白河側には神社は見られないが、白河関跡敷地内の丘陵上に位置する白河神社が、近世には住吉神社だったとも伝えられており、こちらも男神と女神の対になって鎮座していたと考えられ、内と外を意識した配置がみられる。これらの神社の存在からは那須と白河の間が堺、峠とし

写真3　玉津島神社(白河市白坂)

写真4　住吉神社(那須町寄居)

写真5　玉津島神社(那須町蓑沢)

て認識されていたことがうかがえる。

白河関の北東約四キロには、標高六一九メートルの関山が位置し、頂上には天平勝宝七年(七五五)開基を行基とする満願寺がある。さらに、この関山周辺には「飛」や「飛山」などの「烽」の伝承がある峰が点在するなど、交通に関する地名もみられる。建鉾山周辺を通ったと推定される東海道と白河関付近を通過した東山道が合流する地点には、白河郡衙である関和久官衙遺跡が位置する。関和久官衙遺跡は西白河郡泉崎村関和久に位置する古代白河郡役所跡で、規則的に建物が配置され、塀とともに四脚門跡・八脚門跡が確認されている。さらに「駅屋」「白」「厨」などの墨書土器も出土している。周辺は下総塚古墳や舟田中道遺跡、借宿廃寺跡など、古墳時代後期から奈良・平安時代にかけての重要な遺跡が半径二キロに位置する古代白河の中枢地域といえる。白河関は山に囲まれた平地の最も狭い場所に位置し、交通の取り締まりには優れた場所である。しかし、下野国から陸奥国、常陸国側から合流してくる道路にはいくつかのルートがあり、白河関のみで管理することは難しい。したがって、関和久官衙遺跡などの公的施設とともに陸奥国への出入りを管理し、相互に連携して機能していた可能性も考えられよう。

おわりに

やがて律令体制が崩壊すると、白河関は陸奥国からの人物、物資の流出を防ぐという機能を失う。その後、鎌倉時代中期の僧、一遍上人の一生を描いた「一遍聖絵」に当時の白河関が描かれている。山中の道の傍らに一間×二間の板葺きの建物があり、二名の人物が道の方向をみつめている。周辺には堀や柵、北側には三棟の建物が並んで見えるが、多くの人々によって守られていた延暦十八年の面影はない。『吾妻鏡』では、文治五年(一一八九)奥州合戦の際に頼朝が奥州へ入る直前、「新渡戸駅」で軍勢の総数を把握するなど、軍勢を整えている様子が記されている。新渡戸駅の所在について現在のところ確認できる史料はないが、「丹渡戸」の地名が残る那須町伊王野地域と推定されている[那須町 二〇一三]。関守が居らず、関が機能していないにもかかわらず、白河関を越える段階での緊張状態があったことをうかがわせる。両地域は「境界の地」として、その後も様々な歴史的局面で意識され、そしてその境界は県境、また関東と東北の堺として現在も続いている。

今回は白河関周辺の様相にとどまったが、同様の状況が常陸国と陸奥国の国界でもみることができる。常陸国多珂と陸奥国石城の両地域もまた「接圏の地」から、「境界の地」へと変化していく。中央集権化のなかで区分されていった那須と白河、そして多珂と石城の両地域のあり方は、政治的な境界の設置が大きな契機となり、今日に引き継がれたものといえる。特に時代の移行期に遺跡の様子などが近似している那須と白河について、それぞれの地域の遺跡を十分に検証することで、国家政策の一端が見えてくるものと考えられる。

参考・引用文献

岩田孝三　一九七〇年『関祉と藩界《増補改訂版》』校倉書房

梅宮　茂　一九六六年「「白河関跡」関の森遺跡について」『古代文化』第一六巻第四号　古代学協会

海老原郁雄　二〇〇六年「那須の縄文土器―関東と東北の狭間で―」『那須の文化史　自然・歴史・民俗を読む』随想舎

大橋泰夫　二〇一二年「坂東における瓦葺きの意味―クラからみた対東北政策―」『古代社会と地域間交流Ⅱ―寺院・官衙・瓦からみた関東と東北―』国士舘大学考古学会

亀井正道　一九六六年『建鉾山』吉川弘文館

木下　良　二〇〇九年『事典　日本古代の道と駅』吉川弘文館

眞保昌弘　二〇一五年『古代国家形成期の東国』同成社

鈴木　功　二〇〇六年「白河郡衙遺跡群―古代東国行政の一大中心地」『日本の遺跡一〇』同成社

鈴木　功　二〇一一年「白河の古代遺跡群」『第一九回企画展　那須と白河―接圏の地　東山道、そして関―』栃木県教育委員会

鈴木靖民編　一九九六年『古代王権と交流1　古代蝦夷の世界と交流』名著出版

須藤隆・今泉隆雄、坪井清足編集　一九九二年『新版［古代の日本］⑨東北・北海道』角川書店
大子町　一九八八年『大子町史』通史編上巻
棚倉町　一九八二年『棚倉町史』第1巻
戸田有二編　一九九八年『古代祭祀建鉾山遺跡　本文編』吉川弘文館
栃木県教育委員会　二〇〇六年『第一四回企画展　あづまのやまのみち―那須の防人、広成が通った道―』
栃木県教育委員会　二〇〇九年『第一七回企画展　那須の横穴墓』
栃木県教育委員会　二〇一一年『第一九回企画展　那須と白河―接圏の地　東山道、そして関―』
永田英明　二〇〇七年「東山道と那須」『那須地域からみる東山道の諸相』栃木県教育委員会
那須町誌編さん委員会　一九七九年『那須町誌　前編』那須町
那須町教育委員会　二〇一三年『いにしへの道 東山道―関街道を求めて―』那須町
平野卓治　一九九六年「蝦夷社会と東国の交流」『古代王権と交流1　古代蝦夷の世界と交流』名著出版
福島県白河市　二〇〇一年『白河市史　第四巻 資料編1』
福島県白河市　二〇〇四年『白河市史　第一巻 通史編1』
福島県白河市　二〇一一年『表郷村誌　第二巻 資料編』
福島県白河市　二〇一三年『表郷村誌　第一巻 通史編』
文化庁文化財保護部史跡研究会監修　一九九一年『図説　日本の史跡』第4巻・古代1　同朋舎
宮城県多賀城跡調査研究所　二〇一三年『多賀城跡木簡Ⅱ　図版編』宮城県多賀城跡調査研究所資料Ⅲ
矢祭町　一九八五年『矢祭町史』第1巻通史民俗編1

トピック
東国北縁の国堺——菊多剗の所在——

猪狩 俊哉

はじめに

菊多剗は、令制下の陸奥国菊多郡に所在したと考えられ、その位置は現在の福島県いわき市勿来町に比定されている。今日まで、その所在地あるいは菊多剗から移動したとされる勿来関との関係をめぐって、様々に論じられてきた。小稿では、古代官道の想定路線及び菊多剗比定地周辺で得られた考古学的な所見をもとに菊多剗について考えてみたい。

なお、平安時代以降に菊多剗から移動した説がある勿来関との関係性と、「関」と「剗」の機能上の差異に基づく用語の使い分けについては紙幅の都合上、本稿では触れない。

文献によれば、菊多剗は、①五世紀前半には設置され、②八世紀末には確実に存在し、③九世紀後半まで存続したと想定されている［菅原 二〇〇八］。①は『類聚三代格』承和二年（八三五）十二月三日付太政官符に「白河・菊多の両剗を、勘過すべき事」として、「旧記を検するに、剗を置いて以来、今に四百余歳なり」とあることによるが、「四百余歳」は修飾的表現の可能性がある。②は『河海抄』延暦十八年（七九九）十二月十日付太政官符に「白河・菊多の剗守六十人」とあること、③は『類聚三代格』貞観八年（八六六）正月二十日付太政官符によって裏づけられる。

菊多郡の範囲は七世紀半ばの多珂郡と石城郡の分置(『常陸国風土記』多珂郡条)では常陸国多珂郡内にあったが、石城国の建国(『続日本紀』養老二年五月二日条)にあたり、常陸国から分割された。そののち数年で石城国は陸奥国に復したとみられている。

1　古代官道路線の復元

剗は通常、その機能から考えて、官道路線上にあると考えられるが、必ずしも東海道や東山道等の官道本線だけに設置されたわけではなく、本線から分岐した支線にも設置されたとみられる。菊多剗は常陸国府と陸奥国府を結ぶ太平洋沿岸の「海道」本線に設置されたと考えられるので、菊多剗比定地周辺の官道路線が明らかになれば、自ずと菊多剗の位置も明らかになると考えられる。菊多剗比定地周辺における官道想定路線の諸研究を参考に、官道路線を第1図のとおり想定した。この想定は周辺の地形及び次節の考古学的調査成果を踏まえたものである。

2　考古学的調査成果

これまでに菊多剗の施設そのものについて考古学的な成果は得られていないが、その比定地周辺にあたる、福島県いわき市の郡遺跡と応時遺跡において数度の発掘調査が実施されている(第2図)。郡遺跡は昭和二十五年からはじまる数次の調査で、掘立柱建物跡一棟と礎石建物跡二棟が確認され、炭化米などが出土した。その遺構・遺物から菊多郡の郡家、特に郡家正倉域にあたると考えられている[中山 二〇〇九]。応時遺跡は郡遺跡の北西に隣接し、古墳時代前期から七世紀代までの集落跡がみつかり、その廃絶後に、およそ一

第１図　応時遺跡周辺地図（国土地理院昭和 57 年発行 25,000 分の 1「勿来」に加筆）

三㍍にわたって南北に並走する二本の溝跡がみつかった。溝の幅は〇・九～一・五㍍前後、深さ五〇㌢で、古代官道の両側溝とする考えがある〔猪狩 二〇〇七〕。別の見方として、東側の郡遺跡でみつかった掘立柱建物跡・礎石建物跡を含む菊多郡家正倉域の区画施設ではないかとする考えもある〔中山前掲〕が、溝跡の規模及び間隔に加えて溝跡の位置が官道想定路線上に重なることから、筆者も道路跡の両側溝と考えている。なお、両溝跡の芯々間距離は約一〇㍍で、両溝跡間に道路の路盤を思わせるような硬化範囲は報告されていない。出土遺物及びその出土状況、竪穴建物跡との重複関係から、両溝跡は七世紀後半から八世紀前半までに開削されたと想定されている。

3　菊多剗の設置時期及び所在地

関や剗は、国界に設置される場合、京から遠い側の国に置かれるという〔舘野 二〇一六〕。菊多剗が同様に設置されたとすれば、その時期は菊多郡が国界付近で、かつ京より遠い側の地域になった後といえる。具体的には、菊多郡が新たに置かれ、その付近に石城国（陸奥国）と常陸国の国界が定められた養老二年（七一九）以降である。

郡遺跡が菊多郡家であれば、菊田剗はそこより南方にあるとみられる。郡遺跡より南方一㌔ほどには蛭田川が東流し、そのさらに南方には標高一〇〇㍍ほどの丘陵が東西に連なる。これが菊多郡の南限、つまり陸奥と常陸の国界とみられる。したがって、郡遺跡と国界は目と鼻の先で、菊多郡家より南方へ菊多剗を設置するスペースは限られる。あわせて、応時遺跡・郡遺跡は周辺より一段高い場所に立地する。設置スペース及び立地を踏まえれば、「剗」の一般的な構造は不明であるが、応時遺跡・郡遺跡（菊多郡家）に剗機能が併存する可能性を考えてみたい。

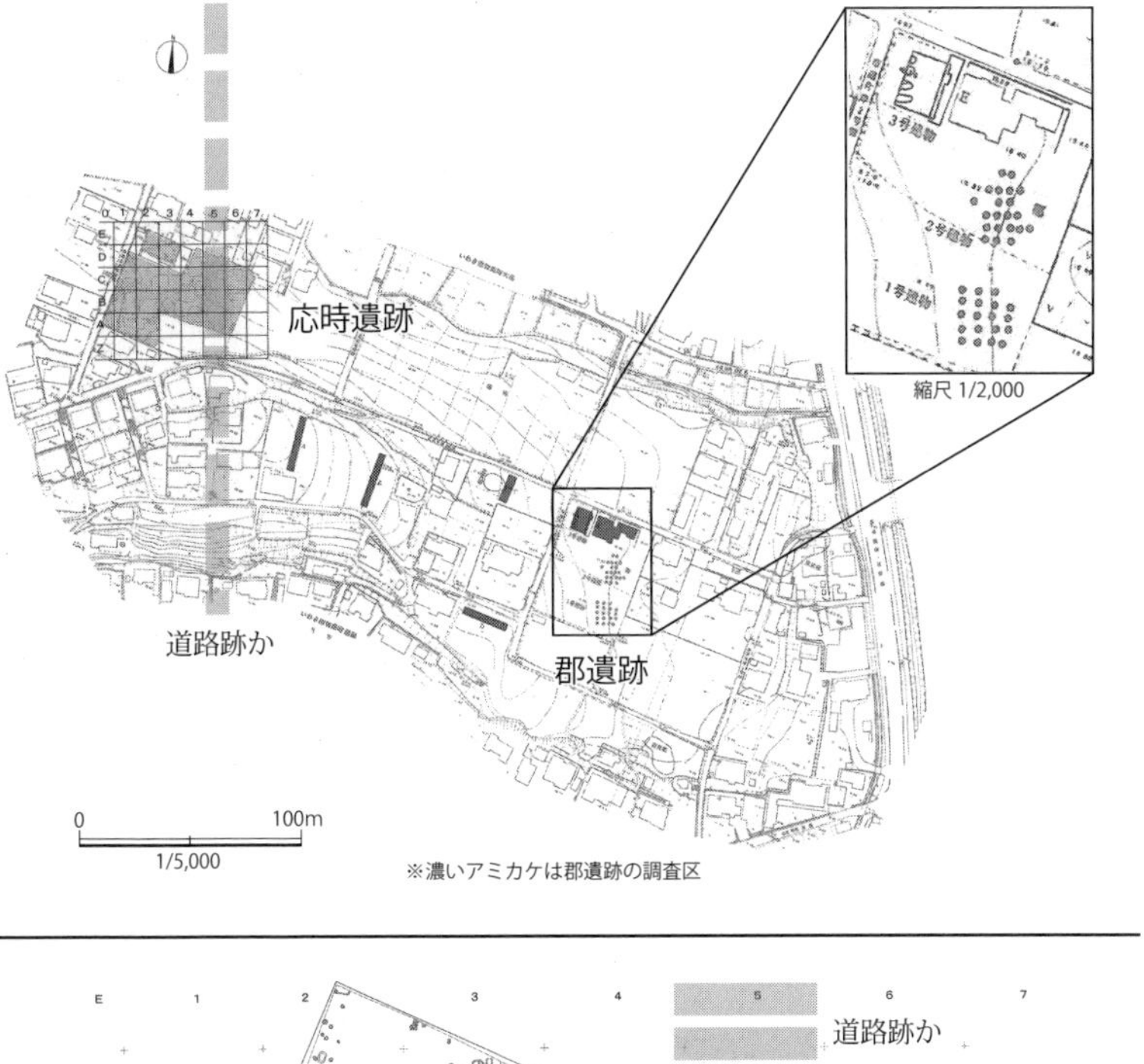

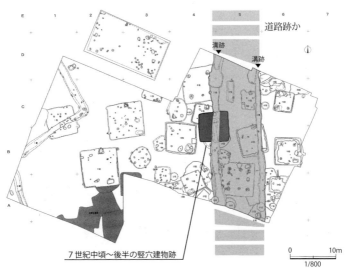

第２図　応時遺跡と郡遺跡の位置関係図(上)、応時遺跡の遺構配置図
（上下ともいわき市教2006に加筆して作成）

おわりに

応時遺跡で見つかった二本の溝跡をきっかけに、これまでよりわずかだが菊多剗の実態に近づけたと思う。また、応時遺跡の推定古代官道は常陸国府以北に敷設された官道「海道」にあたり、小稿は、この敷設時期及び、石城国建国の翌養老三年に設置された一〇か所の駅家の設置位置等の研究を進めるきっかけになりうる。郡遺跡・応時遺跡周辺の地名に「酒井(サカイ)」がある。国界の名残であろうか。

引用参考文献

阿久津久　二〇一六年「常陸国における国境・郡境―『常陸国風土記』・『記紀』から―」『東国古代遺跡研究会　第6回研究大会　古代の峠・関・そして境界　発表資料』

猪狩みち子　二〇〇七年「古代の風⑰」『いわき民報』二〇〇七年八月十三日掲載記事

菅原文也　二〇〇八年「菊多剗と勿来関の検討」『いわき地方史研究』第四五号

鈴木貞夫　一九九二年『福島県の歴史地理研究　条里・城館・炭砿・農業』

舘野和己　二〇一六年「関と交通検察」『日本古代の交通・交流・情報一　制度と実態』

中山雅弘　二〇〇九年「福島県郡遺跡・応時遺跡」『日本の古代郡衙遺跡』

吉永匡史　二〇一二年「律令制下における関剗の機能」『日本歴史』第七七四号

いわき市教委　二〇〇六年『応時遺跡』いわき市埋蔵文化財調査報告　第一一五冊

関と堺についての諸問題

鈴木景二

はじめに

古代の交通および交通路について考える場合、二つの視点がありうる。一つは古代国家の交通に関する政策とそれを実現するための制度、施設について追及すること、いま一つは、古代社会における交通の実態やそれに伴う習俗に注目する見方である。本書が対象とする坂と堺についても、それぞれの観点から研究が行われている。前者では、国家の交通政策における境界地点の扱い、後者では境界地帯に対する観念とそこを通過する際に行われた可能性のある儀礼、習俗などである。ここではそれぞれについていくつかの点を述べることとしたい。

1　令制の関設置目的

関は交通路上のある地点において、そこを行き来する主体（人・物資）に対し、特定の目的のために何らかの検査を行う施設である。特定の領域を占有する政治権力が成立すれば、その内外を行き来する対象に対して、このような施設が設置されることは一般的に想定できる。日本の古代国家も中国の律令制度に倣って、軍防令・関市令および衛禁律に関津の制度を規定している。これらについては、舘野和己の総合的研究〔舘野 一九九八・二〇一六・二〇一七〕があり、最近では吉永匡史〔吉永 二〇〇九・二〇一二〕、市大樹〔市 二〇一四・二〇一五〕らの研究も蓄積されているので詳細はそれらに譲り、問題となる点について述べよう。

関の制度は、左記の軍防令55置関条に規定されている。

凡そ関置きて守固すべくは並びに置きて兵士を配し、分番して上下せよ。其れ三関には、鼓吹、軍器設け、国司分当して守固せよ。配せむ所の兵士の数は、別式に依れ。

また関市令には、関を通過しようとするものは所属の官司に申請して過所（通行証）を得ること、関司は、通行人の過所の関名を確認し、勘過を行うべきこと、過所、駅鈴、伝符の情報を記録すべきことなどを規定している。さらに、都に上る丁匠や庸調輸送人の通過は、所属国の発行した歴名に基づいて引率者に対して勘過を行い通すべきこと、彼らの帰路は、関で姓名、年齢を申告させ、行きの通過時の記録と一致していれば通過させることなども記されている。これらは通関の手続きについてであるが、衛禁律には、不法通過や過所に対する不正行為への罰則が規定されている。いっぽう、同25私度関条は、正規の通行書類をもたずに関門を通過する私度、関以外のところを越える越度の処罰規定であるが、日本における関のランク付けを示す点でも注目されている。

凡そ私に関度えたらば徒一年〔謂はく、三関をいふ〕。摂津・長門は一等減せよ。余の関は又二等減せよ。（以下略）

この処罰の差異の設定から、日本の関制は、三関すなわち伊勢国鈴鹿関・美濃国不破関・越前国愛発関を最重要の関とし、それに次ぐのが摂津・長門の二関（津）、そしてそれ以外の関というように、三ランクに区分していたことがわかる。摂津・長門は瀬戸内海航路の東西両端の港である。三関は、畿内ではなく近江の東・北に接した国に設置されているので天智朝に起源が求められること、畿内から見て国境の外側に位置するので、緊急事態に畿内から外への交通を遮断するために設けられたこと、などが推測されている〔岸 一九六五〕。上記の五関の位置からみて、関制が国家的軍事機能を意図したものであることは確かである。ところで、この条文は、五関以外に余関が設けられていることを想定している。この余関をどう考えるのかは、関に期待された機能や交通の実態を考えるうえで重要な問題である。それについて検討する際に取り上げられてきたのが、『出雲国風土記』などにみられる国境の剗である。同風土記には隣国へ通じる十二の通路に剗を注記するが、そのうちには「路、常に剗あり」とするものと、「径、常には剗あらず。但、政ある時に当りて権に置くのみ」（神門郡）とするものがある。これらの剗と令文の余関とは、どのように関係するのであろうか。関と剗を近似したものとみる見方に対して、剗は制度上、勘過権限を持たない簡易な施設であるとする説〔市、吉永前掲〕も提起されている。北陸道の越前国加賀郡と越中国砺波郡の堺の東側にあったらしい「砺波関」は、大伴家持の万葉歌により、その様子が知られる。

焼き大刀を　砺波の関に　明日よりは　守部遣り添へ　君を留めむ　（一八　四〇八五）

墾田地を確保するために来た東大寺の僧らとの饗宴の場で詠まれた歌で、彼らを奈良へ帰したくないという気持ちを、関に守部を派遣して通行を留めようと表現する。五関ではない以上、軍防令の余関に相当すべき関であるが、この歌には守部を派遣するのは「明日より」とある。解釈によっては、必要時に守部を派遣して交通検察をさせるシステムだったと考えることもできそうである。そうなると、『出雲国風土記』の「常には剗なし」という状況に近くなる。

このように、史料には三関以外にも関・剗がみられるが、厳重な関ではなかったように思われるし、関が国境に必ずおかれた訳でもなかったらしい。軍事的な必要に応じて設置される、あるいはその時に守部が置かれるというのが実態ではないだろうか。

舘野和己は関制を、律令国家が民衆支配上の本貫地主義を維持するための制度としている。たしかに勘過権限をもつ関を通過する際にはチェックを受けたであろうから、その限りでは民衆の非合法移動を抑止したであろう。しかしわたしは、関津制度が本貫地主義の維持を意図していたとみることは難しいと考えている［鈴木 二〇〇二］。その理由は、関の制度に関する律令の条文を見る限り、明らかに軍事施設として位置づけられていることである。延暦八年（七八九）七月の三関停廃の勅にも、「関を置く設けは、本、非常に備ふ」（『続日本紀』同甲寅条）と明言されている。

本貫地主義に反する浮浪逃亡こそ、関制によって抑止すべき対象である。ところが、それに対処するために発せられた法令を通覧すると、浮浪逃亡者を本貫地へ戻すか現住地で把握するかということが問題となっており、たとえば関司の勘過の怠慢を責めるとか、関の増設や勘過の厳重化を命じるような処置がみられないのである。舘野は、和銅八年（霊亀元・七一五）五月の諸国朝集使への勅に、浮浪し他郷に留まる百姓の処置について述べるとともに、その文末に「今より始めて諸国の百姓往来の過所に当国の印を用ゐよ」とあることをもって、関が本貫地主義維持の施設である明証とする。しかしその勅は、浮浪百姓の把握を命じた条文に続いて、国司の勧農・善政による三段階評価の実施、四民の失職流散は国郡司の教導の無策のためであり、必ず処罰すべきこと、巡察使を派遣することを述べ、その最後に上記の一文が付されている。浮浪逃亡対策とは離れた別項目とされ、文脈上続いてはいないのである。政府が浮浪逃亡対策と過所制を、積極的に結び付けていなかったことを明示しており、国司行政の厳重化の一環として理解できるものである。関制の意義は、古代社会の交通の実態の解明とあわせて考えていくべき今後の課題である。

2　境界通過の習俗

風土記あるいは記紀のヤマトタケルの物語には、峠路にいて交通を阻害する神の姿が描かれている。そのような宗教的性格を持つと考えられていた堺の峠路を通過するときの儀礼を、いくつかを見ることにしよう。

各地の峠には、矢立杉などと呼ばれる樹木や、矢立という地名がみられる。そこには、かつてそこを通った人が立木の幹に矢を射立てたという話が残されていることがある。その事例をあつめた柳田国男は、それが神に対して行路の安全を祈る儀礼であったと推測している［柳田 一九六四］。それが奈良時代の主要道の峠路で実際に行われた事例が『万葉集』（巻三 三六四）に残されている。笠金村が琵琶湖の北岸の塩津から北陸の敦賀の港へ向かう途上の峠路とみられる「塩津山」で詠んだ歌である。

ますらをの 弓末振り起し 射つる矢を 後見む人は 語り継ぐがね

ますらおが射た矢を、後に見た人は語り継いでほしい、とある。弓末を振り起し射るとあるので、あたかも空中に矢を放ったかのようであるが、後の人が見るのであるから、鏑矢のように空に射放つのではなく、何かに射立てたはずである。矢立杉の伝承などを見ると地面に射立てた可能性もある。しかし、諏訪社の神域の境界の樹木に薙鎌を打ち込む儀礼［柳田 一九三二］や、富士山の聖域の境界の木立に矢を射立てる画像（狩野元信「富士参詣曼荼羅図」富士山本宮浅間大社蔵）から類推すると、立木に射立てたとするほうがよいと思う。境界の祭祀遺跡から出土する矢の根はこれに関わる遺物がふくまれる可能性がある。

神への奉賽品は「ぬさ」（幣）と呼ばれる。峠を越える際にも幣を奉って平安を祈る習俗があった。東山道の美濃・信濃国境の神坂峠の事例は、文献史料、考古遺物の両方によって確認できる典型例である［市澤 二〇〇八］。『万葉集』は、故郷の信濃国を離れる防人神人部子忍男の歌が収められている。

ちはやふる神の御坂にぬさまつり いはう命は母父がため （巻二〇 四四〇二）

奈良時代に、堺で幣を奉って旅の平安を祈ったことが確かめられる。また発掘調査や表面採取によって、峠路の各地点から、古墳時代の臼玉、剣形などの大量の石製模造品が発見されている。それらは、峠路の神への供え物であると考えられ、峠路の祭祀の代表的な遺跡群として知られている。

神坂峠は東山道の難所でありながら、古代以降も多くの物資が苦労して運ばれた道である。尾張産の陶器の破片も多数出土していることがそれを物語る。ところで、その陶器片は、これまで難路の輸送途上で毀損し廃棄されたもの、あるいは漠然と祭祀の供物の容器として使われたものと思われていたのではないだろうか。ところが近年、市澤英利は、それ自体が神への奉賽品であったのではないかという注目すべき見解を提示した。説得力のある見解であり、筆者も賛同する。ところで一般的に神への奉賽品は玉・鏡・剣などの宝物や布あるいは食品である。なぜ陶器が奉賽品となるのであろうか。灰釉陶器は高級品であるという点で宝物と見ることもできるが、むしろこの場合は、輸送物資(商品)という面から考えることができるであろう。商品輸送のために堺の峠路を通過する際には、その物資の一部を峠の神に報賽するという習俗が知られているからである。わかりやすい事例は、塩輸送路の境界で塩を供える習俗である。

琵琶湖最北端の塩津港は、奈良時代に塩津すなわち塩の港と呼ばれていたと考えられるから(上記の笠金村歌)、その北の深坂峠を通る敦賀からの道が、古代以来、日本海産の塩を近畿へ輸送する大動脈であったことがわかる。その越前・近江国堺の「深坂」は古代の地域間主要道の峠路「みさか」であったとみられ、峠のやや南(近江)側に、中世の大きな地蔵石仏が祀られている。この石仏は、願い事をする場合、塩を塗りつけて祈るという信仰がある。かつてこの地点を多くの人や物が往来したころ、仏に祈願するもっとも普遍的な願いは、峠路を無事に越え安全な旅を続けることであったであろう。

鎌倉の外港六浦(金沢八景付近)から朝比奈切通を越えて鎌倉に入った、十二所の光触寺の境内に「塩嘗地蔵」石仏がある。かつては六浦道に面した辻堂に祀られていた。六浦の塩売が鎌倉へ出るごとに商の最花(はつほ)として、塩をこの石地蔵に供えたという(『新編鎌倉志』)。一般的に、峠路や境界の神の憑代は、中世以降、石塔、石仏(特に地蔵尊)に変容することが多い。深坂地蔵も塩嘗地蔵も、おそらくはかつて峠路の神であったのであろう。それへ塩を奉賽するのは、その境界を通る塩荷の幾分かを、無事通過の返礼として供えたのだと考えられる。物資輸送路の境界地帯では、積荷の一部を神に供えたのであり、信濃神坂峠の灰釉陶器の奉賽も、陶器商品の輸送安全を願って、その一部を峠の神に供えたのであろう。トチンが出土しているのは、そこで商品の梱包を解いたことを意味する。

峠の神への輸送物資の一部の奉賽は、見方を変えれば通行料ということにもなる。中世の関銭の起源をこれに求める見解もある〔網野 一九八四、黒嶋 二〇一二〕。このような習俗はいつまで遡るのであろうか。手がかりは得られていないが、調庸輸送時にも行われたのであろうか。

3　堺の言挙げ

ある地域へ入るときに行う境界地帯での儀礼として境迎えがある。平時範の記録(『時範記』)や『今昔物語集』(巻二八　三九)の信濃国司の赴任の物語、『朝野群載』所収「国務条条」などにみられるように、訪問者が境界で地元人と対面して挨拶を交わす儀式である〔村井 二〇〇〇、森 二〇一六〕。いま見られる史料は平安時代のもので穏やかな雰囲気を偲ばせるが、古代国家の支配領域拡大時には、境界において、対象地の支配を象徴する呪術的な儀礼が行われたのではないだろうか。征服することを意味する古語が「ことむけ」(言向け)であることから想像するに、ヤマト政権の各地への進出時に、主要な境界地帯でそのような儀礼が行われた可能性がある。その様相を思わせるのが、ヤマトタケルの物語の「あつま」地名起源説話である。この話については西郷信綱〔西郷 一九八四〕が検討しているが、あらためて考えてみよう。東征して蝦夷を平定したタケルが足柄坂の下に至り食事をしていると、坂の神が白鹿の姿で現れた。そこで食べ残しの蒜の片端で打ったところ、その眼にあたり殺すことができた。そして、その坂に登り立って三度歎いて「吾嬬はや」と詔したという。それゆえに、足柄峠の東方を「阿豆麻」と言うのだとする。この後、タケルは甲斐国へ向かった。

この話の前には、相模の走水での妻弟橘媛の入水の物語があるので、「あつま」の地名の語源として「わたしの妻」を偲ぶストーリーと読みとれるが、「あつ(当てる)」「ま(眼)」すなわち「眼に当たった」という語呂合わせとする解釈がある(『古事記』日本思想大系)。

『日本書紀』の話では、タケルは蝦夷平定後、常陸から甲斐に行き武蔵を経て上野に入り、その西端、信濃国境の碓日坂に着いた時の話になっている。彼は常に、走水で入水した妻弟橘媛を顧みる気持ちをもっていた。故に、碓日嶺に登って東南を望んで三度歎いて「吾嬬はや」と言った。それで山東諸国を「吾嬬国」というとする。ここには坂の神に関する話がないが、書紀はそれを、すぐ後のタケルが信濃から美濃へ「信濃坂」(神坂峠)を越える場面の話にしている。ちなみにその部分には「是より先に、信濃坂を度る者、多に神の気を得て瘼え臥せり。但し白き鹿を殺したまひしより後に、是の山を踰ゆる者は、蒜を嚼みて人及び牛馬に塗る。自づからに神の気に中らず」という、奈良時代の峠越えの興味深い習俗を記している。

記紀を比較すると、「眼に当たる」「我が妻」とも地名起源譚として付加されたものであり、共通要素は関東平野以東を平定した人物が、平野の西を画する境の峠で「あつま」と言挙げしたことであることが読みとれる。『古事記』の坂の神の話は、境界の神の平定が、その先の地域の平定を意味することを表すと考えられ、書紀よりも古い要素を残すものと思う。この「あつま」言挙げの物語が記紀に記されるのは、これが関東地方の平定を象徴し、その支配の根拠となるからであろう。

この、足柄峠、碓日峠によって画される東方の「あつま」は律令制成立以前、ある種の特定地域となっていた。左記の公式令51諸国朝集使条にみる地域区分表記に、その痕跡を見ることができる。

凡そ朝集使、東海道は坂東、東山道は山東、北陸道は神済以北、山陰道は出雲以北、山陽道は安芸以西、南海道は土左等国、及び西海道、皆な駅馬に乗れ。自余は各当国馬に乗れ。

この条文は、特定の国の朝集使に対して、都へ往復する際に駅馬を使用することを許すという内容である。許容条件は国単位であり、西方は国名で指示している。ところが、東方の諸国については、坂(足柄)の東、山(碓日)の東、神済の以北と記している。これは法意からすれば不合理であり、この条文には大宝律令成立以前の遺制が含まれていると見られている[柳 一九八二、鈴木 二〇一七]。その対象地域は、北陸を除けば、「あつま」である。この条文の根底には、ヤマト政権が「あつま」に派遣する使者に、特権を付与するような意識があったように思う。逆に言えば、その使者の時代には、これらの境界が、「あつま」への入口として現実的な境界地点であったのではないだろうか。ヤマトタケルの言挙げの説話は、その場で行われる「あつま」支配確認儀礼の起源として書き留められたと考えたい。記紀の成立した奈良時代には、国司の赴任などの坂迎において、両所でそれに類する言挙げの儀礼が行われたと想定できると思う。

むすびにかえて

関の制度や実態、峠越えの習俗などについてそれぞれ考えるところを述べたが、それらは同一空間に関係する事象である。神のいる境界地帯とそこに設置された関とは、どのような関係を持っていたのだろうか。古代の文献から得られる情報は限られており、これからも遺跡・遺物のあらたな発見が待たれる。それにより、官道のルート、駅家などの交通施設とその位置の探求はさらに進展していくはずである。できれば研究がそれにとどまらず、交通の内実に迫る道へも進んでいくことを期待したい。

参考文献

網野善彦　一九八四年「中世『芸能』の場とその特質」『網野善彦著作集』十一　岩波書店(二〇〇八年)
市　大樹　二〇一四年「過所木簡に関する一試論」『日本古代都鄙間交通の研究』塙書房(二〇一七年)
市　大樹　二〇一五年「日本古代関制の特質と展開」『日本古代都鄙間交通の研究』塙書房(二〇一七年)
市澤英利　二〇〇八年『東山道の峠の祭祀　神坂峠遺跡』新泉社
岸　俊男　一九六五年「元明太上天皇の崩御」『日本古代政治史研究』塙書房(一九六六年)
黒嶋　敏　二〇一二年「帆別銭ノート―その変容と中世海運―」『中世の権力と列島』高志書院
西郷信綱　一九八四年「アヅマとはなにか」『古代の声』朝日新聞社(一九八五年)
鈴木景二　二〇〇一年「舘野和己著『日本古代の交通と社会』」『史林』八四巻三号
鈴木景二　二〇一七年「北陸道の交通と景観」鈴木靖民ら編『日本古代の道路と景観』八木書店
舘野和己　一九九八年「律令制下の交通と人民支配」『日本古代の交通と社会』塙書房(一九九八年)
舘野和己　二〇一六年「関と交通検察」舘野和己・出田和久編『日本古代の交通・交流・情報』一　吉川弘文館
舘野和己　二〇一七年「日本古代関制度の再検討―剗を中心に―」鷹取祐司編『古代中世東アジアの関所と交通制度』立命館大学
村井康彦　二〇〇〇年『王朝風土記』角川書店
森　公章　二〇一六年『平安時代の国司の赴任』臨川書店
柳田国男　一九六四年『山島民譚集』(二)『柳田国男全集』七　ちくま文庫
柳田国男　一九一七年「矢立杉の話」『柳田国男全集』五　ちくま文庫
柳田国男　一九三一年「御頭の木」『柳田国男全集』二四　ちくま文庫
柳雄太郎　一九八二年「駅制から見た朝集使と国司」『続日本紀研究』二二〇
吉永匡史　二〇〇九年「律令関制度の構造と特質」『律令国家の軍事構造』同成社(二〇一六年)
吉永匡史　二〇一二年「律令制下における関剗の機能」『律令国家の軍事構造』同成社(二〇一六年)

トピック　国府域の堺と祭祀

1 武蔵国府域の「京」「山田」墨書土器

有吉重蔵

はじめに

東国の国府や城柵から出土する「京」墨書土器の歴史的意義については、山路直充の一連の論考があり、特に上総と下総では、八世紀中頃に国府域(国分寺を含む)=京の認識があったとした[山路 二〇〇七・二〇一〇]。武蔵国府でも「京」墨書が出土しており、国分寺とは東山道武蔵路と国府・国分寺連絡路で結ばれているものの、約一・二キロにわたって建物遺構が存在しない空白地(第1図)であることから否定的である[江口 二〇一四]。国府域に国分寺が含まれる可能性について、関連する墨書土器及び寺院地の様相変化などから検討してみることにしたい。

1　九世紀後半以降の武蔵国府域と武蔵国分僧寺寺院地の様相

① 国府域関連墨書土器とその意義

「京」(第2図1・2)　1は「社」遺構北西付近の竪穴建物から出土した九世紀後半の土師質土器の坏である。2は埼玉県富士見市東台遺跡から出土した九世紀後半(K—90)の灰釉陶器高台付皿で、これ以外にも同市栗谷ツ遺跡から九世紀中頃の須恵器坏が出土している。山路は集落跡から出土する同墨書土器の意義について、出身の郡郷単位で徭丁として上番する先の国府域(京)を表したものと考えている[山路 二〇一〇]。

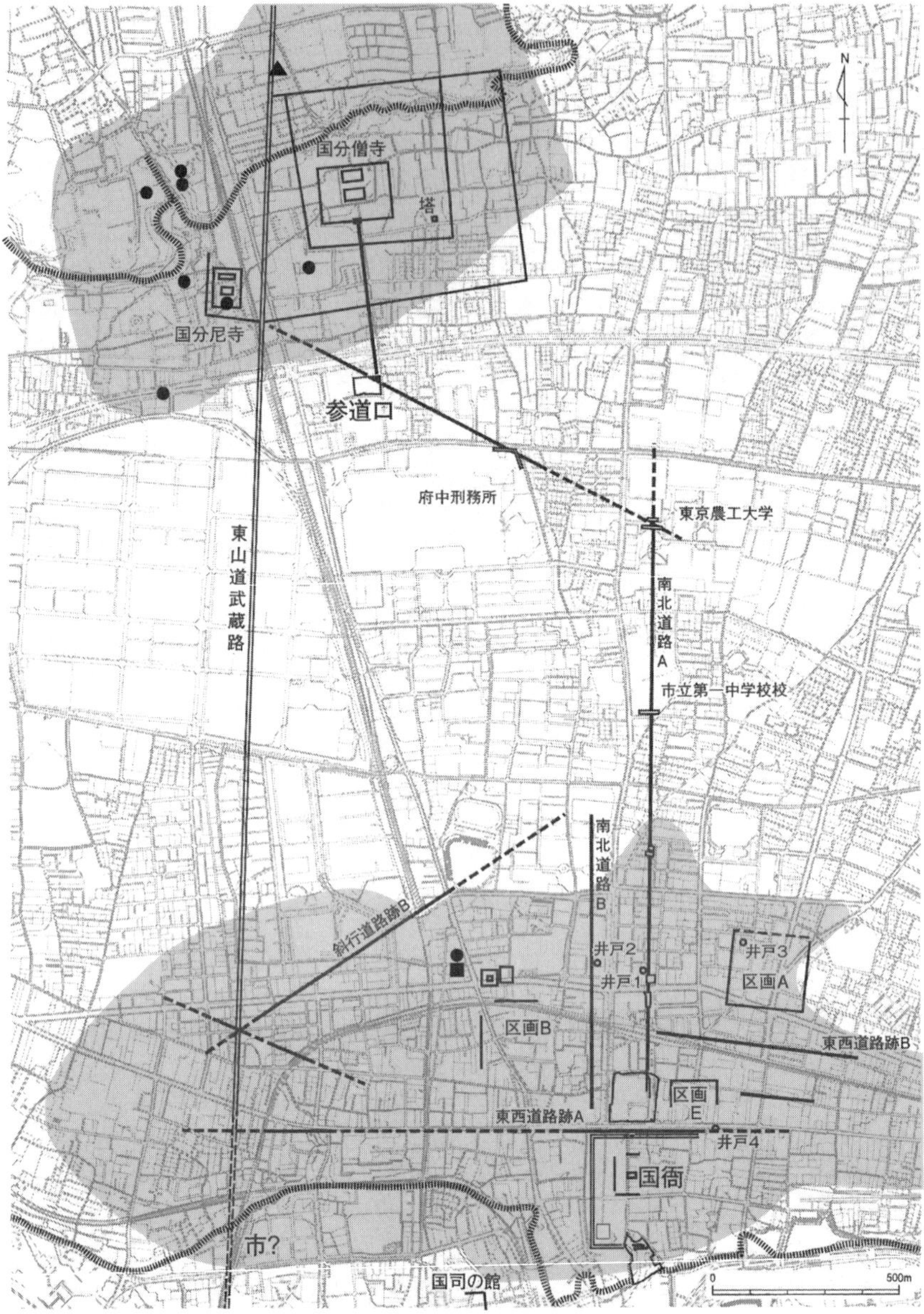

第１図　武蔵国府と国分寺（江口 2014 より加筆転載）

＜凡例＞　崖線　竪穴建物の分布範囲

●「山田」墨書土器　■「京」墨書土器　▲「㊈」墨書土器

「山田」（第2図3〜12） 3・4は武蔵国府の「京」墨書出土地点に近い竪穴建物から出土した九世紀後半の須恵器坏・埦二点である。「山田」は武蔵国分尼寺跡周辺で集中的に出土（5〜14。「山」・「小山田」もある）しており、国分寺創建期（八世紀後半期）と整備拡充期（九世紀後半）の造営に関わった入間郡山田郷を表すものと考えられている［福田二〇〇二］。武蔵国府のものは後者に属し、出土量が多い尼寺周辺の武蔵台東遺跡では、当該期の竪穴建物のカマド右脇に棚状施設を伴う例があって、このことも国府の竪穴建物と共通し、ほぼ同時期に「山田」墨書を出土する竪穴建物が国府域と寺院地内に存在していたことが分かる。面白いことに、「京」墨書出土の東台遺跡と栗谷ツ遺跡は、入間郡の大家郷（富士見市付近）に比定され、山田郷が川越市付近に比定されていることから、これらが近い位置関係にあることが知られる。栗谷ツ遺跡では十世紀後半の窯が、隣接する三芳町にも十世紀前半の新開窯跡があって、共に手工業生産にかかわる特殊な地域である。このことは、入間郡では山田郷を含め国府へ上番する複数の郷があり、国府域の一角を占める国分寺に配属されたものと考えられる。

国分寺創建以降の修造事業がどのような体制で行われたかは明らかでないが、おそらく日常的な維持管理のための修理は寺家、大規模修造は国衙に役割分担されたものと考えられる。とすれば、国衙による大規模修造は第一次が天平神護二年（七六六）、第二次が承和十二年（八四五）、第三次が元慶二年（八七八）の三回実施されたものと考えられ、八世紀後半の「山田」は第一次に、九世紀後半の「京」（武蔵国府及び集落）・「山田」（武蔵国府を含む）は第二・三次に相当することになる。第二・三次の時期は、武蔵国府でも第Ⅳ期（九世紀後半〜十世紀後半、国衙改修と国府の第二次整備期）に区分されており、修造事業が国衙にも及んでいることが明らかである。九世紀中頃の南武蔵型土師器「衙」（第2図15）の出土は、おそらく国衙に臨時に設置された修造関係官司の出先機関が国分寺にも置かれ、この出先機関を含めて、郡郷単位で傜丁として上番する集団が配属され、国府及び国分寺の修造に当たったものと推察される。このように考えると、国府域と寺院地で出土する「山田」は、国衙の関与が双方に及ぶ地域であることを物語っており、

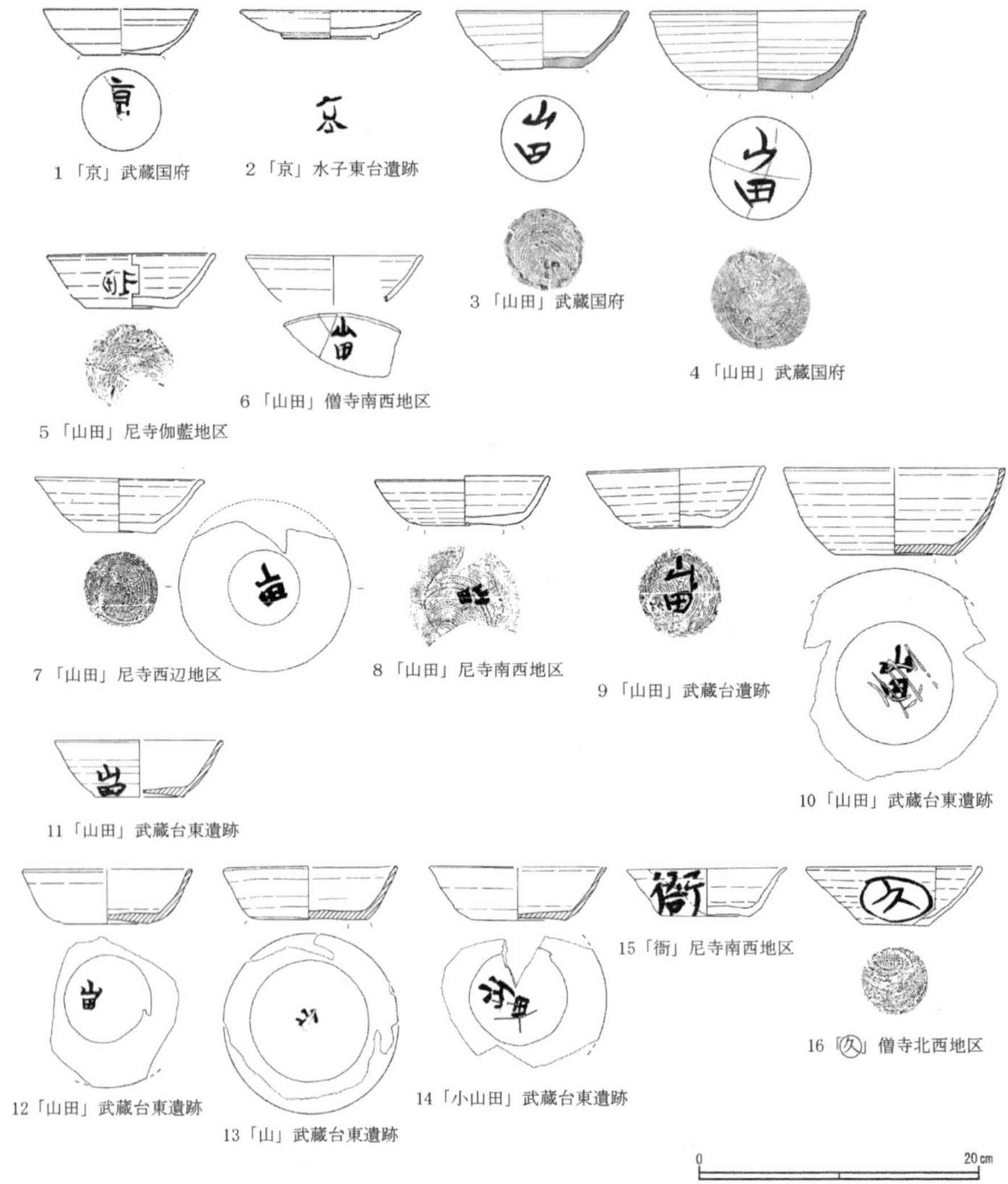

第2図　武蔵国府・国分寺出土墨書土器

1 武蔵国府域の「京」「山田」墨書土器

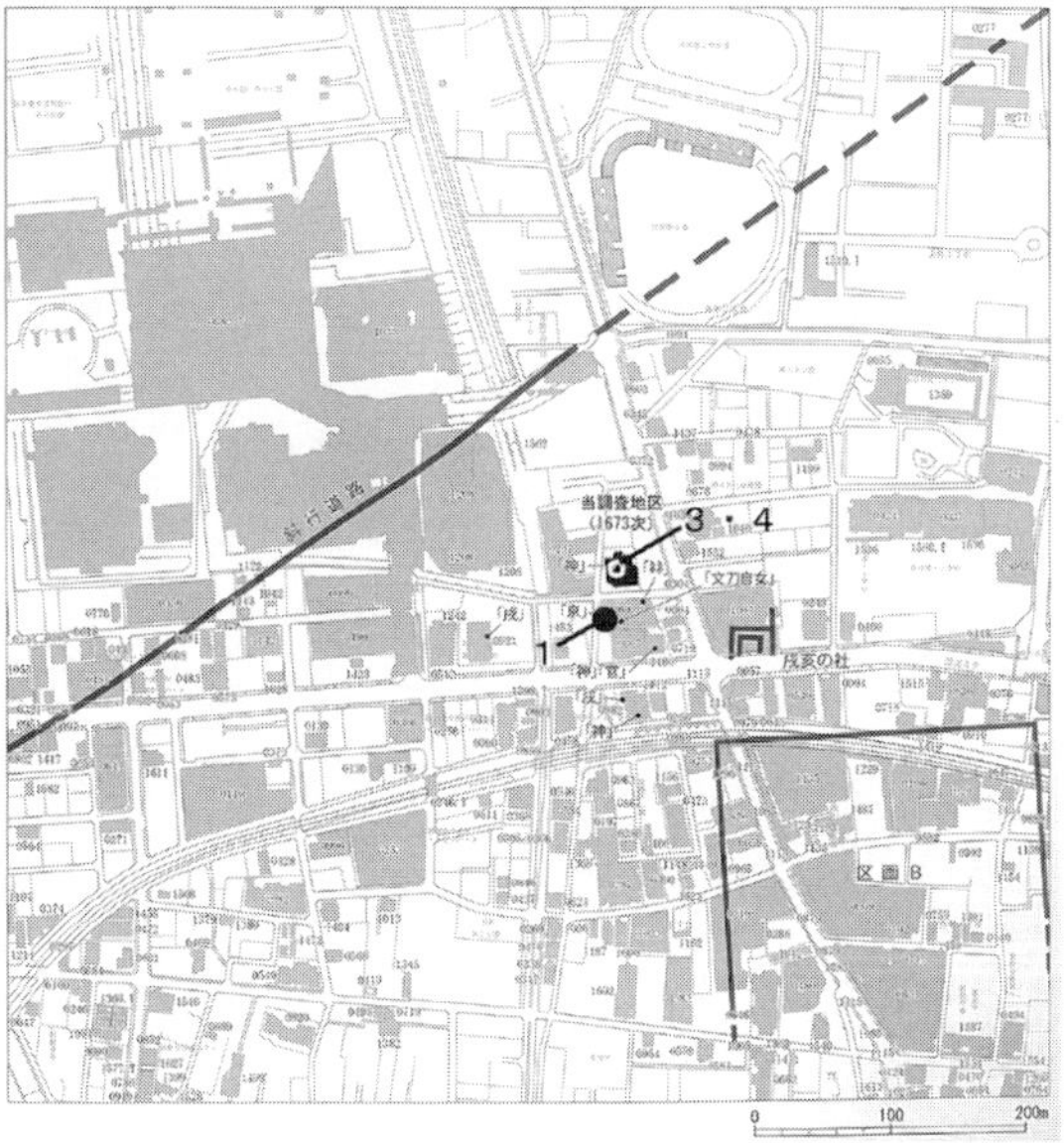

武蔵国府

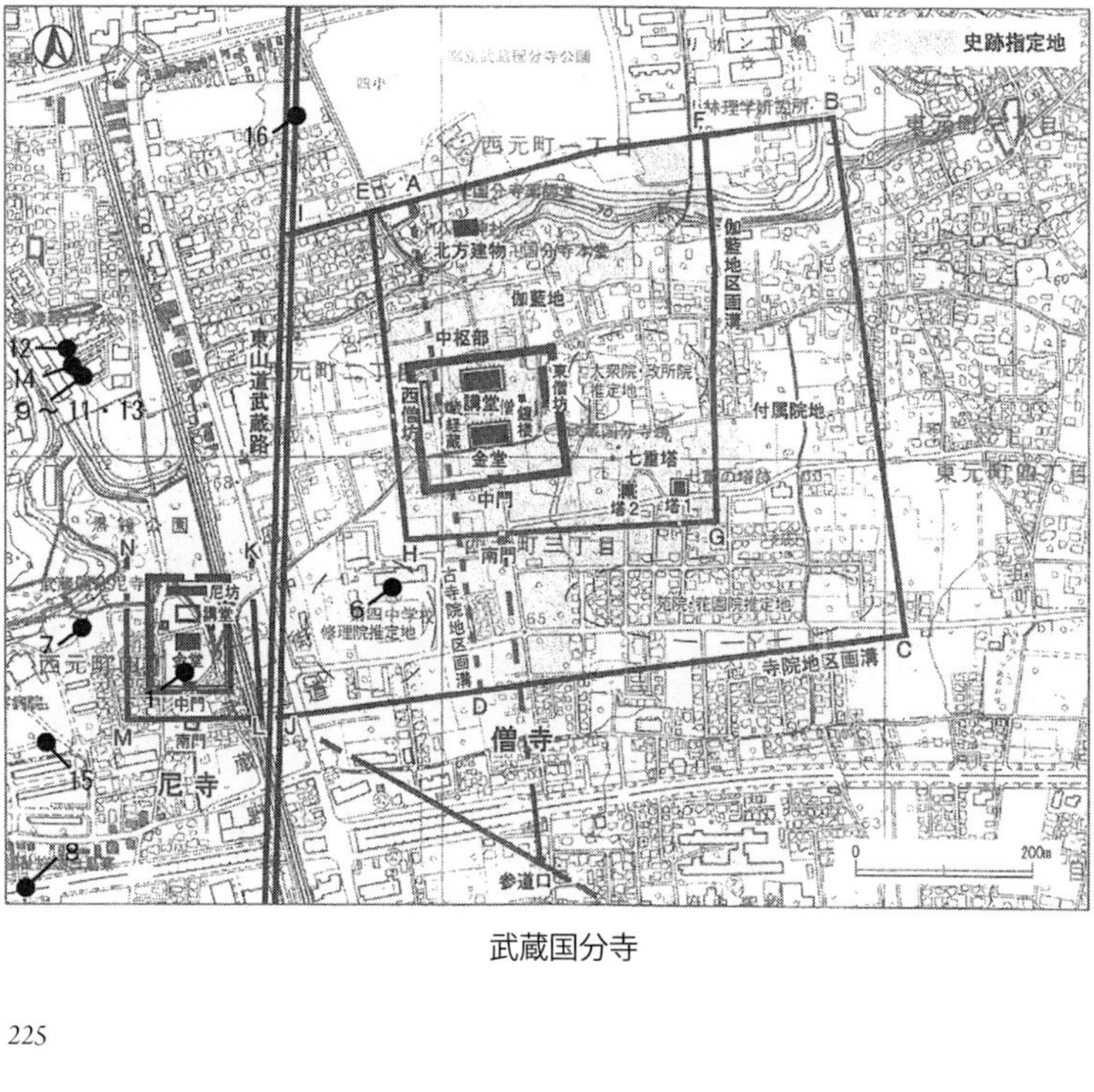

武蔵国分寺

武蔵でも国府域に国分寺が含まれた可能性が考えられる。この場合、道饗祭にかかわる十世紀後半の「㊇」の墨書須恵器（第2図16）〔小野本二〇一二〕が出土した段丘崖付近が京の境界（北限）になるのであろう。

② 国分僧寺寺院地内の道路と正面景観の変化

国府・国分寺連絡路（参道口）の年代　国府・国分寺間は、東山道武蔵路と国府・国分寺連絡路で結ばれている。武蔵路は、宝亀二年（七七一）に東山道から東海道に編入替えされた際に駅路としての機能が失われたと考えられるが、道路は発掘調査の成果や文献記録などから、その後も便道として十一世紀初めまで機能していたことが知られる。

一方、国府・国分寺連絡路は、国衙の北に延びる南北道路A部分で八世紀後半の竪穴建物を切っていることや、参道口の調査で国府・国分寺連絡路（道路跡A）と分岐して国分僧寺中軸線に沿って延びる道路（道路跡B）及び門柱状遺構（SX3）が確認されたことで、年代の絞り込みが可能になった。江口は、門柱状遺構の設置を3期の変遷（b期→a期→c期）のうち、b期の二個の柱穴抜取穴から出土した塔再建期の瓦をもとに九世紀前半の設置と想定し、さらに宝亀二年（七七一）の編入替えとも関連付けて、八世紀後半～九世紀前半に設置されたと考えている〔江口二〇一四〕。この場合、連絡路が八世紀後半以降、門柱状遺構が九世紀前半以降と年代観に時間差があることになる。

国分僧寺では、平成十六年から史跡整備に伴う確認調査が進められ、寺正面の重要施設である南門跡と中門跡の調査が実施された。前者では、間口約四・五㍍の礎石建ちの棟門で、親柱の背後に控え柱を伴うこと、後者では、礎石建ちの中門（八脚門）から両脇に延びて中枢部を画する区画施設が、創建当初の一本柱塀から後に築地塀に建替えられていることが判明したが、設置の時期や建替えの時期については明らかでない。

国分寺の正面と景観　このように、国分僧寺では中門以外は寺の南正面景観が簡素であり、なぜこのような状況なのか長年疑問に思ってきたが、今は次のように考えている。

武蔵国分寺は、創建の初期段階（Ⅰa期）で塔周辺を中枢部とする伽藍と寺院地が計画されたが（第2図A・B・C・

Dの範囲)、伽藍中枢部を西側に寄せる設計変更を行ったIb期では、僧寺伽藍地(同図E・F・G・Hの範囲)に重なるIa期寺院地区画溝の西辺溝(同A・D)を埋め戻して、その他は伽藍地を取り囲む付属院地としてそのまま生かしている。その結果、僧寺伽藍北西隅(同図E)とIa期寺院地区画南西隅(同図D)より西側の東山道までが未閉塞状態となっていたようであり、両隅から区画溝が東山道まで延長され未閉塞状態が解消するのは、宝亀二年〜九世紀中頃と考えられている。このことを考慮すると、おそらく創建当初は東山道武蔵路からの景観を重視して、寺の正面を僧寺伽藍地の西大門としたのではないか。また、九世紀前半になると国府・国分寺連絡路の設置に伴い、参道口に初めて寺地の境を示す門柱状遺構を設置しているが、これは国府からの景観を重視して寺の正面を本来の南に戻したことを表すものであり、この時に寺院地の未閉塞状態の解消(E・IとD・Jの閉塞)、中門両脇区画施設の築地塀への建替え、参道口門柱の建替えなど、寺の南正面の荘厳化が行われたものと考える。

さらに九世紀後半に相次いだ塔の再建事業や元慶の大地震による復興事業によって、国衙と国分寺の関係が次第に密接なものとなったものと考えられる。このように九世紀前半以降に、国分寺の正面景観が国府を意識した荘厳化が行われていることも国府域に国分寺を含める根拠の一つである。

おわりに

国府の都市計画には、国府域の関連施設(国司館や曹司)、市、国分寺を含む寺、などを相互に連絡する道路の存在や、駅路や連絡道路からの景観を重視すること、などが基本としてあったと推察される。すでに述べたように、武蔵の場合、九世紀以降の国府・国分寺整備事業を契機に次第に密接な関係が醸成されており、このことが国府域＝「京」に国分寺を含めることにつながったものと考える。このことは、国分寺建立の詔の「人に近くは、薫臭の及ぶ所を欲せず。人に遠くは、衆を労は帰集することを欲せず」の実態が、国府から隔絶した状態を指すのではなく、両者間に緩衝地帯を設ける程度の緩やかなものだったことを示唆するものであり、また詔の趣旨にかなったものであったと言えよう。

引用・参考文献

有吉重蔵　二〇一四年「国分寺と都市計画」『季刊考古学』第一二九号　雄山閣
江口　桂　二〇一四年『古代武蔵国府の成立と展開』同成社
小野本敦　二〇一一年「古代道路祭祀の一様相―東山道武蔵路出土の墨書土器をめぐって―」『古代文化』第六二巻四号　古代学協会
福田信夫　二〇〇一年「僧尼寺伽藍内の様相―尼寺金堂前庭発見の幡(幢)竿柱跡をめぐって―」『多摩のあゆみ』第一〇三号　たましん地域文化財団
山路直充　二〇〇七年「京と寺―東国の京、そして倭京・藤原京―」『都城　古代日本のシンボリズム―飛鳥から平安京へ―』青木書店
山路直充　二〇一〇年「二つの京、その後―「京」墨書土器と国府域―」『房総の考古学』六一書房

トピック　国府域の堺と祭祀

2官衙と集落の堺と祭祀

渡邊　理伊知

はじめに

東国地域において執り行われていた古代祭祀を「堺」という視点から検討を試みる。「堺」に関わる祭祀としては、大祓、道饗祭、鎮火祭などが挙げられる。鬼塚久美子は「大祓という祭祀そのものが、境界性の意味を持つといえる。なぜならば、奈良時代には人と神との関係において、あるいは九世紀前半以降は、「穢れ」と「浄」との関係において祭祀という行為は、関係領域の境界的意味を表現するものであり、同時に行為の地理的場が境界であることと重なり合うのである。」としている[鬼塚一九九五]。

律令期には神祇祭祀などが体系化されていき、都において行われていた祭祀が地方へも波及していくようになる。それによって、それぞれの地方で伝統的に行われていた祭祀に「律令的祭祀」が融合し、本来、都で行われていた祭祀とはまた異なった祭祀が地方で執り行われるようになってゆく。

ここでは、斎串や形代などの木製祭祀具、人面墨書土器などの遺物が出土する祭祀遺跡では、都城由来の律令的祭祀が執り行われていたと想定し、国府・城柵関連遺跡、郡家関連遺跡、集落遺跡の中からいくつか抽出する。また、これらの律令的祭祀に関わると思われる遺物が出土していない遺跡の中から、地形などの状況に基づいて「堺」に関わる可能性が想定できる遺跡をいくつか抽出する。

1　祭祀の分類

古墳時代(七世紀以前)から続く祭祀場を「A型」、律令期(八世紀以降)に設置された祭祀場を「B型」とし、出土遺物を金子裕之[金子 一九八五・一九八八]が律令的祭祀に関わるとしている人面墨書土器、木製祭祀具が出土する遺跡を「I型」、それ以外の遺物(主に石製模造品、墨書土器、生業具)が出土する遺跡を「II型」と位置づける。

古墳時代(七世紀以前)から続く祭祀場……………A型
律令期(八世紀以降)に設置された祭祀場…………B型
律令的祭祀(人面墨書土器、木製祭祀具)…………I型
在地的祭祀(石製模造品、墨書土器、生業具)……II型

2　遺跡からみる堺の祭祀

東国におけるいくつかの遺跡から「堺」と想定できそうな遺跡を「国府関連遺跡・城柵遺跡」「郡家関連遺跡」「集落関連遺跡」の三つの性格ごとに、いくつか抽出して前述の分類を行った。

(1) 国府関連遺跡・城柵遺跡

これらは国家直営の施設であり、基本的には律令期以降に祭祀場が設置され、律令的祭祀が執り行われていたとみられる。城柵遺跡については、外郭区画施設により区画され、物理的に堺をつくり明確に内と外を隔てている。このような城柵遺跡における主体的な祭祀場は城外に置かれている。

多賀城跡では外郭区画施設の内部から出土する祭祀遺物の量は少ない。斎串は出土しているものの、人面墨書土器

の出土が一点と少なく、木製形代の出土はない。このことから外郭区画施設の内部では、恒常的に大祓などの祭祀は行われていなかったと想定できる（第1図）。払田柵跡（厨川谷地遺跡）に至っては、前段階に設置されていた外柵の内部に河川を引き込んでいるにもかかわらず、祭祀場は城外の領域内には流れ込まない河川を使用している。これは穢れを城柵内部に取り込まないという明確な意思が働いていたといえよう（第2図）［五十嵐二〇一二］。

また、下総国府跡（北下遺跡）において行われた祭祀は国府域の端を流れる河川を祭祀場として使用している。今回、検討対象として取り上げたこれらの遺跡では木製祭祀具や人面墨書土器が出土しており、律令的祭祀が執り行われていたといえることから「ＢⅠ型」に位置づけられる。

(2) 郡家関連遺跡

福島県いわき市の荒田目条里遺跡、埼玉県熊谷市の西別府祭祀遺跡をとりあげる。

郡家遺跡における祭祀は、岩城郡家関連の祭祀場（荒田目条里遺跡）と幡羅郡家関連の祭祀場（西別府祭祀遺跡）においては、郡家の成立する以前から祭祀が執り行われていた様子が窺えるが、その後、律令的祭祀を取り入れるか否かで分かれる。

荒田目条里遺跡では、斎串などの木製祭祀具が出土しており、律令的祭祀を受容している様子が窺え、「ＡⅠ型」に位置づけられる。対して、西別府祭祀遺跡では、斎串などの律令的祭祀遺物は出土しておらず、石製模造品が多く出土している状況にあり、「ＡⅡ型」に該当する（第3図・第1表）。

郡家では、それぞれの郡司が私的に祭祀を行っており、必ずしも国家直営の公的な祭祀を行っていたとは限らず、伝統的な祭祀が執り行われていたことも想定される。

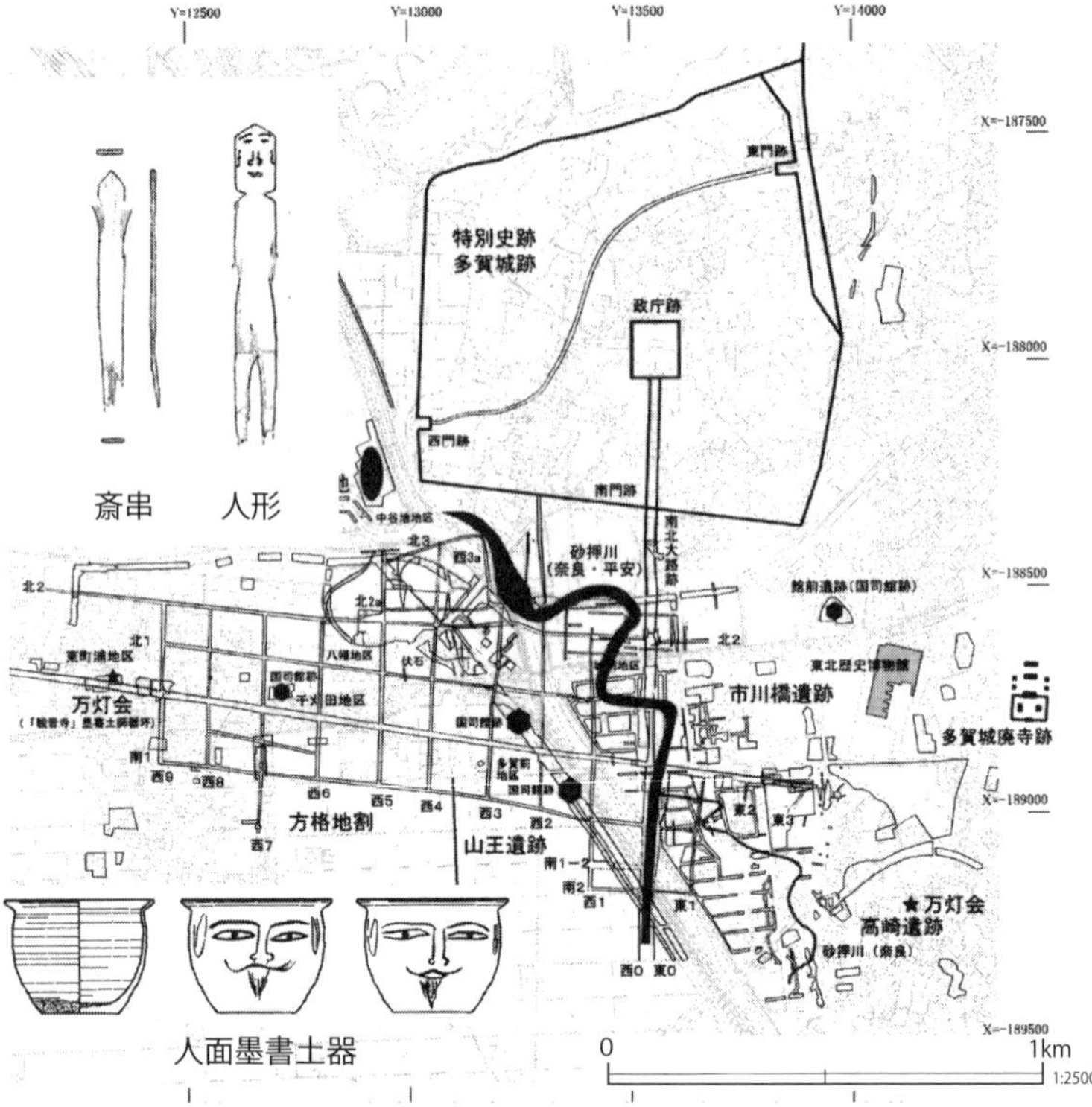

第１図　多賀城跡の祭祀場と主な祭祀遺物

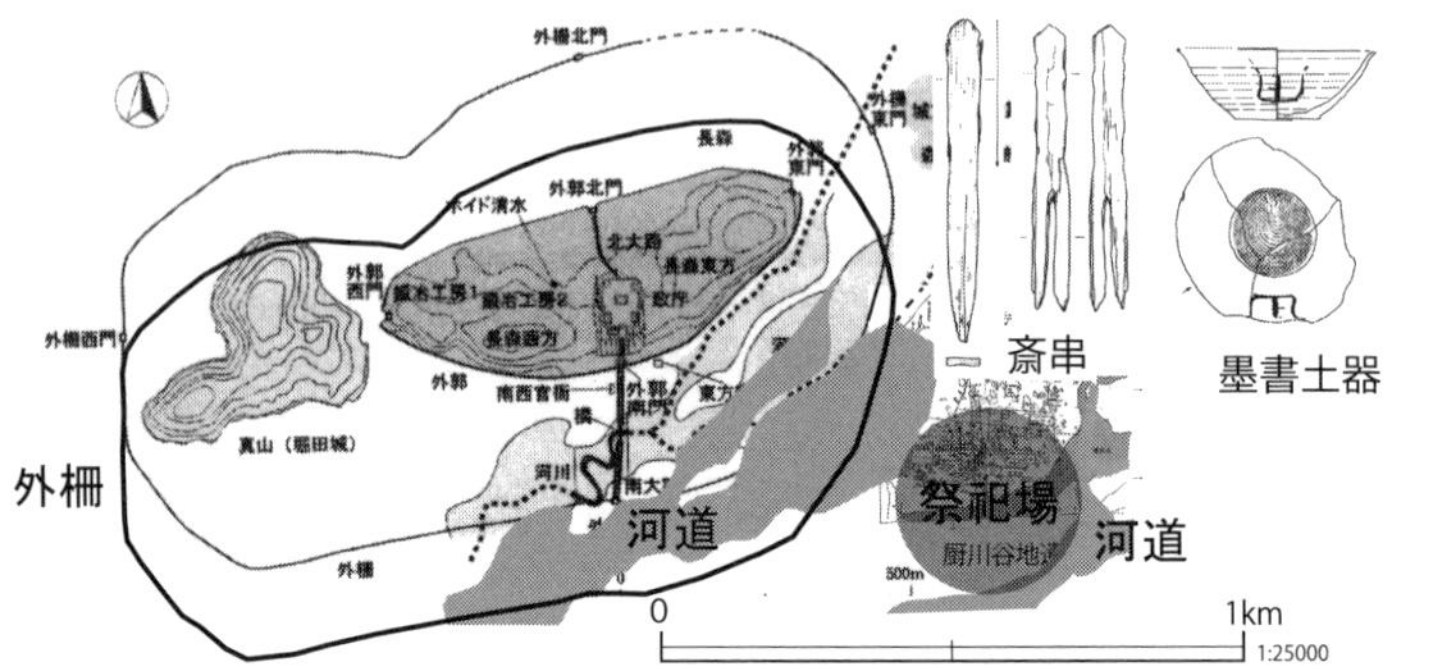

第１図　柳澤 2011 より引用
第２図　秋田県教育委員会 2005 より引用
筆者一部改変

0　遺物の縮尺　20cm
1:10

第２図　払田柵跡の祭祀場と主な祭祀遺物

(3) 集落関連遺跡

集落の堺と考えられる場所で行われた祭祀として茨城県つくば市の島名熊の山遺跡をとりあげる。この遺跡は『常陸国風土記』に描かれている清浄な井戸の周囲で、酒宴や祭祀を行う人々の様子や「行方郡条」にある水田開発にあたって夜刀(谷戸)神を祀るという説話を想起させる。

古墳時代からの伝統的な農耕儀礼を基軸とした在地色の強い祭祀であったと考えられ、遺物は墨書・篦書土器など多量の供膳具類や木製容器類が出土しており、「AⅡ型」に位置づけられよう。

神奈川県逗子市の池子遺跡群は五世紀～十世紀の時期の集落であり、埋没谷が祭祀場として使用されていた。この谷戸の奥に集落遺跡が位置することから、集落の出入り口の可能性が考えられる。斎串や形代などの木製祭祀具の出土は認められないことから「AⅡ型」に位置づけられる。

一方、河道流路による堺があったと思われる遺跡として埼玉県熊谷市の諏訪木遺跡、埼玉県東松山市の反町遺跡、千葉県印西市の西根遺跡をとりあげた。この中で、木製祭祀具を伴う遺跡は諏訪木遺跡と西根遺跡であった。諏訪木遺跡は石製模造品を主に用いた祭祀から木製祭祀具(斎串、人形、馬形)を用いた祭祀へと移行していくことから「AⅠ型」、西根遺跡は律令期に祭祀を開始することから「BⅠ型」に位置づけられる(第1表)。

反町遺跡は、狩猟用の雁股鏃(神矢)や木製浮子、土錘を用いた狩猟儀礼に基づく祭祀が執り行われていたと想定できる一方、「律令的祭祀遺物」が出土していないことから「BⅡ型」に位置づけておく。

谷地形の場所を境界として祭祀を行っていた遺跡では律令的祭祀に関わると想定される遺物は出土しておらず、このような「祓」にかかわる祭祀はその場所に埋没するのではなく、「流れていく」という事象に意味を求めていたと想定できる。このことは、国府関連の祭祀場や多賀城跡や払田柵跡などで行われていた祭祀と同様であろう。これら集落遺跡においては、郡家関連遺跡以上の多様性が見られた。

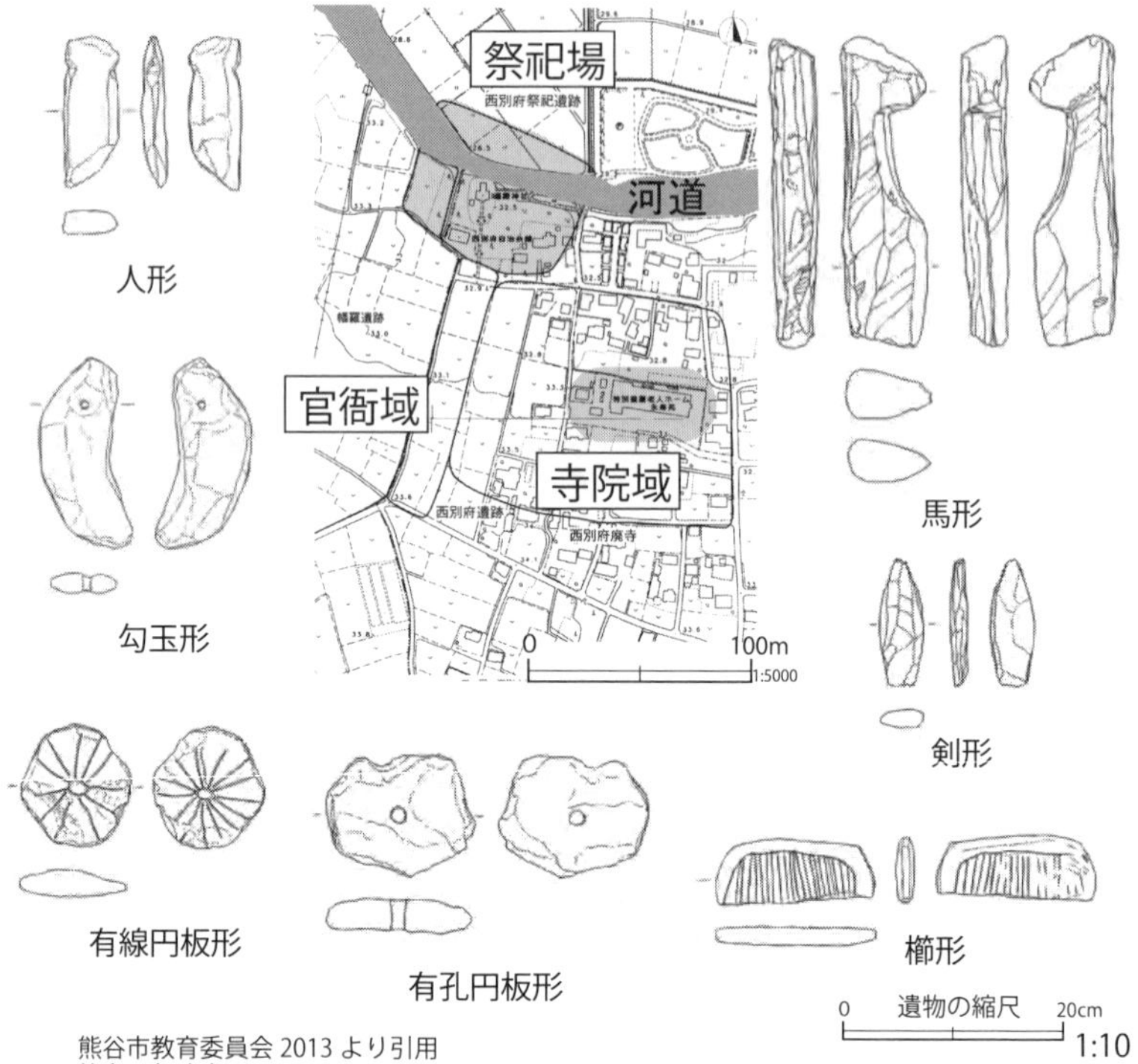

熊谷市教育委員会 2013 より引用
筆者一部改変

第 3 図　幡羅郡家関連遺跡の祭祀場と主な祭祀遺物

	国府・城柵関連	郡家関連	集落関連
Ａ Ⅰ 型		荒田目条里遺跡	諏訪木遺跡
Ａ Ⅱ 型		西別府祭祀遺跡	島名熊の山遺跡 池子遺跡群
Ｂ Ⅰ 型	北下遺跡 多賀城跡 厨川谷地遺跡		西根遺跡
Ｂ Ⅱ 型			反町遺跡

第 1 表　祭祀遺跡 分類

おわりに

以上、雑駁ながら東国の祭祀遺跡から「堺」について検討を試みた。その結果、斎串や人形といった木製祭祀具や人面墨書土器を使用するいわゆる「律令的祭祀」と在地で伝統的に行われていた「在地的祭祀」がそれぞれ執り行われており、郡家遺跡においても「律令的祭祀」を受容する郡と受容しない郡がみられる。この傾向は集落においてより多様化する。

集落や官衙の端、すなわち「堺」において執り行われた祭祀においても、谷地形や河川という地形に応じて、祭祀の性質が異なる可能性を窺うことができた。

また城柵遺跡においては、祭祀場は外郭区画施設の内部に設置せず外に置かれていた。絶対的な「堺」ともいえる城柵の外郭区画施設とその外に置かれた祭祀場の関係などは今後、検討を進めるべき課題であるといえよう。

今回は祭祀関連の遺跡をいくつか抽出し、それぞれの遺跡の特徴から堺での祭祀を想定してみた。しかし、個別の遺跡で出土する遺物については、踏み込んだ検討が行えなかった。また、都城などとの比較なども十分ではない。今後は今回取り上げなかった遺跡も含めて、より詳細に検討を進めていく課題といえるだろう。

引用・参考文献

秋田県教育委員会　二〇〇五年『厨川谷地遺跡』秋田県文化財調査報告書第三八九集

五十嵐一治　二〇一二年「払田柵における律令祭祀の様相と変容」『考古学論攷Ⅰ』千葉大学文学部考古学研究室三〇周年記念

茨城県教育財団　二〇一三年『島名熊の山遺跡』茨城県教育財団文化財調査報告第三八〇集

いわき市教育文化事業団　二〇〇二年『荒田目条里制遺構・砂畑遺跡』いわき市埋蔵文化財調査報告第八四冊

鬼塚久美子　一九九五年「古代の宮都・国府における祭祀の場―境界性との関連について―」『人文地理』四七―一

金子裕之　一九八五年「平城京と祭場」『国立歴史民俗博物館研究報告』第七集

金子裕之　一九八八年『律令期祭祀遺物集成』昭和六一～六三年文部省科学研究費補助金総合研究A
熊谷市教育委員会　二〇〇一年『諏訪木遺跡』熊谷市遺跡調査会埋蔵文化財報告書
熊谷市教育委員会　二〇一三年『西別府祭祀遺跡、西別府廃寺、西別府遺跡　総括報告書Ⅰ』埼玉県熊谷市埋蔵文化財調査報告書第十五集
埼玉県埋蔵文化財調査事業団　二〇〇九年『反町遺跡Ⅰ』埼玉県埋蔵文化財調査事業団報告書第三六一集
千葉県教育振興財団　二〇一四年『東京外かく環状道路埋蔵文化財調査報告書6　—市川市北下遺跡（9）～（12）—』千葉県教育振興財団調査報告第七三〇集
千葉県文化財センター　二〇〇五年『印西市　西根遺跡』千葉県文化財センター調査報告第五〇〇集
柳澤和明　二〇一一年「国府多賀城の祭祀」『東北歴史博物館研究紀要』一二
山本暉久・谷口肇　一九九九年『池子遺跡群　No.Ⅰ～A東地点』財団法人かながわ考古学財団調査報告四五

トピック　国府域の堺と祭祀

3下総国府域の堺と祭祀
——国府の堺を示す北下遺跡——

加藤 貴之

はじめに

古代下総国の国府は現在の市川市に所在した。国府は下総台地の西端の台地上を中心に形成され、西には太日川(現在の江戸川)が流れ、南には東京湾が広がる。国府の立地した台地は、郡家や国衙が造営された国府台と国分僧寺や国分尼寺が建てられた国分台(狭義)に分かれ、国府域は、最も広い時期で国府台と国分台、砂州などを含めた南北約3キロ、東西約2キロの範囲と推定されている。国庁や国衙、国司の館、郡家の具体的な様相については明らかとなっていないが、国府域の遺跡ではこれまで数多くの発掘調査が行われ、腰帯や硯など官衙関連遺物や出土文字資料が多数出土し、須和田遺跡から「右京」、下総国分寺跡から「□京」の墨書土器が出土していることから、国府台・須和田台・砂州上を「右京」、国分台を「左京」と認識されていた可能性が指摘されている[山路二〇一〇]。

近年、低地の調査が行われつつあり、台地上の調査ではみられなかった新たな知見も得られている。今回は、その一つである北下遺跡の祭祀関連遺物と国府域内での祭祀の様相、下総国府の成立・変遷ついて見ていきたい。

1　堺の祭祀と国府内の祭祀

①北下遺跡

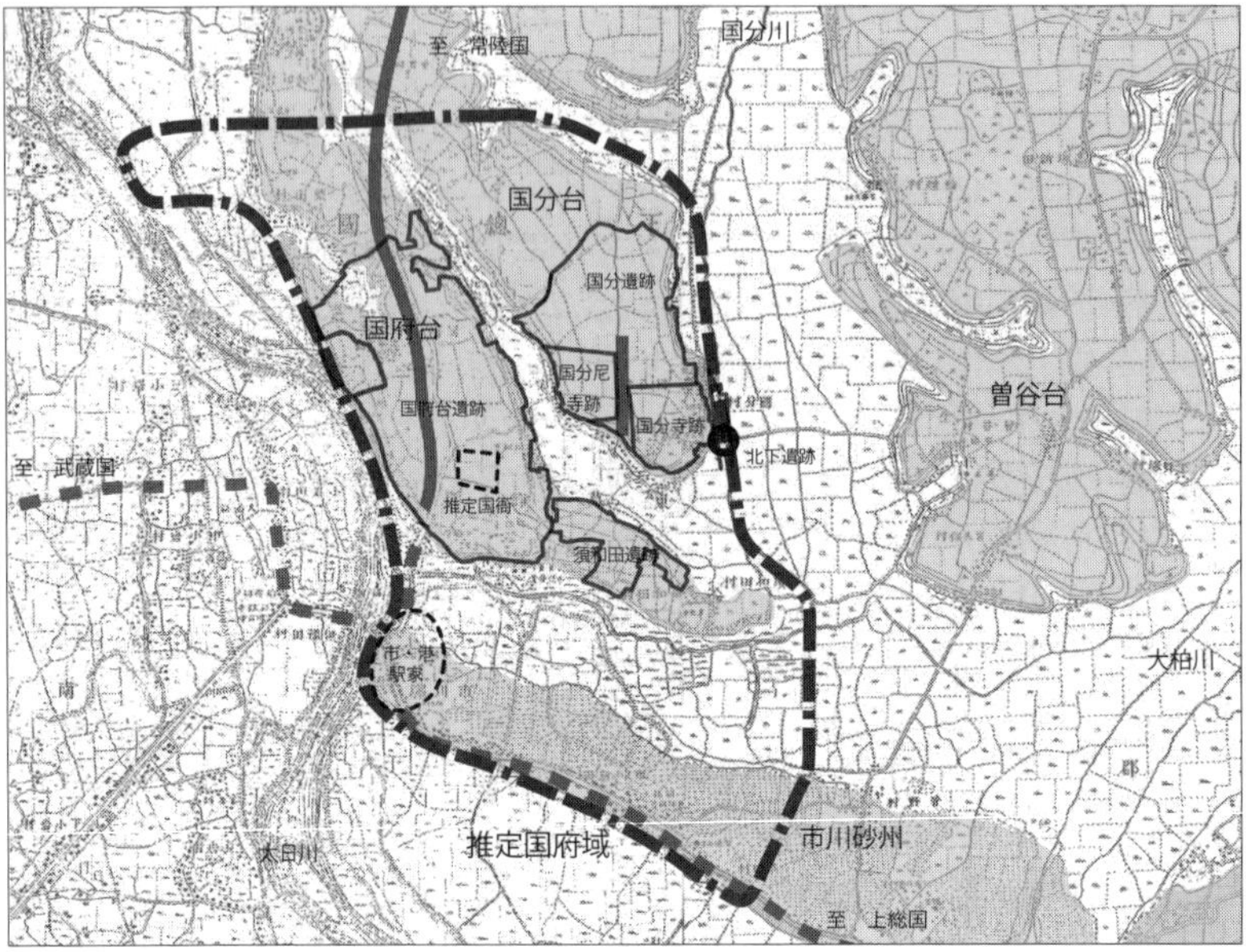

第１図　下総国府域の推定図（迅速図に加筆）

これまでの調査では、国分寺の瓦窯跡や梵鐘などの鋳造遺構、竪穴建物、国分川の旧河道などが確認され、土器や瓦、木製品など多量の遺物が出土した。時期は八世紀後半から十世紀が中心となる。特に旧河道から出土した祭祀関連遺物は、国府の堺で行われた祭祀の内容を示す遺物として注目され、同時に、郡・郷名などの墨書土器が出土していることから国内の各郡・郷や国分寺も関わっていたこと、その位置が国府の境界であるとともに主要な道路が交わる交通路の結節点であり、河川も分岐するチマタと呼ばれた空間に当たると考えられている［西野二〇一三］。

祭祀関連遺物としては、まず人面墨書土器が上げられる。計17点出土し、土師器甕が3点、土師器坏が14点で、八世紀後半から九世紀後葉の土器に墨書されている。一つの土器に複数の人物が描かれる土器もあり、人物の描き方や表現方法は様々で、仏像（如来像）と光背を表現したと考えられるものも見受けられる。

人形は木製品で7点確認された。5点が正面、1点が側面、1点が立体的に作られたもので、その内の1

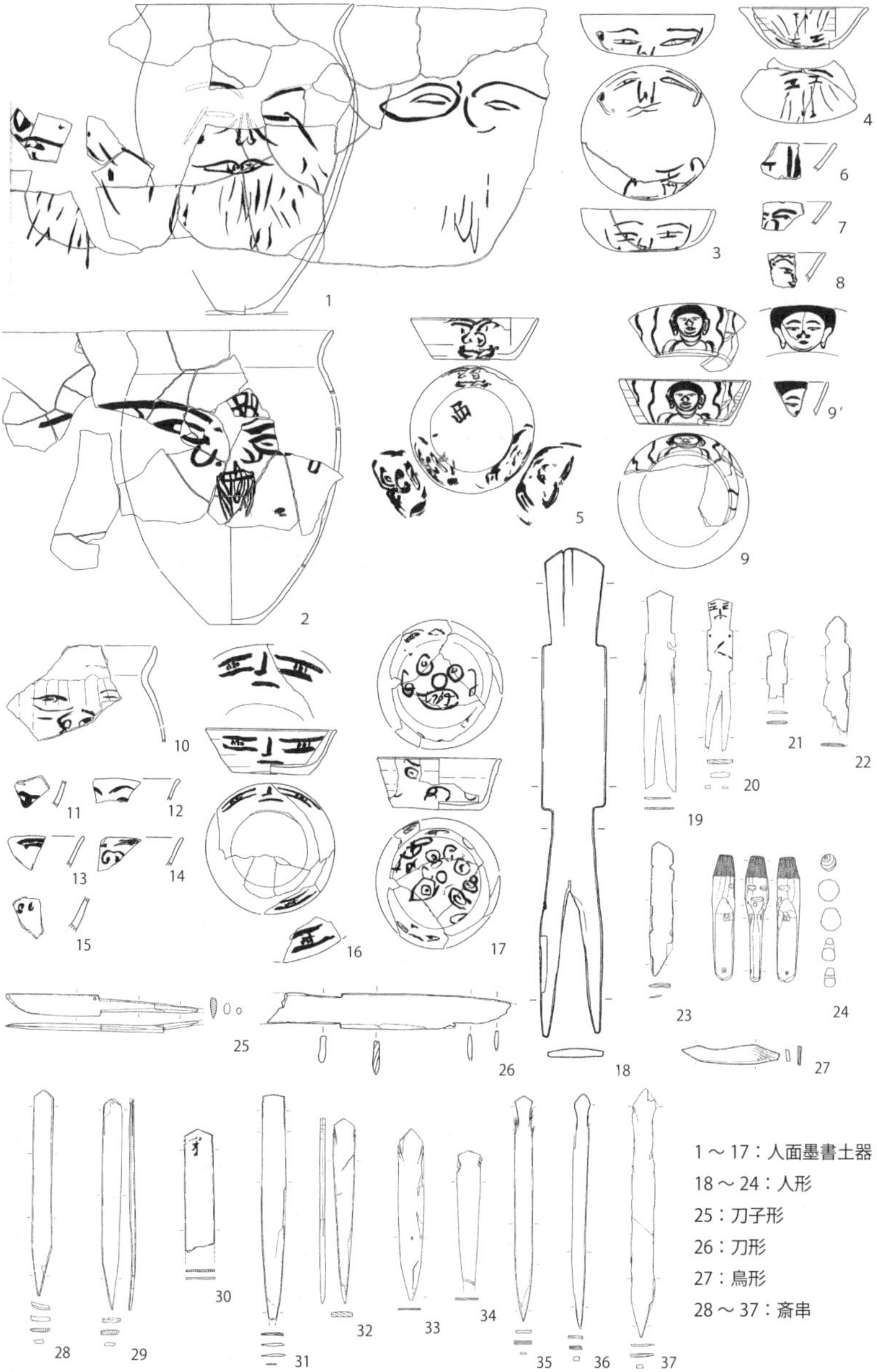

第2図　北下遺跡出土の祭祀関連遺物（1/8）

点には墨で顔が表現されている。全長45チセン程と大型の人形も1点あり、その他は10～20チセンの大きさである。立体的な人形は頭部から胴部の部分で、中央と下端の孔に手と足が付くと考えられている。

その他の形代、もしくはその可能性がある木製品は32点報告されている。刀子形や刀形などがあり、鳥形や馬形などの可能性があるものもあるが、実用品か形代か、何を表現した形代か判断するのが難しい木製品も多い。

斎串は34点、その他に斎串と推測される棒状品が6点報告されている。板状で、全長が10～20チセン程のものが多い。切込みがないもの、上端付近の両側面に浅い切込みを二か所入れるもの、上端付近の両側面に深い切込みを二か所入れるもの、上端付近の両側面に深い切込みを複数入れるもの、上端から上部にかけて両側面に深い切込みを複数入れるものなどに分けられている。

その他にも、「神門朝臣　奉」と刻字された弓や燃えさし、ウマ・シカ・イノシシなどの動物遺体、モモ・オニグルミなどの祭祀に関わると推測される遺物が出土している。また、旧河道の底面に掘削された土坑ＳＫ109からは、八世紀後葉の完形の土器が15点まとまって出土し、その内の11点に「葛」・「結郡浄」などの文字が墨書されており、土器を集積した祭祀と考えられている。

以上のように、北下遺跡では人面墨書土器や人形などの形代、斎串など、律令的祭祀に用いられた祭祀具が出土しているものの、土馬は現状では1点も確認されていない。

②国府域での祭祀

次に、国府域内(国衙や郡家、両国分寺の中枢を除く居住域)で行われていた祭祀の様子について見ていく。

人面墨書土器は、下総国分尼寺の寺院地を区画する溝ＳＤ301から1点出土しているのみで、それ以外は確認できない。人面墨書土器は九世紀中葉頃の土師器坏で、外面と内面にそれぞれ二人の人物が描かれている。出土位置から寺域の堺で行われた祭祀に関連すると想定されるが、その他の祭祀具は出土していない。

形代などの木製の祭祀具については、これまでの調査が台地上を主としていたため確認されていないが、土製の人形がＳＤ301の内側に位置する九世紀後葉の竪穴建物（ＳＩ30）から1点出土している。女性を表現したと考えられており、頭部や手足の一部が欠けている。カマドから出土しているため、カマド祭祀に使用されたと推測される。同様に、カマド祭祀が行われたと考えられる事例は国府域の遺跡で六世紀から十一世紀頃まで、10例以上認められ、下総国分寺跡に位置する竪穴建物でも確認されている。

ウマなどの動物遺体も各遺跡で出土しているが、須和田遺跡第4地点と第6地点で祭祀との関連が推測されている。両地点とも大型土坑からの出土で、第6地点の大型土坑は径4・2㍍、深さ2・7㍍、断面が擂り鉢形で、多量の土器とともにイヌ・ウシ・ウマの骨、マガキ・ハマグリを主体とした貝層が出土した。イヌは11体分確認でき、近い時期の間に埋葬されたと考えられている。一方、ウシは2個体分、ウマは3個体分確認されたが、別の場所で解体され、その一部が廃棄されたと考えられている。出土した土器は八世紀後葉から九世紀前葉を中心とした時期であり、この時期に廃棄されたと考えられる。第4地点の大型土坑は径3・8㍍、深さ2・9㍍、断面が擂り鉢形で、多量の土器が出土し、ウマの骨も確認されている。第6地点の大型土坑と近い時期に廃棄されたと考えられる。これらの遺物は、周辺で行われた祭祀道具を土坑が埋没する過程で廃棄したものと捉えられる。

土器の集積土坑については、国府域の遺跡では認められていないが、曽谷台の西側に位置する曽谷貝塚第17地点で八世紀後葉の土器集積土坑が1基確認されている。完形の土器は見られないが、128点の破片が出土し、土師器高盤など、一般的な集落ではあまり見られない器種がある。

他にも、古墳時代から続くミニチュア土器や手捏ね土器が国府台遺跡や国分遺跡の八世紀から九世紀の建物などから出土しているが、数例を数えるのみで、全て単独の出土である。

国府域内の居住域で行われた祭祀はカマド祭祀や手捏ね土器を用いた祭祀など、古墳時代から続く形態の祭祀が多く、北下遺跡と同様の祭祀具が用いられた例はわずかである。北下遺跡で行われたような祭祀は、国府域でも特殊であったことがうかがえる。

2　国府域と堺の変化

下総国府域内での発掘調査で、国府域の堺となる道路や塀などの区画施設が発見された例は確認できないが、これまで調査された遺構の分布などから、七世紀後半の状況と七世紀末・八世紀初め～九世紀中葉までの国府域と堺の変化について見ていく。

国府成立以前である七世紀後半の遺構は、国府台遺跡の南東部から須和田遺跡にかけての限られた範囲のみに分布する。この時期に評家が造営されたと推測されるが、不明である。国分台でも1・2棟の竪穴建物が建てられているが、数棟の建物が散在する様子であったと想定される。

国府成立期と考えられる七世紀末～八世紀初めになると国府台の北側まで竪穴建物などの遺構の分布が広がり、国府台遺跡と須和田遺跡の大部分を含んだ範囲を国府域と捉えることができる。しかし、古墳が築造されていた台地の南端から西側にかけては、墓域との意識が残っているためか、この時期の建物はほとんど確認されていない。そのため、この時期の国府の堺は、東側が国府台と国分台の間の谷津、西側が墓域と認識されたと推測される太日川に面した台地縁辺よりもやや東側のラインと推定される。この西側の堺については、九世紀中葉まで大きな変化は見られないと考えられる。

この国府域は八世紀中葉以降、両国分寺の創建を機に大きな変化が見られることになる。八世紀中葉の国分台では、数は少ないが、台地の南側を中心に竪穴建物などが広がり、続く八世紀後葉には台地のさらに広い範囲に遺構が広がっていくとともに、建物の数が急激に増加する動きが見てとれる。このことから、両国分寺が整備されるとともに、

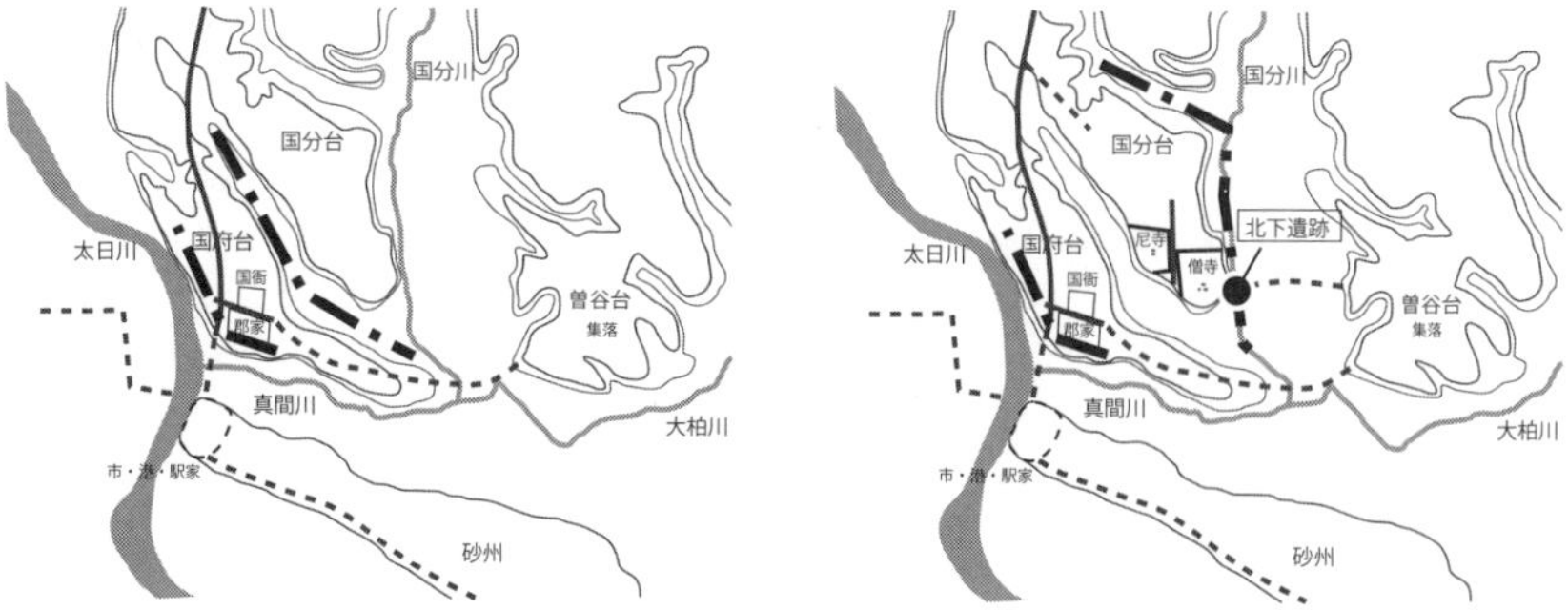

第3図　下総国府域の変遷

国府としても整備され、国府域が拡大したと理解される。それに伴い、国府の東側の境は国分川となり、北下遺跡で祭祀が行われるようになったと推測される。

九世紀中葉になると、こうした状況に変化が認められるようになる。国府台の台地南端に位置する国府台遺跡第29地点では、墳丘が削平された円墳が5基確認されている。この地点では九世紀中葉以降に竪穴建物が建てられ、古墳周溝の内側にも竪穴建物が及んでいることから、この時期に古墳の墳丘が削平されたと考えられる。国府台では、現在も皇塚古墳や弘法寺古墳、明戸古墳などの前方後円墳や真間山古墳が残されているので、全ての古墳が削られたのではないが、国府台遺跡の台地西側の調査地点では墳丘が失われた古墳や埴輪が確認されているため、この時期以降に多くの古墳の墳丘が失われたと推測される。九世紀中葉に国府台の西側台地縁辺などにも建物が広がっているから、国府の西側の堺が太日川に変わったと考えられよう。

まとめ

北下遺跡で行われた律令的祭祀は、国府と曽谷台を結ぶ道路と国府域の堺の結節点で行われたことが示されているが、その背景には国府域の拡大に伴い国分川が新たな国府の堺となったこと、さらに、曽谷台でも同時期に集落の拡大する様相が見てとれ、新たに広がった国府と集落を結ぶ道路が整備されたことが指摘できる。そして、国府の堺で行われた祭祀は、国府の居住域で行われた祭祀とは異なり、都からもたらされた新たな祭祀具を使用した特殊な祭祀であったことがうかがえる。

七世紀末〜八世紀初めに成立した下総国の国府域は、八世紀後葉と九世紀中葉に大きな画期が認められ、国府の堺が段階的に拡大した様相を読み取ることができた。国府については、宮都と異なり明確な区画施設を持たない「開放型」の都市として位置付けられ、明確な区画施設を持たなくとも一定の空間を持つ可能性が高いことが指摘されているように［山路 二〇一〇］、自然地形などを国府の堺とした古代の人々の意識を北下遺跡の例からもうかがい知ることができる。推定国府域の北側や砂州の様相については、発掘調査例が少ないため不明な部分が多いが、北下遺跡のような祭祀の存在を示す遺物から、今後国府域の堺を探ることも可能であろう。

参考文献

市川市　二〇一四年『市川市史編さん事業報告書　下総国戸籍　遺跡編』
栗田則久　二〇一四年「市川市北下遺跡の生産遺構」『東国における古代遺跡の諸問題』東国古代遺跡研究会
公益財団法人　千葉県教育振興財団　二〇一四年『東京外かく環状道路埋蔵文化財調査報告書6　―市川市北下遺跡(9)〜(12)』
西野雅人　二〇一三年「下総国府関連遺跡　市川市北下遺跡」『東国の古代官衙』古代東国の考古学1　高志書院
山路直充　二〇一〇年「ヤマトタケルの江戸川渡河伝説」『市史研究いちかわ』創刊号　市川市
山路直充　二〇一〇年「二つの京、その後―「京」墨書土器と国府域」『房総の考古学』史館終刊記念

あとがき

本書は、全三部に十一本の論考と、トピック七点を収めている。東国遺跡研究会が長野県考古学会と協力して二〇一四年十一月十六日に開催した第五回研究大会「長野県神坂峠遺跡とその周辺」と、二〇一六年二月六日・七日に開催した第六回研究大会「古代の峠・関そして境界」の二回の成果がまとめられている。

東国遺跡研究会の研究大会は設立以来、東京都世田谷区の國士舘大学を会場として行われてきたが、第五回は初めてテーマに沿った現地の長野県下伊那郡阿智村の中央公民館を会場として開催された。なお、第六回は再び國士舘大学で開催されている。

以下、各論を振り返るが、⑧とbが第五回、①②③、⑥⑨⑩とacdとe（1～3）が第六回、④⑤は両大会重複の報告者である。それ以外に、⑦国文学分野から御坂峠を中心に坂や渡りの研究をされている和田明美さん、⑪歴史学分野から都鄙間交通や坂・峠の研究とそのフィールドワークに努めている鈴木景二さんから玉稿を戴くことができた。

第1部「坂と堺の視点」では、①上原眞人「古代の国境・境界の分析視角」は、第六回大会での特別講演の内容で、貞観期（八五九～八七七）以来の石清水八幡宮の境内より七世紀末～八世紀前葉の西播磨系瓦が出土することから、その前身施設たる石清水寺の存在を指摘するとともに、その立地が山城国と河内・摂津国との境界であることから、八世紀に遡って国境近くの山寺について考える。山林修行の場が国境近くの山であったことは、国境を管理する国司が僧侶の活動を監視する必要があったからであると指摘し、また、石清水寺と播磨国とを結ぶ存在として、播磨守兼按察使であった藤原武智麻呂の存在を憶測する。③田中広明「古代の国境論争」は、信濃・美濃、相模・甲斐、上野・武蔵、常陸・下総、信濃・越後の五件の国境紛争と上総・下総国境地域の開発を、行政区画としての境界紛争および境界をまたぐ人々の交流として考古学から考察する。①が指摘する国境の、軍事的封鎖機能と物流の交流機能という二面性において、国境の両側に生活する人々が国境をどのように考えていたのか、墨書土器や国別型土器の分布など考古学資料による解明が進むことを期待したい。

一方、②荒井秀規「堺としての坂と手向け」は、相模・駿河国境の足柄坂を中心として、坂(堺)で行われる「手向け」の祭祀とそのタムケから「峠」の国字が成立したことを論じ、また諸国の坂の神の「荒ぶる神」としての性格を分析する。③も指摘するように国境は国を相違させて隣接する郡境でもある。また、足柄坂や碓日坂は国境であると同時にヤマトとアヅマ(東国)の堺でもあった。村境(郷界)、郡境、国境、七道の道境など境界には多様性がある。相模・武蔵国境が東海・東山の道境であった理由は、多摩川が国境となっていない理由とともに、古代東国研究の隠れた大きなテーマであろう。

第2部「神坂と御坂」は、東山道最大の難所である神坂峠(信濃・美濃国境)と東海道の甲斐路の御坂をとりあげる。④市澤英利「国境画定以前の神坂峠」は、五世紀後半~七世紀前半の神坂峠について石製模造品(剣形・円板・臼玉)から分析し、天武朝の信濃・美濃国境画定以前の同峠直下の東西麓一帯が「峠の神」を祀る祭祀空間として「神まつりの里」であったとしたうえで、その祭祀の主体者は西から東へ向かう人々ではなく、むしろ入山峠(古碓氷峠)よりも東から神坂峠を越えて西へ向かう東国の人々であったとする。東国への入口である神坂峠は同時に東国からの出口でもあった。⑤中里信之「神坂峠東麓の古代遺跡」は、従来、坂本駅のある美濃側からの考察が主であった神坂峠に対して、東麓(信濃側)の平安時代前期の灰釉陶器が大量に出土する杉の木平遺跡(長野県阿智村)をとりあげる。神坂越えの拠点であり、商品と覚しき灰釉陶器椀、大型住居址や複数の窯、特殊な緑釉陶器の持ち込まれ方などから、物資の集積や宿泊施設の機能のほか、最澄が東麓に置いた「広拯院」(布施屋)に関連する宗教施設らしき存在を指摘する。駅制とは別に、受領や荘園領主の私的経営の可能性があるとする。

一方、⑥杉本悠樹「東海道甲斐路の御坂と追坂」は、ヤマトタケルが越えたとされる御坂(山梨県富士河口湖町と笛吹市との境)のほか、追坂(老坂)、逢坂(大坂)、大御神(オオミカ)など峠にちなむ地名を、近年検出された甲斐路の道路遺構(富士河口湖町鯉ノ水遺跡)とともにとりあげる。坂の地名の分布などから、北から順に「御坂」境界→「追坂・逢坂・大坂」境界→「大御神」境界を甲斐・駿河国境ラインの南下と捉えて、甲斐国の領域の拡大を論じる。他国での同様な考察に先鞭を付ける。

⑦和田明美「坂(峠)への祈りと『万葉集』」は、坂の祭祀を神坂峠を中心として国文学から考察したもの。足柄坂を扱った②とも関連するが、とくに信濃国埴科郡の主帳神人部子忍男の防人歌「ちはやぶる神の御坂に幣奉り斎ふ命は母父がため」をとりあげ、人知を越えた神威や猛威に畏怖・恐懼する表現である「ちはやぶる(道速降)」が万葉歌の坂を詠む歌のなかで唯一神坂峠に冠されていること、自己のためではなく母父のために坂の神に命を斎ふ行為に注目する。

a田中広明「坂と甕」は、③⑥もふれる国境の坂での甕埋めについて、とくに『播磨国風土記』の播磨・丹波国境の甕坂伝承をとりあげるとともに、碓氷峠の麓の群馬県安中市の五料山岸遺跡の甕埋めの実例を紹介する。今後さらなる類例の増加が期待される。

第3部「国界の郡」は、1部・2部が主に国境を取りあげたのに対して、国内の境をとりあげる。⑧三宅唯美「坂

東への入り口 正家廃寺」は、美濃国恵那郡の正家廃寺(岐阜県恵那市)を紹介し、その所在を後に絵上・絵下二郷に分かれた恵奈郷とする。恵那郡は土岐郡から分かれた郡で、正家廃寺が八世紀前半に創建された背景にその建郡を指摘し、その造営を国府主導によるとし、恵那郡のみならず木曽路や大井・坂本駅に関わる官寺であったとする。b下平博行「伊那郡 信濃国の道の口」は、東山道駅路で恵那郡と国境をはさむ信濃国伊那郡の郡家と推定される恒川官衙遺跡(長野県飯田市)を紹介し、その正倉が三回以上の火災を被ったと想定される背景に、四つもの駅家をかかえる伊那郡の過重な負担と社会不安を指摘する。

⑨櫻井秀雄「信濃国の道後 佐久郡」は、佐久郡の諸様相をとりあげる。稲作農耕が希薄な佐久郡に大規模な集落が見られる背景に、神坂峠—雨境峠(佐久・諏訪郡境)—瓜生坂—入山峠(古碓氷峠)の古墳時代の古東山道以来の「道」と望月駒で有名な望月牧ほか計三牧の存在を指摘して、関東との強い結び付きに、信濃国のなかでの佐久郡の独自性を考察する。

c中三川昇「御浦郡走水」は、神奈川県横須賀市の小荷谷戸遺跡の消長が、宝亀二年(七七一)に東京湾を渡る初期東海道が廃されたことに連動すると紹介する。また、東京湾の海の道は、相模・上総二国のみならず武蔵国その他多方面に開かれていたが、気象状況等によっては容易に遮断される境でもあったという二面性を指摘する。

⑩金子智美「那須・白河と建鉾山」は、常陸国から陸奥へと向かう道が東山道駅路と合流する手前の建鉾山の祭祀遺跡を紹介する。また、坂東・陸奥の境である白河関(福島県白河市)について関連史料や発掘成果をかかげ、陸奥国からの人物、物資の流出を防ぐために十二世紀前半まで機能していたこと、関機能消失後でも現在に至るまで境の意識が存続していることを「境の明神」をとりあげて指摘する。d猪狩俊哉「東国北縁の国界」は、白河関とともに陸奥の入口・出口である菊多剗の所在地を考える。福島県いわき市の郡遺跡(菊多郡家に想定)近くの応時遺跡の道路跡を常陸・陸奥両国府を結ぶ官道(「海道」本線)と想定し、周辺地形や周辺地名の「酒井」より両遺跡に剗機能が併存し

た可能性を指摘する。城柵ともども東北地方の駅家の発見に期待が寄せられている。

⑪鈴木景二「関と堺についての諸問題」は、古代の坂と堺を考えるには、Ⅰ古代国家の交通政策、制度面からの境界地点、境界施設(関)、Ⅱ境界地帯に対する人々の観念やそこを通行する際の儀礼、習俗の二つのアプローチがあるとする。そして、令制の関設置目的については軍事面を重視すべきであること、境界通過の習俗については神坂峠における灰釉陶器や塩の道における塩など輸送商品を境界の神に供えたこと、「堺の言挙げ」については国司赴任の際の「堺迎え」が支配確認の「言挙げ」儀式であったことなどに論及し、神のいる境界地帯とそこに設置された関が同じ空間にあることの究明の要を説く。

本書の最後に、「国府域の堺と祭祀」を小テーマとして、e1有吉重蔵「武蔵国府域の「京」「山田」墨書土器」、e2渡邊理伊知「官衙と集落の堺と祭祀」、e3加藤貴之「下総国府域の堺と祭祀」の三本のトピックを並べた。本来、各論とすべきものであるが、それは、後日に別巻が成されるべきものであろう。

e1は、議論が分かれている武蔵国府域に武蔵国分寺が含まれるか、否かについて検討し、「山田」の墨書土器を出土する竪穴建物がほぼ同時期に国府域と寺院地内に存在すること、国分寺の正面景観が国府を意識していることなどから、国府域に国分寺が含まれるとする。

e2は、東国の古代祭祀には、斎串や人形といった木製祭祀具や人面墨書土器の使用を指標とする多賀城跡に代表される「律令的祭祀」(下総国府跡、千葉県印西市西根遺跡など)と、それらを用いない古墳時代以来の伝統的な「在地的祭祀」(茨城県つくば市島名熊の山遺跡、埼玉県東松山市反町遺跡など)があったが、とくに、郡家での祭祀は、郡司が私的に祭祀を行っていて(埼玉県熊谷市西別府祭祀遺跡など)、「律令的祭祀」の受容に郡ごとに温度差があったことを指摘する。

e3は、下総国分寺(千葉県市川市)の西端にあたる北下遺跡の人面墨書土器・斎串・人形などを用いた祭祀のほか、国分尼寺の寺院地の人面墨書土器、須和田遺跡の動物遺体などをとりあげる。国府域の拡大にともなって、北下遺跡での祭祀が、国府と近隣集落とを結ぶ道路と拡大した国府域の堺の結節点で行われたものであることを指摘する。e1の議論にも通じるもので、今後の各国の国府域の堺を探る一助となる。

以上、各論を概観した。坂と堺について、考古学・文献史学・国文学さらには民俗学など多方面からの考察があった。「坂の向こうに何があるのか」。「堺を越えて良いのか悪いのか」。古くて新しい普遍的なテーマゆえにアプローチも多い。堺には、自然的な堺と人為的な堺、公的な堺と私的な堺、古い堺と新しい堺、直線的堺と曲線的堺、幅や長さのある堺とない堺、動く堺と動かない堺、見える堺と見えない堺、あるいは許容される堺と拒否される堺など多様なものがある。本書で全てを取り上げ切れていないのはむしろ当然で、今後の研究にゆだねられることは多いが、その際には堺の遺跡という具体的な場の解明に期待されるものは大きい。本書がその端緒となれば、幸いである。

なお、東国遺跡研究会の大会はその後、第七回大会が「『常陸国風土記』の世界」をテーマとして、二〇一六年の十二月三日・四日に茨城県鹿嶋市の鹿島神宮参集殿を会場として、すでに開催された。第五回に続いて、会場を地域に移しての大会であるが、その両大会ともフィールドワーク（遺跡見学会）があわせて企画された。また、考古学ほかの専門研究者だけの集まりではなく、地元の方々にも公開された報告会であった。この意義は大きい。東国の多くの遺跡に関わる研究成果をその遺跡の所在する地元に還元することがなされてこその遺跡研究、地域研究である。

両大会の開催にご尽力戴いた地元の方々に改めて感謝申し上げるとともに、今後も東国各地の遺跡をテーマにした現地での研究大会の開催されることに期待しつつ、本書を閉じたい。

荒井　秀規

執筆者一覧

上原眞人（うえはら まひと）　一九四九年生れ、（公財）辰馬考古資料館館長・京都大学名誉教授
荒井秀規　奥付上掲載
田中広明（たなか ひろあき）　一九六二年生れ、（公財）埼玉県埋蔵文化財調査事業団
市澤英利　奥付上掲載
中里信之（なかさと のぶゆき）　一九八三年生れ、阿智村教育委員会
杉本悠樹（すぎもと ゆうき）　一九七九年生れ、富士河口湖町教育委員会
和田明美（わだ あけみ）　一九五六年生れ、愛知大学文学部教授
三宅唯美（みやけ ただよし）　一九六〇年生れ、恵那市役所
下平博行（しもだいら ひろゆき）　一九六七年生れ、長野県飯田市教育委員会
櫻井秀雄（さくらい ひでお）　一九六五年生れ、長野県埋蔵文化財センター
中三川昇（なかみかわ のぼる）　一九五七年生れ、横須賀市教育委員会
金子智美（かねこ さとみ）　一九八一年生れ、栃木県那珂川町教育委員会
猪狩俊哉（いがり しゅんや）　一九七九年生れ、日立市郷土博物館
鈴木景二（すずき けいじ）　一九六三年生れ、富山大学人文学部教授
有吉重蔵（ありよし じゅうぞう）　一九五〇年生れ、大成エンジニアリング株式会社
渡邊理伊知（わたなべ りいち）　一九八三年生れ、埼玉県埋蔵文化財調査事業団
加藤貴之（かとう たかゆき）　一九七六年生れ、市川市教育委員会

【編者略歴】
市澤 英利（いちざわ ひでとし）
1951年生れ、飯田市郷土考古博物館 館長
［主な著書論文］
『東山道の峠の祭祀　神坂峠遺跡』（新泉社）、「神坂峠と中世陶磁器」（『鎌倉時代の考古学』高志書院）、「天龍川水系の弥生のムラとクニ」（『「赤い土器のクニ」の考古学』雄山閣）、「伊那郡衙はどうして恒川官衙遺跡に設置されたのか」（『長野県考古学会誌』150号）、「伊那谷南部の弥生時代後期後半から古墳時代前半の交流と交通路」（『飯田市歴史研究所年報12』飯田市歴史研究所）

荒井 秀規（あらい ひでき）
1960年生れ、藤沢市役所郷土歴史課 学芸員
［主な著書論文］
『覚醒する＜関東＞』（古代の東国　第三巻、吉川弘文館）、『古代神奈川の道と交通』（共著・藤沢市文書館）、「古代南武蔵の郡家と交通」（『史叢』95号、日本大学史学会）、「律令制下の交易と交通」（舘野和己・出田和久編『日本古代の交通・交流・情報2　旅と交易』吉川弘文館）、「古代史料にみる海路と船」（鈴木靖民・川尻秋生・鐘江宏之編『日本古代の運河と水上交通』八木書店）

古代東国の考古学4
古代の坂と堺

2017年5月30日第1刷発行

編　者　市澤英利・荒井秀規
発行者　濱　久年
発行所　高志書院
〒101-0051 東京都千代田区神田神保町2-28-201
TEL03(5275)5591　FAX03(5275)5592
振替口座　00140-5-170436
http://www.koshi-s.jp

印刷・製本／亜細亜印刷株式会社

Printed in Japan ISBN978-4-86215-169-8